高等学校会展经济与管理专业
本科系列规划教材

会展管理信息系统

主　编　于世宏

重庆大学出版社

内容提要

本书共分为9章,分别是绪论、会展管理信息系统概述、会展管理信息系统开发平台、会展管理信息系统的开发流程与方法、会展管理信息系统分析与设计、会展管理信息系统开发实务与操作、电子商务在会展行业中的应用、会展管理信息系统安全、信息系统的典型应用。其中1~4章为基本理论篇,5~9章为实践应用篇。

全书内容突出基础性和实践性,可作为高等院校会展管理相关专业的专业基础课程教材,也可作为会展相关行业从业人员的培训用书。

图书在版编目(CIP)数据

会展管理信息系统/于世宏主编. —重庆:重庆大学出版社,2013.10(2019.8重印)
高等学校会展经济与管理专业本科系列规划教材
ISBN 978-7-5624-7627-6

Ⅰ.①会… Ⅱ.①于… Ⅲ.①展览会—管理信息系统—高等学校—教材 Ⅳ.①G245

中国版本图书馆 CIP 数据核字(2013)第 177400 号

高等学校会展经济与管理专业本科系列规划教材
会展管理信息系统
主 编 于世宏
策划编辑:尚东亮

责任编辑:杨 敬 侯倩雯 版式设计:尚东亮
责任校对:刘 真 责任印制:张 策

*

重庆大学出版社出版发行
出版人:饶帮华
社址:重庆市沙坪坝区大学城西路 21 号
邮编:401331
电话:(023) 88617190 88617185(中小学)
传真:(023) 88617186 88617166
网址:http://www.cqup.com.cn
邮箱:fxk@ cqup.com.cn(营销中心)
全国新华书店经销
重庆巍承印务有限公司印刷

*

开本:720mm×1020mm 1/16 印张:17 字数:296 千
2014 年 1 月第 1 版 2019 年 8 月第 2 次印刷
印数:3 001—4 000
ISBN 978-7-5624-7627-6 定价:39.00 元

编委会

总　序

在经济全球化和文化多元化日益加深的大背景下,会展业已经发展成为新兴的现代服务型产业,会展经济在经济全球化浪潮中脱颖而出,成为世界经济发展的亮点。进入 21 世纪以来,中国会展业搭上了经济快速发展和综合国力不断增强的快车,近几年更以每年 20% ~ 30% 的速度增长,并以其强大的产业带动效应、集聚效应和辐射效应逐渐成为众多省(市)的支柱型产业,正朝着国际化、科技化、精细化和绿能化方向发展。中国正在由世界会展大国向世界会展强国挺进。

商务部 2011 年年底发布的《关于"十二五"期间促进会展业发展的指导意见》中明确指出:会展业是现代服务业的重要组成部分,影响面广、关联度高、发展潜力大,在推动产业结构调整、加快转变经济发展方式中的重要作用日益凸显,必须从科学发展观的战略高度,认识发展会展业的重要性,把其作为一项长期任务抓紧抓好。教育部 2012 年颁布的《普通高等学校本科专业目录(2012 年)》中,将旅游管理专业上升为与工商管理学科平级的一级大类专业,这意味着隶属于旅游管理类专业的会展经济与管理专业有了更好的学科地位。正是在这种会展经济繁荣发展和对会展人才需求急剧增长的背景下,积极整合会展教育资源,为我国会展业的发展提供强有力的人才保证和智力支持,使我国会展教育逐渐进入繁荣发展阶段,建设一套高质量和高水准的"高等学校会展经济与管理专业本科系列规划教材"则成为当前会展教育的现实迫切需要。

在教育部高等学校旅游管理类专业教学指导委员会的大力支持和指导下,重庆大学出版社历时3年在全国开设有会展经济与管理本科专业或方向的学校积极调研,充分论证,并征求高校和行业企业中众多会展专家对本专业课程设置及课程内容等方面的意见,在中国会展教育的开创者和著名学者、教育部旅游管理类专业教学指导委员会副主任、中国会展经济研究会创会副会长、湖北大学中国会展研究中心主任、旅游发展研究院院长马勇教授,以及教育部高等学校旅游管理类专业教学指导委员会主任、云南大学工商管理与旅游管理学院院长田卫民教授的具体策划和指导下,邀请了全国20多所开设有会展经济与管理本科专业的高等学校知名教授、学科带头人和一线骨干专业教师,以及会展行业专家、海外专业师资等参与积极论证、精心编撰而成"高等学校会展经济与管理专业本科系列规划教材"。

会展领域专业人才的缺乏已成为制约我国会展业发展的一大瓶颈,该套教材旨在为培养高校会展本科专业人才提供有力的教育支撑,缓解发展我国会展业大量引进国外人才的局面,真正促进我国会展教育的大繁荣大发展。该套教材着重达到两个目标:第一,完善我国会展专业高等教育体系,在全面总结中国会展产业发展的理论成果和实践经验的基础上,推进中国会展专业的理论发展和学科建设,提高中国现代会展从业人员的专业素养和理论功底;第二,在本科会展教育的过程当中,能够产生强有力的示范效应和带动效应,积极推动本科会展经济与管理专业课程改革与建设的持续健康发展。

本套教材定位于会展产业发展人才需求层次较高的本科教育,是在对我国会展教育人才培养方向、培养目标和教育特色等方面的把握以及对会展发达国家会展教育学习借鉴的基础上编写而成的,具有较强的前瞻性、系统性和完整性。本套教材主要有以下四大亮点:

第一,内容前沿。本套教材尽可能地将当前国内外会展产业发展的前沿理论和热点、焦点问题吸收进来以适应会展业的现实发展需要,并突出会展教育的中国特色。

第二,体系完整。本套教材围绕"融前沿、成体系、出精品"的核心理念展开,将会展行业的新动态、新业态及管理职能、关系管理等都融于教材之中,将理论与实践相结合,实现多角度、多模块组合,形成完整的教材体系,出版精品之作。

第三,注重引用。本套教材在保持本学科基本内容的基础上,注重处理好与相邻及交叉学科的关系,有重点、有关联地恰当引用其他相关学科的理论知识,以更广阔的视野来构建本学科的知识体系。

第四,较高水准。本套教材的作者很多都是中国会展教育的知名专家,学历层次高、涉及领域广,包括诸多具有博士学位的经济学、管理学和工程学等多方面的专家和学者,并且还有会展行业高水平的业界精英人士,我们力求通过邀请知名优秀的专业作者以保证所出教材拥有较高的水准。

在会展教育新形势新背景下,会展本科教材有新的需求,编写一套有特色、高质量的会展教材是一项复杂的系统工程,需要专家学者、业界、出版社等的广泛支持与集思广益。本套教材在组织策划和编写出版过程中,得到了会展业内专家、学者以及业界精英的广泛支持与积极参与,在此一并表示衷心的感谢!

"路漫漫其修远兮,吾将上下而求索。"希望这套教材能够满足会展本科教育新形势下的新要求,让我们一起努力,为中国会展教育及教材建设起到开拓创新的作用,贡献一份力量。

高等学校会展经济与管理专业本科系列规划教材

编委会

2013 年 10 月

前　言

　　会展业作为一种新型产业,目前正在迅猛发展,已经成为全球性的产业。在我国,它已极大地拉动了我国经济的发展。会展业的蓬勃发展,也带动了相关行业的发展。会展业在扩大城市就业、提高城市知名度等方面所发挥的巨大作用,已经引起政府的高度重视。据相关数据显示,我国专业展览公司现已达4 000多家,2012年,全国举办5 000平方米以上的展会超过7 000场,与1997年相比,增长了500%,展馆总数量和面积均列世界第三位。从这些数据看,我国已成为世界会展大国。

　　会展活动从本质上说是一种服务,它由成千上万个环节组成,而每个环节又涉及大量的信息交换。面对密集的信息,如何做到高效、有序地处理和利用,是会展组织机构必须面对并需要解决的一个问题。会展管理信息系统能对会展领域的信息,以现代化的手段进行采集、加工、存储、处理,使其在整个组织的业务流程中规范、畅通地流转,服务基层操作、支持中层管理、辅助高层决策,对会展活动进行有效的控制与管理。

　　本书以高等院校会展经济与管理专业本科学生或同等水平的读者为主要对象。编写过程中,在借鉴管理信息系统的成熟理论与方法的基础上,重点结合会展活动的特点,根据会展实际业务的操作方式,对会展管理信息系统进行功能定位、对会展活动的业务与数据流程进行分析。

本书的撰写力求做到体系明确、内容完整,理论与实际紧密联系。

　　本书的第1,2,5,7,9章由沈阳师范大学于世宏编写,第3,4,6,8章由南开大学张文亮博士编写。全书由于世宏总纂。由于时间紧迫和水平有限,不当之处请各位读者不吝赐教,不胜感激。谢谢!

编　者

2013 年 6 月

目 录

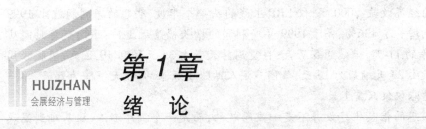

第1章
绪　论

【学习目的与要求】

1. 掌握信息社会的特点。
2. 熟悉管理与信息管理的关系。
3. 掌握管理、信息、系统的概念。
4. 了解企业信息管理的前沿知识。

联想集团的信息化应用

联想集团能从 1984 年的 11 个人、20 万元投资的小平房，发展到今天上万名员工、200 多亿元营业额、各分支机构遍布全球的大型集团公司，是什么在推动其不断发展和进步的呢？主要是管理创新以及持续的信息化应用。

联想的信息化建设是从 1991 年起步的，持续的信息化应用给联想带来了巨大的经济效益：2000 年，仅 ERP 上线的头一个季度，联想的净利润就比 1999 年同期增长了 136%，高于 1999 年净利润的增长幅度近 1 倍；平均交货时间从 1996 年的 11 天，缩短为 5.7 天；存货周转天数由 35 天降到 19.2 天；应收账周转天数由 23 天缩短为 15 天；集团多法人结账由原来的 30 天下降为 6 天，单一法人结账仅仅只需 1 天。

联想的信息化建设并不是一蹴而就的，而是一个循序渐进、从基础到高端的发展过程，其包含如下过程：构建企业的网络基础设施；实现网络办公；建设企业核心的业务管理和应用系统，这里最有代表性的就是 ERP。ERP 针对企业经营三个直接增值环节，设计客户关系管理 CRM、供应链管理 SCM 以及产品生命周期管理 PLM。

联想通过多年的实践，理解到企业信息化的实质：通过对先进的管理思想的消化，学习参照最佳行业实践，梳理、优化、再造业务流程，并应用 IT 技术，规范、集成、共享信息，从而达到提高效率、降低成本、提升客户满意度和企业运作管理水平的目的。联想成功的经验，为离散集成类企业树立了榜样。在推进企业信息化建设中，既要学习先进经验，又需要量身定制，解决好通性和个性的关系。

资料来源：[2013-07-19] http://class. wtojob. com/class681_44794. shtml.

【问题与思考】

IT 在联想集团发展战略中起到了什么作用？

【分析启示】

了解信息化对企业经营与管理的主要影响。

【知识点】

在信息社会里，人们越来越清楚地认识到信息的重要价值，信息也已逐步成为这个时代的核心资源，它几乎存在于人类社会生活和科学技术领域的每一个角落。作为一种资源的必要条件，就是要对其进行有效的管理，使其转化成为生产力，为人类社会创造出巨大的精神财富和物质财富。对信息及其相关活动因素进行科学的计划、组织、控制和协调,实现信息资源的充分开发、合理配置和有效利用,是管理活动的必然要求。

1.1 当代经济和社会发展趋势

1.1.1 信息社会的特征

当进入 20 世纪 50 年代末以后,计算机的出现和逐步普及,把信息对整个社会的影响逐步提高到一种绝对重要的地位。信息量、信息传播的速度、信息处理的速度以及应用信息的程度等都以几何级数的方式在增长,人类进入了信息社会。

近 20 年来,随着计算机和网络技术的迅速发展与信息技术的广泛应用,信息化管理渗透了各大发达国家的各行各业。企业信息化是指企业应用现代信息技术,在生产、管理、经营等各个层次、各个环节和各个领域,采用计算机、通信和网络等现代信息技术,充分开发、广泛利用企业内外部的信息资源,不断提高生产、经营、管理、决策的效率和水平,从而提高企业经济效益、增强企业竞争力的过程。企业信息化不仅可以明显地改善和优化企业的资金流、人员流、物资流和信息流,而且会对企业的现行管理模式产生强烈冲击,使企业管理不断创新、竞争力不断提高。因此,企业信息化对企业的生存和发展具有深远的影响和巨大的作用。

信息化是当今世界经济和社会发展的趋势,人类经济生活将以信息的占有、配置、生产、使用为主。谁占有信息,就会更富有、更安全;谁失去信息,就会更贫穷、更落后,从而被动挨打。信息社会将是一个经济全球化时代,是合作取胜、协作竞争的时代。

信息社会也称信息化社会,是脱离工业化社会以后,信息将起主要作用的社会。在农业社会和工业社会中,物质和能源是主要资源,所从事的是大规模的物质生产。而在信息社会中,信息成为比物质和能源更为重要的资源,以开发和利用信息资源为目的的信息经济活动迅速扩大,逐渐取代工业生产活动而成为国民经济活动的主要内容。

在 20 世纪 80 年代,关于"信息社会"较为流行的说法是"3C"社会(通信化、计算机化和自动控制化),"3A"社会(工厂自动化、办公室自动化、家庭自动化)和"4A"社会("3A"加农业自动化)。到了 20 世纪 90 年代,关于信息社会的说法又加上了多媒体技术和信息高速公路网络的普遍采用。具体而言,有如下三方面的特征。

1)经济领域的特征

(1)劳动力结构出现根本性的变化

从事农业的农民和从事制造业的工人逐年减少,从事服务业、信息职业的人数与其他职业的人数相比已占绝对优势。

【小资料】

请看一组关于美国经济的数据。(图1-1)

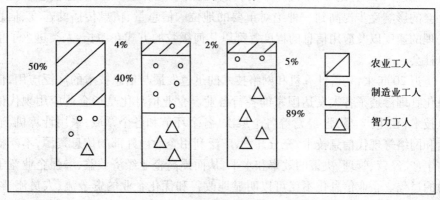

图1-1　美国经济数据示意图

从这组数据可以看出整个经济的变化,19世纪是农业经济时代,50%的就业人口主要是农业从业者;到了20世纪,农业从业者从50%降到了4%,制造业工人上升到40%;到2010年,农业从业者继续降低到2%,而制造业工人由原来40%减到5%。在新的经济模式下将出现一种新的工人——智力工人。

在信息社会中,一些传统的就业岗位被淘汰,劳动力人口主要向信息部门集中,新的就业形态和就业结构正在形成。在信息化程度较高的发达国家,其信息业从业人员已占整个社会从业人员的一半以上。一大批新的就业形态和就业方式被催生,如弹性工时制、家庭办公、网上求职、灵活就业等。同时,商业交易方式、政府管理模式、社会管理结构也在发生变化。

(2)在国民经济总产值中,信息经济所创产值与其他经济部门所创产值相比,已占绝对优势

信息社会将会形成一批新兴产业,并促进新的产业结构的形成。一是信息技术革命催生了一大批新兴产业,信息产业迅速发展壮大,信息部门产值在全社会总产值中的比重迅速上升,并成为整个社会最重要的支柱产业。二是传统

产业普遍实行技术改造,降低生产成本、提高劳动效率,而通过信息技术对传统能量转换工具的改造,使传统产业与信息产业之间的边界越来越模糊,整个社会的产业结构处在不断地变化过程中。三是在信息社会,智能工具的广泛使用进一步提高了整个社会的劳动生产率,物质生产部门效率的提高进一步加快了整个产业结构向服务业的转型,信息社会将是一个服务型经济的社会。

(3)能源消耗少,污染得以控制

信息经济的一个显著特征就是技术含量高、渗透性强、增值快,可以在很大程度上优化对各种生产要素的管理及配置,从而使各种资源的配置达到最优状态,降低了生产成本、提高了劳动生产率、扩大了社会总产量、推动了经济的增长。在信息化过程中,通过加大对信息资源的投入,可以在一定程度上替代各种物质资源和能源的投入,减少物质资源和能源的消耗,也改变了传统的经济增长模式。

(4)知识成为社会发展的巨大资源

21世纪是知识经济的时代,知识资源正成为当今世界经济发展的主要因素。进入人类经济活动领域的知识。或在经济活动中产生的知识,可以成为生产和销售的手段和对象,从而具有资源的意义。知识资源包括可以用于生产和消费的知识,也包括掌握和运用这些知识的人才。以知识资源的构建占主导的知识经济是人类经济发展方式的一次深刻变革,它促进了社会的进步与发展。

2)社会、文化、生活方面的特征

(1)社会生活的计算机化、自动化

在信息社会,智能化的综合网络将遍布社会的各个角落,固定电话、移动电话、电视、计算机等各种信息化的终端设备将无处不在。"无论何事、无论何时、无论何地"人们都可以获得文字、声音、图像信息。在信息社会的数字化家庭中,易用、廉价、随身的消费类数字产品及各种基于网络的3C家电被广泛应用,人们将生活在一个被各种信息终端所包围的社会中。信息已成为人们生活的一部分,深刻地影响着人们的生活。

(2)拥有覆盖面极广的远程快速通信网络系统

随着网络技术的不断发展,远程通信网络系统将更多地应用在企业生产过程的管理中。专业技术人员可以通过互联网来管理和维护生产过程,优化生产工艺,提高设备的可用率,最终降低生产成本、提高效率。

（3）生活模式、文化模式的多样化、个性化

电子商务改变了传统的商业模式，网上银行改变了传统的银行模式，远程教育改变了传统的教育模式，电子政务改变了传统的政府办公模式，网络新闻改变了传统的媒体信息传播模式等。很多相关的行业都在进行着改变，人们的生活模式变得多样化和个性化。这里讲一个我们最熟悉的例子——谈恋爱。在十年前谈恋爱的时候，下馆子、看电影、买衣服、逛街，然后写情书，构成了恋爱的全过程。而现在很多人在网上谈恋爱，有可能不用像十年前那样，可以不用花一分钱，甚至不用见面，就能步入婚姻的殿堂。尽管你觉得这可能是一个笑话，但折射出来了人们生活模式和文化模式的变化。

（4）可供个人自由支配的时间和活动的空间都有较大幅度的增加

信息化社会实现了社会生活的计算机化、自动化，可供个人自由支配的时间和活动的空间都有较大幅度的增加。随着各项技术的进步，各行各业信息化、自动化水平逐年提高，使得劳动者脱离了繁重的体力劳动，生活和参加必要的社会活动之外可以自由支配的时间和活动的空间增加。

3）社会观念上的特征

（1）尊重知识的价值观念成为社会风尚

与各项经济和社会生活的变化相适应，人们的工作方式、生活方式以及娱乐方式形成了新的格局，相应的习惯、观念、道德标准也在新的形势下发生了深刻的变化，人们尊重知识的价值观念成为社会风尚。

（2）民众具有更积极地创造未来的意识倾向

在信息社会，信息技术极大地促进了文化、知识、信息的传播，为人们充分表达意愿提供了技术条件，促进了民众具有更积极地创造未来的意识倾向。

【小资料】

信息时代三个最重要的特点可以体现在下面六个字上：速度、改变和危机。我们可以从两个方面一起来看看信息时代的速度。

工具的速度。我们可以从几个时代的对比中找到这样一个感觉：农业时代，牛车、马车以几千米/小时的速度前进，速度缓慢；工业时代，汽车、火车、飞机以几十、几百千米/小时的速度前进，速度较快；信息时代，互联网传播以10.8亿千米/小时的光速前进。

财富分配的速度。我们可以通过对过去这20多年互联网的发展过程中找到互联网财富分配速度的规律，尽管1991年的时候万维网就出现了，但真正走

入民用,美国是在1994年左右,中国是在1995年左右。1995年的第一次拨号上网带来了互联网第一次财富的重新分配,也就是1999年的".com时代"。这一次财富的重新分配最具有代表性的公司就是杨致远的雅虎以及美国在线,这两家公司都是以很小的投资,在很短的时间内就聚集了大量的财富。2001年左右,开始有了宽带拨号上网,也就是现在我们很多家庭所采用的上网方式。这次的互联网技术升级,带来了互联网的第二次财富分配,2003年左右,第三次财富的分配,使得全世界的财富最大限度地向互联网倾斜。

互联网在全世界范围内催生了一大批富人,也包括中国。信息时代中不变的只有改变,我们一起来,从几个方面看看信息时代的种种改变。

● 行业的改变

电子信息改变了图书馆,电子邮件替代了邮局的部分业务。除此之外,电子商务还改变中间商、代理商、批发商的销售方式。在信息时代,作为厂家,可以自己建立一个电子商务网站或者把你的产品放在一个专业的电子商务网站,使企业的产品直接跟消费者见面。

● 生活、工作、娱乐的改变

以往普遍存在的电子游戏厅会变成很多人在电脑面前玩游戏。陈天桥为什么能在2004年就成了中国的首富?这是因为他看到了娱乐方式的这种改变,率先开发了网络游戏,赚取了互联网时代的"第一桶金"。也就是说,如果一个人能够洞察生活中事物的改变,必然会赢得别人赢不到的财富。

● 市场和消费者的改变

我国网民从1997年的62万人到2012年的5.38亿人,不能找到第二个行业会有这样的增长曲线。这告诉我们,其实目前中国最大的消费市场正在向互联网转移。这也是一个很大的商机,市场和消费者正在悄然地发生很大的改变。

1.1.2 环境变化带来的影响

(1)因特网和技术汇聚

因特网带来了技术的汇聚,在这一过程中模糊了市场、行业和企业的界限。传统的边界和商业关系被破坏,传统的市场和分销渠道正在减弱,新的市场正在创立。今天,网络化和因特网几乎成了"做生意"的同义词。公司与顾客、员工、供应商管理、物流伙伴的关系正在形成数字化关系。作为供应商,要想和沃尔玛或西尔斯,或国内的大多数零售商合作,就必须接受它们定义好的数字技术;作为顾客,你将增加与数字环境中的卖主接触量;作为雇主,将通过更多的电子手段与自己的雇员进行交流,并给他们以新的数字工具去完成他们的工作。

(2)企业的转型

随着市场和竞争优势的快速变化,企业自身也发生了相应的变化。因特网和新市场正在改变着传统企业的成本和收入结构,同时加速了传统企业模式的消亡。因特网及其相关技术使跨企业的经营管理成为可能,并实现了与在企业内部几乎一样的效率和效益。这意味着企业没必要局限于传统的组织边界,或根据设计、开发、生产产品和服务所定的物理位置进行工作管理。与远距离的供应商和合伙伙伴维持紧密的关系是可能的,公司原先自己做的工作流可以外包出去。

除了这些变化以外,企业的管理也在转变。传统企业是层次型、集中式、结构化专业分工的,它通常基于一个固定的标准化运作程序,来大量生产产品或服务。新的企业是扁平(层次少的)、分散、通用型的柔性安排,它依赖于及时的信息,来提供大量顾客普遍所需的产品或服务,或以专一的产品或服务去满足特殊市场或顾客的需求。

传统的供应链管理团队依赖于正式的计划、严格的分工和正式的规则。而新的管理团队依赖于非正式的承诺和网络去建立共同的目标(而不是正式的计划),依赖于工作团队和个人的灵活安排及顾客导向以达到员工之间的协调。新的管理团队还依赖于知识、学习、员工的个人决策,来保证公司的正确运营。信息技术再次使这种管理方式成为可能。

(3)经济全球化

信息系统提供了强大的通信和分析能力,能满足企业在全球范围内进行经营与管理的需求。全球性公司控制远驻他方的分公司,与经销商和供应商进行沟通,在不同的国家中保持 24 小时运行,协调全球工作团队,服务本地化和国际性报告的需求。这些对企业的主要挑战都需要强大的信息系统的响应。

全球化和信息技术同样给国内企业带来新的威胁。由于存在全球通信和管理信息系统,顾客可以在全球市场上采购,可以一天 24 小时地获得可靠的信息。作为国际市场竞争的参与者,公司需要强大的信息和通信系统。

(4)信息经济的崛起

美国、日本、德国及其他主要工业化国家正在由工业经济转变为知识和信息基的服务经济,制造业已经转移到较低工资水平的国家。在知识和信息基的经济中,知识和信息是创造财富的关键要素。

知识和信息革命开始于20世纪,以后逐渐加速。今天,大多数人不再在农场劳作,而是转移到销售、教育、健康护理、银行、保险公司以及法律事务所等处工作,也有的转向商业服务,如复印、计算机编程和递送工作。这些工作最初就包括分发与创造新知识和新信息。事实上,知识和信息工作已占到美国国民生产总值的60%以上,并吸纳了近55%的劳动力。知识和信息提供了有价值的新产品和服务的基础,这些产品和服务包括信用卡、隔夜包裹快递或全球范围预定系统等。知识和信息密集产品,如计算机游戏,生产时需要大量的知识;同样,传统产品的生产也需要大量的知识。

(5)数字化企业的出现

"数字化"企业的出现首先归因于信息技术的革命。近些年,互联网、国际贸易以及知识信息经济的发展,已经重新定位了信息系统在贸易和管理中的地位。互联网技术开始重新塑造新的商业模式、流程以及知识和信息的传播方式。越来越多的企业正在依赖于互联网技术,通过电子手段进行工作。例如CISCO、DELL、P&G、UPS 以及 FEDEX 等,它们把供应商、客户以及公司内部和外部的其他群体通过电子化的手段进行连接,所有的商业流程和信息都通过电子的方式,不分时间、不分地点地流转,是早期"数字化"企业的萌芽。

总之,由于信息社会变化加快、信息量递增、知识爆炸、复杂性增加,还有所谓虚拟组织的出现,导致项目的大量增加,更需要加强技术管理、知识管理、信息沟通管理。同时,还需要一些创新的组织手段和管理手段。信息社会的人才要求趋向集科技、文学、经贸和外语才干于一身的新型复合型人才,不仅要一专一能,还要多专多能。新型人才还要善于协调、搞好人际关系;胸怀博大、善于拼搏;要有创新意识和创造激情,要有不畏权威的怀疑精神和追根究底的探索精神;具有知识创新和技术革新的能力,在自己的专业领域有不断的新发现、新发明、新创造和新开拓。

1.2 管理信息系统的理论来源

1.2.1 管理理论概述

管理是管理信息系统(简称 MIS)的三大基本支持理论之一,管理的主要任务就是利用已有的和可以争取到的各种资源(如人、财、物、技术等),以最少的投入获得最大的产出。

1）管理的概念

管理是一个随着社会的不断发展而具有多样化特征的动态概念。各种管理学派,按照其各自的管理理论,对管理的概念有不同的解释。

有人认为,管理是一种程序,通过计划、组织、控制、指挥等职能完成既定目标。

有人认为,管理就是决策。决策程序就是全部的管理过程,组织则是由作为决策者的个人所组成的系统。

有人认为,管理的组织基础是知识的网络化。在管理上更注重人的作用和人际沟通,企业经营并行网络化,即可以同时进行多项工作。组织结构更依赖小组和团队的活动,管理层次大为减少。

综上所述,管理是人们有目的、有意识的实践活动,是管理者在一定的社会条件下,为了实现预定目标,对各种资源和实践环节进行规划安排、优化控制活动的总称。在特定的环境下,管理是指一定组织中的管理者,他有效地利用人力、物力、财力、信息等各种资源,并通过决策、计划、组织、领导、激励和控制职能,来协调他人的活动,使别人与自己共同实现既定目标的活动过程。

在以上六项职能中,创新活动是现代管理的动力基础。管理的主体是管理者,包括各级、各层、各类的管理者。管理的客体,即管理的对象是以人为中心的各种资源。管理的目的是为了实现预期的目标,管理的本质是要在一定的环境下进行的协调。管理是一种活动,因而它是一个动态的过程,而管理信息系统正是反映这种动态过程全貌的一个集合体。对于管理活动来说,它与信息系统几乎是平行的,它们相互依存、互为前提。可以这样认为,一个管理信息系统的维持必须要有配套的管理活动,否则信息系统便失去了存在的意义和价值。反之,没有管理信息系统,管理也是茫然的。管理是目的,而管理信息系统则是服务与这一目的的手段,它以辅助管理、辅助决策为目的。

2）管理科学的发展阶段

自古以来,管理思想或实践就存在着,它是人类集体协作、共同劳动所产生的。管理学形成之前可分成两个阶段:早期管理实践与管理思想阶段(从有了人类集体劳动开始到18世纪)和管理理论产生的萌芽阶段(从18世纪到19世纪末)。管理思想一直随着历史的发展而不断演变。例如,早期的埃及文献表明,金字塔的建设者们曾认识到诸如权威性、责任和专业化等某些基本原理。在古巴比伦王国于公元前2000年左右颁布的《汗谟拉比法典》中,有许多条款都涉及了控制借贷、最低工资、会计和收据等经济管理思想。我国春秋战国时期著名的《孙子兵法》、秦始皇确立的中央集权体制、汉高祖刘邦总结其取得天下的原因,关键是在管理中遵循了用人之长的原则,我国宋真宗时期,丁渭提出的"一举三得"方案,解决了就地取土、顺利运输和清理废墟三个问题,对现代的企业化管理仍有重要的参考价值。但只是在最近 100 多年中,人们才系统地对管理加以研究,使之逐渐形成一种知识体系,进而成为一门正式的学科。

管理学形成后又可分为三个阶段:古典管理理论阶段(20 世纪初到 20 世纪 30 年代行为科学学派出现前)、现代管理理论阶段(20 世纪 30 年代到 20 世纪 80 年代,主要指行为科学学派及管理理论丛林阶段)和当代管理理论阶段(20 世纪 80 年代至今)。就管理科学的特点,又可以分为六种主要学派。

(1)科学管理和组织管理学派

科学管理理论着重研究如何通过提高效率来提高生产率、通过科学方法的应用来增加工人的工资,其原理强调应用科学、创造集体的协调和合作,达到最大的产出量和培养工人的能力。主要有以泰罗(Frederick Winslow Taylor, 1856—1915)为代表的科学管理学派,代表著作有《计件工资制》(1895)、《车间管理》(1903)和《科学管理原理》(1911)等。他第一次把科学原则应用于管理领域,其主要观点是要制定有科学依据的工作日、工作量定额,实施标准化操作,主张把计划职能与执行职能分开。

组织管理理论着重研究管理职能和整个组织结构,其代表人物主要有法约尔、韦伯等。英国管理学家厄威克的综合管理理论把科学管理理论和组织管理理论综合为一体。他认为,管理过程由计划、组织和控制三个主要职能构成。

(2)行为管理理论学派

本学派于 20 世纪 30 年代出现,这个学派在初期称为"人际关系"学说,注重研究人的本性和需要、行为的动机以及生产中的人际关系。其代表作是以美国梅奥为代表的行为科学派,代表著作是《工业文明中人的问题》(1933),他主张激励人的积极性,主张工人参加管理。该学派认为士气、关系、社会因素是管理的成功要素。

(3)数学管理理论学派

本学派于 20 世纪 40 年代出现,其代表作是 1940 年苏联康托拉维奇所著的《生产组织与计划中的数学方法》。该著作把数学引入管理,以数学模型的方法进行管理,提出生产指挥、管理的问题主要是数学问题。

(4)计算机管理理论学派

本学派于 20 世纪 50 年代出现,这一时期虽没有突出的代表作,但计算机已被广泛用于管理。继1954年计算机用于工资管理后,在会计、库存、计划等方面逐渐展开,在20世纪50年代末至20世纪60年代初形成了将计算机用于管理的第一次热潮。

(5)系统管理理论学派

本学派于20世纪70年代出现,其代表作是1970年华盛顿大学教授卡斯特所著的《组织与管理——从系统出发的研究》。他提出用系统的理论和方法研究管理,认为组织是一个系统,是由相互联系、相互依存的要素构成的。根据需要,可以把系统分解为子系统,子系统还可以再分解。

(6)管理信息系统理论学派

本学派出现于20世纪80年代,这一时期出现了信息革命,信息被视为用于管理的重要的无形资源。同一时期又产生了控制论,于是信息论、控制论、系统论在管理中有机结合,产生了管理信息系统学科。它的出现,极大地推动了管理科学的发展,如决策支持系统的出现,把数据库处理与经济管理数学模型的优化计算结合起来,使管理信息系统不再是为管理者提供的预定报告,而是在人和计算机交换的过程中帮助决策者探索可能的方案,为管理者提供决策所需的信息。决策支持系统与人工智能、计算机网络技术等结合,形成了智能决策支持系统和群体决策支持系统。决策支持系统是以管理信息系统管理的信息为基础的,在组织中可能是一个独立的系统,也可能作为管理信息系统的一个高层子系统。

在管理科学的发展过程中,后一种学派的产生,一般不是对前一种学派的否定,而是对前一学派的弱点加以改进,使前者的愿望更能得以实现。例如,行为科学能激励工人更好地完成定额,更便于科学管理的实现;计算机的出现则使数学方法的应用成为可能,促进了应用数学的发展;而系统工程则是集过去之大成,更加综合、更加全面,它主张分析环境、确定系统目标,什么方法合适就用什么方法。

1.2.2 信息理论

1)信息与数据

数据和信息在信息管理中是密切相关的概念,我们先从数据出发,了解信息及信息处理相关的概念。

(1)数据

数据(data)产生于人类的各种活动之中,是对行为结果的一种记录形式。

例如企业有计划、生产、销售等各项管理活动,相应产生计划指标、生产产品数量、销售额等方面的数据。常用的数据记录形式有数字和符号两种,广义的数据记录形式有数字、字母、符号、声音、图像和动态视频等物理形式。这些符号可以被识别、认知和解释,也可以对其进行某种预算,产生另一种形式的数据。因此数据的定义可以概括为:数据是记录客观事物的特征,并能被人类识别和加以处理的符号集合。

(2)信息

信息(information)的英文含义是消息、情报和资料。信息技术的发展使"信息"一词的使用迅速得到了普及。信息作为资源在社会中的主导作用越来越明显,与信息研究相关的学科也在逐渐形成,对信息的解释和理解也在不断地发展。目前,对于信息的定义常见的有以下几种:信息是指客观存在的新的事实或新的知识;信息是代码符号序列所承载的内容;信息是经过加工解释后所得到的,对某个目的有用的数据。

这些定义出现在不同的著作中,能够帮助我们更好地理解信息的含义。如果考虑到信息与其接受使用者的关系,我们可以将信息定义为:信息是经过加工解释后,能对人类的行为决策产生影响的数据。

(3)数据与信息的联系与区别

数据和信息的联系表现在以下几个方面:数据是载荷信息的物理符号,本身并没有意义;信息是对数据的解释,是具有某种含义的数据,并能对客观事物产生一定的影响;数据经过加工后可能产生信息,也可能产生另一种形式的数据。

信息与数据不相同,但两者之间又有密切的联系。它们的区别表现在:信息是经过加工的数据,是逻辑性或观念性的;而数据是记载客观事物的符号,是物理性的。它们之间的联系表现在:信息是数据内在逻辑关系的体现;数据是信息的表现形式。因此,在对"信息"与"数据"不作严格区分的场合,信息可以称为数据,数据也可称为信息,"信息处理"也可以称为"数据处理";反之亦然。

2)信息的分类

信息可以从不同的角度进行多种不同的分类。根据信息反映的内容,可分为自然信息、生物信息和管理信息;根据对信息的应用,可分为管理信息、社会信息和科技信息等;根据信息的加工程度,可分为一次信息、二次信息和三次信息;根据管理层次,可分为作业信息、战术信息和战略信息;根据信息记载的反映形式,可分为数字信息、图像信息和声音信息等。

3）信息的特性

信息具有以下特性。

（1）事实性

事实性是信息的中心特性，即信息的真实性、准确性、精确性和客观性。不符合事实性的信息不仅无益，而且有害。事实性是决定信息价值的主要特性。

（2）等级性

管理是分等级的，对于同一问题，处于不同管理层次，产生与需求的信息不同，因此信息也是分等级的。信息和管理对应，一般分为作业级、战术级和战略级。不同等级的信息，其性质不同。（表1-1）

表 1-1　企业中不同等级的信息

信息级别	来　源	寿　命	使用频率
战略级	关于企业的方向、目标、路线等，多来自外部	寿命长，如企业发展规划	使用频率低，如五年计划数据
战术级	关于如何选择工厂位置、如何获得和使用资源等，来自企业内、外部	寿命次之	使用频率较高
作业级	关于生产计划信息、生产指标完成程度，较为具体，多数来自内部，	寿命较短，如某一产品的设计、生产	使用频率高

（3）时效性

信息的时效性就是信息在一定时间范围内的效力，就是这个信息过期没过期。时效性是指从信息源发出信息，经过接受、加工、传递、利用的时间间隔。间隔的时间越短，使用信息越及时，使用程度越高，时效性越强。信息的时效性和价值性是紧密联系在一起的，如果信息本身就没有价值，也就无所谓时效性了。

（4）不完全性

由于时间、地域和空间的限制，认识、理解和能力的不同，方法、方式和工具的不同，信息的产生和获取常常不是客观事物对象特征的全部。另外，有时主观需要还会增加信息、忽略部分信息和改造某些信息，使得信息所反应的特征不是客观事物的原形或全部。

（5）传输性

信息是可以传输的，它的传输成本远远低于传输物资与能源。信息可以通过各种手段传输到很远的地方,传输的形式也很多,有数字、文字、图形和视频等。信息的传输性加快了全球的资源交流和社会变化。

(6)分享性

和其他物资资源相比,信息具有非消耗的属性,可以被共同占有、共同享用。信息的分享没有直接的损失,但会造成间接的损失。信息的分享性或共享性式的信息是企业的一种资源。

信息的其他性质有存储性、依附性、目的性和度量性等。对于人类而言,认识信息、理解信息、有效地使用信息是信息时代的根本任务,是知识经济发展的基础。

4)信息的度量

现在信息系统的开发和应用似乎不再那么看重信息的度量了,这里有两个误点,一则可能由于计算机存储技术的快速发展,信息存储量的问题已不再成为主要考虑的因素了;二则可能没有很好地理解信息度量的原本含义。之所以需要讲述信息的度量这个概念,主要是为了从中学习将数学方法应用于信息的研究与实践的思路,从中得到如何更有效地开发和利用信息的启示。

信息的度量或信息的测度源于选择自由度的信息度量公式的推导,成熟于申农概率熵信息度量公式的确立。申农的信息度量公式为信息论乃至信息科学的出现奠定了坚实的理论基础。其基本思路是将收到某消息的信息量定义为:

获得的信息量 = 收到信息前关于某事件发生的不确定性 - 收到信息后关于某事件发生的不确定性 = 不确定性减少量

设事物 A 有两种等概率出现的状态,用一位二进制数 0,1 即可表示。当我们得知 A 处于某状态,我们即获得了 1 bit 的信息。例如,经理问销售员,某客户洽谈订货了吗? 是订还是未订? 1 个 bit 的信息量即能表达清楚。设事物 B 有四种可能的等概率的状态,则要用二位二进制数 00,01,10,11 来表示。当我们得知 B 处于某种状态后,我们即获得了 2 个 bit 的信息。例如,有四种产品,明确客户订了哪种产品的信息,即为 2 个 bit 的信息量,依次类推。例如,某产品有八种价格,以某价格成交的概率相等,则以某种价格成交的信息有 3 个 bit 的信息量。

当有 n 种可能状态,各种状态出现的概率为 $P(i)$ 时,申农的信息度量公式为:

$$信息量 = \sum_1^n P(i) \log_2 \frac{1}{P(i)} = -\sum_1^n P(i) \log_2 P(i)$$

当事物的状态有许多种或无穷多时,可用概率分布函数来计算信息量。

假定,某客户选购四种产品中产品 x_1, x_2, x_3, x_4 的概率分别为 $0.1, 0.1, 0.3, 0.5$,则能确定该客户订购某种产品的信息的信息量为:

信息量 $= -(0.1 \times \log_2 0.1 \times 2 + 0.3 \times \log_2 0.3 + 0.5 \times \log_2 0.5) = 1.685$

四种状态等概率出现的情况下,消除不确定性的信息量为 2,上例非等概率情况为 1.685,显然事物各状态等概率出现时需要消除不确定性的信息量最大。

信息描述事物多个状态中的某种状态,计算出的量为平均信息量,平均信息量被称为信息源的熵,表示事物不确定性的程度。事物越不确定,熵越大。熵本来用于表示能量分布均匀程度,能量分布越均匀,熵越大。信息的度量借用熵的概念,但必须用负熵。

要注意的是,平时讲的信息数量与信息源的熵是两回事。例如,要计算 1 年订单的信息数量,以便安排硬盘空间,实际上是信息载体量或信息表现形式的数据量。例如,设每张订单有 5 行,每行 100 个数字位,每年 1 000 张,则有 $5 \times 100 \times 1\ 000 = 500\ 000$ 字节 $= 500$ K 字节。但根据信息的熵的概念,订单中各条信息的熵是不尽相同的。

信息度量的概念对信息的开发和利用有所启示。以下是从信息的选择和信息的设计角度给出的可供参考的启示。

①表示信息的数据越多,其信息量就越大。但这并不完全决定信息量的大小,同样载体量的信息,信息量可能有很大的差别。在仅有两种可能状态的情况下,能明确其一的信息,信息量最小。这意味着一些信息能消除很多的不确定性,而一些信息只能消除很少的不确定性。对于管理上的多因素复杂问题,为分析其原因或后果,往往需要很大的信息量,为此不仅要搜集很多的形式上的信息——数据,也需要收集和选用信息量较大的信息。一般情况下,与问题越直接的、越接近的信息源信息的量越大。举例来说,这也就是我们在产品研发和营销策划等管理上为什么越来越重视客户(或者最终消费者)信息的主要原因之一。

②信息能消除不确定性,信息量越大,就能消除越多的不确定性。将这一原理应用到信息的选择,有助于我们提高信息的效用。例如,企业广告的实质是向潜在的客户传递有关产品和服务的信息,要在极有限的时间内达到尽可能好的广告效果,广告信息的设计和选择极为关键。同样一句话,不同的内容有不同的效果。广告的效果在于客户所获信息量的多少,在于客户消除不确定性的程度的大小。

5) 信息化及我国信息化概况

(1) 信息化概述

就一个国家而言,信息化的一般表述为"国民经济各部门和社会活动各领域普遍应用先进信息技术,从而大大提高社会劳动生产率以及大大改善人民物质与文化生活质量的过程"。信息化是一个长期过程,主要内容是普遍应用先进信息技术,开发和利用信息资源,其目的是大大提高劳动生产率和生活质量。

如果简单地将信息化看作计算机应用,则信息化实际运作已有半个世纪了。1993 年,美国在其强大的信息技术优势基础上,率先提出国家信息基础建设 NII(National Information Infrastructure,通常称为"信息高速公路",Information Superhighway)计划,其目的是要保持和发展已有的信息技术和经济实力的绝对优势。信息基础主要是数字通信网络,其对信息化建设的成败起着关键的作用。之后,欧共体、日、英、法、德等区域或国家也紧随着纷纷提出各自的类似计划。如欧共体建设"欧洲信息空间",日本实施"研究信息流通新干线",英、法、德等国则同美国一样建起了"高速信息公路"。几乎同时,新加坡、韩国、巴西等国家也积极开展了各自的信息化基础建设。新加坡的"国家信息基础设施"旨在使只有 300 万人口的新加坡变成由计算机连接所有家庭、机关、工厂和学校的"智能岛",韩国的"超高速信息通信网"要实现各部局的信息联网。1995 年,西方七国首脑聚会布鲁塞尔,讨论建设全球信息基础建设——G Ⅱ计划,提出了建设全球信息社会的目标。从此,兴起于美、日等少数发达国家的信息化建设浪潮开始波及全世界各个角落。

有了信息基础设施的支撑,许多国家的信息化建设一浪接一浪,信息技术的应用成果日新月异。从政府的常规内部业务处理系统到当前连接社会各界的电子政务,从企业的业务管理和决策支持到现在跨企业的供应链管理系统,从个人的网上信息交流和享用到今天自行安排的家庭办公与足不出户的消费等等。所有这些我们都能感受或涉及的社会进步和经济发展均建立在信息基础设施之上,来自于信息化建设的产出。信息化是走向信息社会的过程,从对信息的新认识到信息社会大体的过程如图 1-2 所示。

图 1-2 从信息走向信息社会的过程

信息作为一种资源,被人们认识和接受。有了对信息资源的认识和需求,自然就会产生信息商品和信息服务。随之,有了信息商品的生产与交换,有了信息服务的设计与提供,进而形成了信息产业。当信息产业在国民经济中占主导地位时,如信息产业人员在所有产业人员中比例超过50%、信息产业产值在所有产业产值中的比例超过50%时,国民经济就转向信息经济,由此社会也开始进入信息化社会。这就是人们从信息的新认识开始走向信息社会的过程。乌家培在《信息社会与网络经济》中载文认为,从信息化这一概念出现与传播的历史来考证,可以证明"信息化的结果将导致信息社会的来临"。信息化将把工业社会引向信息社会。

目前,人们对信息是一种资源的观点已有较深入的理解,信息商品和信息服务已普遍存在并不断推陈出新,信息产业在世界经济中的地位和比重日益提高。如美国信息产业产值在总值中的比例、信息产业人员在所有产业人员中的比例都已超过50%,因此可以认为,美国已踏入信息社会。

为了衡量一个国家或一个社会的信息化发展水平,不少学者研究并提出多种定量测定方法,较有名的社会信息化发展水平测定方法见表1-2。这些方法的应用不仅可以衡量信息化的发展水平,也能通过测定找出差距,以利于更好地开展信息化。

表1-2　已有的主要社会信息化发展水平测定方法

方　　法	出处与年份	测定要点
指数法	日本学者,1965	四个要素共11个变量,与基准年相比得出指数
马克卢普—波拉特法	马克卢普,波拉特,1977	$GNP = C + I + G + (X - M)$
指标体系法	国际数据公司,1996	六大类12小类指标,如每百人计算机数、光缆公里数等
信息社会指数法	国际电联,1995	四大类23小类指标,如报纸发行量、因特网主机数等
我国的信息化指标	我国信息产业部,2001	20个指标项,如电子商务交易量、信息产业产出比重等

(2)我国信息化概况

信息化已成为一个国家的战略任务,对国民经济的发展具有巨大的推动和支持作用,对国家经济实力和竞争力的增强有着深远的战略意义,其水平的高低已经成为衡量综合国力的重要标志。我国的信息化建设是在政府的倡导和推动下逐步开展起来的。早在1983年制定新技术革命对策时,我国就把发展信息技术纳入国家对策。20 世纪 80 年代中期以来,党和政府的领导陆续发表了有关信息化的重要讲话,中央和地方政府也陆续组建了信息化建设的管理机构。在 1996 年召开的中国共产党十四届五中全会上,把信息化作为我国的战略任务,明确提出了"加快国民经济信息化进程"的要求。此后,中国共产党十五、十六届的多次会议均重申了信息化的战略地位。

在国家信息化战略方针的引导下,我国的信息化建设有计划地逐步开展起来,经过 20 多年的努力,取得了一系列的重要进展。综观我国信息化的过程,大致经历了三个阶段。

①第一阶段:国家倡导和起步阶段,20 世纪 80 年代中期—20 世纪 90 年代初期。

1986 年,我国批准建设国家经济信息系统,全国从中央到省、市地方陆续成立了信息中心,启动了全国性的信息化建设。该阶段的信息化概念和建设尚处于酝酿和探索层面,开发了包括国家经济信息系统、电子数据交换系统、银行电子化业务系统、铁路运输管理系统和公安信息系统等一批大型应用信息系统。

②第二阶段:有序组织实施重大基础工程阶段,20 世纪 90 年代初期—20 世纪 90 年代中期。

1993 年,我国成立全国电子信息系统推广办公室,同年,"金"字号国民经济信息化工程(金桥、金卡、金关、金税等)开建。该阶段相继建成了由公用分组交换网(CHINAPAC)、数字数据网(CHINADDN)、公用计算机互联网(CHINANET)三大骨干网络组成的公用数据通信网。

③第三阶段:全面推进阶段,20 世纪 90 年代后期—现在。

在该阶段,各行各业对发展和应用信息技术的热情普遍高涨,企业信息化大范围推进,信息系统方面相继开发、实施和应用 ERP、电子商务、客户关系管理等信息系统。基础设施方面主要建设企业内部网(Intranet)、企业外部网(Extranet)、企业信息门户(Enterprise Information Portal)等。这一阶段的信息化还拓展到了电子政务、电子社区,信息港、数字城市以及社会文献资源服务系统、社会信用评估系统等社会信息化的实施内容。

我国信息化的战略方针是"以信息化带动工业化,以工业化促进信息化,实行工业化与信息化互补并进"。我国工业化处于中后期,问题很多,需要在技术、时间、资金、劳动力等资源上依靠信息化的优势,通过改造和替代来带动工业化及工业升级。我国信息化处于初期,同样需要在物资、装备、能源、资金、市场等条件上,依靠工业化的基础和空间来促进信息化发展。我国的信息化具有"后发优势",可以实现"跨越式发展"。乌家培对"后发优势实现跨越式发展"的含义作了比较清晰的阐述,他认为:一是可以以较短的时间和较小的代价实现先进国家原来走过的发展历程,达到所具有的相同目标,例如,先进国家在工业化完成后开展信息化,而我们可以与其同时开展信息化建设;二是在发展过程中跳过先进国家曾经走过的阶段,例如,先进国家从模拟通信技术到数字通信技术经历了一二百年,而我们几乎可以与其同时进入数字通信阶段。

我国与发达国家相比,信息化还有很大的差距,用已有的测定方法来衡量,我国进入信息社会还有相当长的路要走,目前只能以"面临信息社会"来表示信息化的程度。在信息化建设的内容上,我国根据国情,确定为六项任务,即开发利用信息资源,建设国家信息网络,推进信息技术应用,发展信息技术和产业,培育信息化人才,制定和完善信息化政策、法律和标准。其中,开发利用信息资源和推进信息技术应用是信息化的重点,信息系统是目前开发和利用信息资源最有效和可行的方式。

1.2.3 系统理论

信息系统是一类系统,具有系统的特征,对信息系统的研究与实践离不开系统的思想、理论、方法和技术。因此,在讲述信息系统之前,有必要简要地叙述系统的一些基本概念。这些概念作为信息系统的基础知识,将在以后各章节中被应用。

1)系统的定义

人们在长期的实践活动中逐渐认识到,自然界和人类社会的许多事物都具有相互联系性和整体性。为了更好地探究事物,经过不断总结和提升,形成了系统思想。系统论的代表人物贝塔朗菲(L. Y. Bertalanffy)在 1945 年给系统(Systems)下的定义认为,系统是相互联系、相互作用并具有一定整体功能和整体目的的诸要素(或元素)所组成的整体。

按此定义,为了共同的目的,由若干要素有机地组织起来的一个整体就是一个系统。企业由人、财、物、信息以及规程等要素构成,这些要素相互联系和作用,按照预定的规则,人与人之间进行协作,合理配置和使用资金和物资,将生产要素转换为社会财富,产生经济效益,并从中获取一定的利润。因此,企业是一类系统。再如,一部机器是由若干零部件按照某种结构被组装起来的,它们为加工某器件或产生某种功能而协调地运作。因此,机器也是一类系统。

综合来说,系统具有以下含义:由若干要素组成;具有一定的结构;具有一定的目的性;应有环境适应性。

系统可被更抽象地认为是由若干要素及要素之间的关系(相互联系和相互

作用的关系)构成的。不同的要素可能有相同的要素关系,相同的要素也可能有不同的要素关系。例如,茅草房和钢筋水泥房的要素相差很大,但要素之间的关系基本相同;又如,家族型企业和社会型企业的要素基本相同,但要素关系却不同。研究还发现,系统中的要素关系比要素复杂;要素关系却比要素更重要,要素关系处于更重要的地位。一些系统的要素和要素关系比较简单,而一些系统的要素和要素关系却非常复杂。例如,人作为要素时是非常复杂的,制度作为要素关系(如人与人之间的关系)时也是非常复杂的。企业系统和信息系统之所以复杂,是由于其要素和要素关系的复杂。

2)系统模型

系统一般模型如图 1-3 所示。

对于开放系统而言,系统一般由以下几部分组成。

①系统环境:是为提供输入或接收输出的场所,它是既与系统发生作用,又不包含在系统之内的其他事物的总和。环境与系统有一定的影响。

②系统边界:系统与环境分开的假想线,在此实现物质、能量、信息交换。

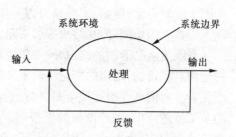

图 1-3 系统一般模型

③输入/输出:与环境发生的联系。系统接收的物资与信息称为系统的输入。系统经变换、处理后产生的另一种形态的物质能量和信息称为系统的输出。

④组成要素:完成特定功能而必不可少的工作单元。

⑤系统结构:系统的组成要素和要素之间的关系。

⑥子系统:存在于系统之中的系统。

⑦接口:子系统之间的信息交换。

⑧控制要素:控制要素是一个比较特殊的要素。某些最简单的系统可以没有控制要素。控制要素的功能是对整个系统中的各个环节的运行情况进行监测、检查,进而及时发现与实现系统目标相悖的问题,并作出适当的调整。

3)系统的结构

各系统要素相互之间有一定的联系和作用,即要素之间的关系。系统都具有一定的组织形式,即系统的结构。系统通过结构将要素组织起来,这个结构就是要素关系。系统的结构是立足于系统角度的,要素关系是着眼于要素的,但两者的实质一样。实物系统的结构一般是可见的,即使是非常复杂的实物系统的结构,通过某些工具,终归能清晰地解析。由人参与的系统的结构客观存在,但不能为我们直观、彻底地观察,需要通过间接的方法予以揭示,这种揭示不可能是完全和彻底的。

系统的结构有严密和松散、复杂和简单等不同的形式,不同的系统有各不相同的性质和功能。研究表明,系统的性能与系统结构和系统要素有关,但系统的性能主要由系统结构决定,要素起次要的作用。如金刚石与石墨的要素都是碳原子,但碳原子的结合方式,即结构很不相同,因此它们的性质也迥然不同。私有制企业与公有制企业,要素大同小异,人、财、物的关系或系统结构却不同,因此他们的性质就不同。国有企业实行股份制是要通过结构的改变来寻求更好的功能——提高企业绩效。结构与功能的关系也存在一构多功能和异构同功能的现象,例如,家庭既可以是生活单位,也可以是劳动集体;电脑能实现人所具有的功能,但其结构截然不同。

系统要素是活动的,要素的变化使系统运动和发展,但这是量变,系统的结构是相对稳定的,结构的变化将使系统发生质的改变——转化为新的系统或彻底瓦解。所谓量变引起质变是先导致结构的变更后再引起的。一个企业系统的员工流进流出、生产设施的更替等,一般不会有实质性的影响;然而,企业制度的改变,甚至企业业务流程的变革,都会引起企业的震荡,搞不好反而会使企业倒退。

当一个系统比较复杂时,其中的要素可能处于不同的地位或层次,存在上下级关系,这样系统内部就有了层次性,相应地表现出层次结构。层次结构是系统结构的一类形式,系统越复杂,结构层次就越多、越重要。如一个国家是一个系统,国家之下有省市,省市下有区县,等等。即使到了个人的层面,仍然可以再有更下层的精神要素与物质要素之分。考虑到系统层次结构的相对性,作为整体的系统和作为局部的要素,是相对而言的。若干个系统按某种结构构建起来时,形成了一个更大的系统,原来的系统成为大系统的要素(或子系统);当要素由更小的要素构成时,相对于更小的要素,该要素即是系统。

可见,在设计、构建、管理或改造一个系统时,为使系统具有预期的功能,就要考虑采用怎样的要素,更要考虑选择怎样的结构,包括结构层次、层次幅度、要素联系和作用的规则等。

系统功能由系统要素、系统结构、系统环境三方面决定。在这三个决定因素中,结构是内在的最为关键的决定性因素,环境是外在的作用性的决定因素。系统与环境之间有物质、能量和信息的交互,有相互的影响,因而存在环境适应性问题。

4) 系统的特性

系统具有整体性、目的性、关联性和环境适应性等一般的属性。了解系统的属性,能更好地分析和设计、管理和应用系统。

(1) 整体性

整体性是系统最本质的属性。系统由两个或两个以上的要素结合而成,具有整体功能不等于各组成部分的功能之和的原则。考虑系统与要素的某些可比的特性(如集体的智慧与个体的智慧),即有以下系统整体性的基本原则:整体不等于部分之和,或 $1+1 \neq 2$;当要素关系优化时,整体大于部分之和;当要素关系劣化时,整体小于部分之和;当要素无关时,整体等于部分之和,即不成为系统。"三个臭皮匠,赛过一个诸葛亮"体现了系统的整体大于部分之和的整体性属性;"一个和尚挑水吃,两个和尚抬水吃,三个和尚没水吃"则表现为系统的要素关系劣化,整体小于部分之和。

(2) 目的性

系统有预期的目的,系统必然具有特定的功能,通过这些功能的发挥实现预定的目的。目的决定设计和构造怎样的系统,包括需要哪些要素,要素之间应该设定怎样的关系。当目的难以实现或实现得不理想时,往往要调换要素和调整要素关系。企业系统的目的是创造财富和获取利润,为实现这一目的,企业的组成和组成之间的关系就要经过刻意的设计和选择。

(3) 关联性

所谓关联性即系统要素之间存在相互联系和相互作用的关系,这种关系是系统的特性,也是系统的基本内容。系统的整体性建立在系统的关联性之上,没有关联性也就没有整体性。以企业系统为例,其中人、财、物的关联性是通过体制和机制等制度来表现的。例如一个生产企业,计划部门依据企业的生产能力、市场需求等因素制订出生产计划;供应部门按照生产计划、生产状况以及原材料等的库存情况提供供应服务和销售处理;而生产部门则要根据生产计划组织生产,其生产能力又是计划部门制订计划的依据。由此可见,企业的计划子系统、供销子系统、生产子系统和库存子系统是按照一定的分工来各自完成其特定的功能。

(4) 环境适应性

系统处于一定的环境之中,与环境之间存在物质、能量或信息的交互。环境会影响系统,系统也会影响环境,环境和系统中一方的变化都会引起另一方一定程度的变化。但一般情况下,环境对系统的影响更大。有时,环境的变化会导致系统结构的变化而影响功能的发挥,影响严重时,系统甚至会崩溃而遭到淘汰。因此,系统要生存与发展,就必须适应环境,及时改变自己的要素或要素关系,提高自己的环境适应能力。企业系统的主要环境是市场,包括市场中的客户和竞争对手,客户需求的变化、竞争对手竞争策略的变化,都会对当事企业产生压力。企业只有通过不断的变革才能使自己适应变化的市场,否则就无法生存。

5) 系统的类型

系统的分类方法很多,不同的分类方法,反映出可以从不同的角度认识系统。

(1) 按系统的起源分类

按系统的起源进行划分,可以把系统分为自然系统和人造系统。自然系统的组成部分是自然物质,其特点是自然形成的,例如大气系统、生态系统等。人造系统是为了达到人类的目的而由人建立起来的系统,包括生产系统、交通系统等。

(2) 按系统的复杂程度分类

按系统的复杂程度来划分,可以把系统分为物理系统、生物系统和人类社会及宇宙系统。物理系统包括框架系统、时钟系统和控制机械系统。框架系统是最为简单、静态的系统,例如,桥梁、房屋等;时钟系统按预定规律变化,虽动犹静;控制机械系统能自动调整,偶然的干扰使运动偏离预定要求时,系统能自动调节回去。

生物系统包括细胞系统、植物系统和动物系统。细胞系统能新陈代谢,能繁殖,有生命,比物理系统更高级;植物系统是细胞群体组成的系统,显示了单个细胞没有的作用;动物系统具有寻找目标的能力。

人类社会及宇宙系统包括人类系统、社会系统和宇宙系统。人类系统具有较强地处理信息的能力,说明目标和使用语言能力均超过动物,懂得知识和善于学习,是人的群体系统;社会系统是人类政治、经济活动等上层建筑系统,一般指组织;宇宙系统包括地球以外的天体及其他人类不知道的东西。

(3) 按系统与环境的关系分类

按系统与环境的关系来划分,可将系统分为封闭系统和开放系统。封闭系统是指与外界分开,外界不影响系统的主要现象的复现;开放系统指不可能与外界分开的系统或者可以分开但分开以后系统的重要性质将发生变化。封闭系统和开放系统可以互相转化。

(4)按系统内部结构分类

按系统内部结构划分,可将系统分为开环系统和闭环系统。开环系统可分为一般开环系统和前馈开环系统(图1-4);闭环系统可分为单闭环和多重闭环系统,闭环系统中可能包含反馈,也可能包含前馈。

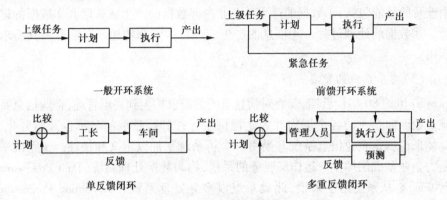

图1-4 系统内部结构划分

一个具备反馈和控制能力的系统被称为控制系统(Cybernetic System),即具备自监控、自调节能力的系统。反馈主要指系统有能力把有关系统输出的数据反馈给其输入部分,为必要的调节提供信息。控制则指在对系统反馈数据进行分析后确定系统是否实现目标。如未实现目标,系统则要对其输入或过程部分进行适当调节,以得到期望的输出。

6)信息系统

(1)信息系统的概念

如果用系统的观点来分析企业组织结构,企业就是一个有生命的开放系统,信息系统则是企业的一个子系统。随着计算机技术的发展,信息系统越来越多地被用于企业各管理层的决策,信息系统从而被视为企业内部最具价值的子系统之一。采用企业信息系统有许多优点,其中包括直接提高企业运作效率、降低成本、缩短生产准备时间等。

信息系统(Information Systems,简称 IS),顾名思义即是一类有关信息的系统。一般的定义认为,信息系统是由人、规程、数据、输入、输出和处理等要素组成的,由人按规程收集数据、加工数据和产生信息的系统。这里特别强调人的参与和人在系统中的地位(包括信息系统的管理维护人员和使用人员),由此信息系统也被称为社会技术系统,是一类有需求、有目的、有代价、有收获的人机系统。

(2)信息系统的功能

一般来说,信息系统接收数据/信息作为输入,通过过程转换,以信息的形式输出结果。此种信息往往是为某一信息需求服务的。在这一信息转换过程中涉及的功能包括:①数据的产生。企业内部数据的产生或获取。②数据的记录。③数据的处理过程。④信息的产生、存储、检索和传递。⑤信息为其需求所用。

(3)信息系统的发展

20世纪80年代后期,随着对信息系统的需求扩大到高层管理,企业信息系统开始面向企业的各个层次并为之提供服务;同时,系统的名称也开始分化。具体来说就是企业信息系统开始由三个子系统来加以定义和描述。子系统一是为企业基础层即生产运作层服务的系统,称为数据处理系统(Data Processing System)。从系统角度来说,此类系统以事务处理系统(Transaction Processing Systems,简称TPS)为主。子系统二是为企业中层即中层管理服务的系统,称为知识工作系统(Knowledge work systems,简称KWS)。从系统角度来说,此类系统在事务处理系统基础上增加了可供中层管理决策之用的部分系统。子系统三是为企业高层即高层管理服务的系统,称为决策支持系统(Decision Support System,简称DSS)。此类系统也被称为高层管理信息系统(Executive Information System,简称EIS)。近年来开始普遍采用新的名称为联机分析处理系统(Online Analytical Processing System,简称OLAP)。从系统的角度来说,此类系统在数据处理系统和管理信息系统的基础上提供了可供高层管理决策之用的部分系统。(图1-5)

从信息系统的发展历程,能看到信息系统是如何从简单到复杂,从单项数据处理到多项业务的综合管理,从单机到网络再到人机协作,从部门的管理系统到企业级的管理系统,从企业应用到政府机关再到社会各界的应用,直至现在的跨组织、跨国界的分布式系统。就计算机在企业数据处理中的应用而言,其实在20世纪60年代产生管理信息系统之前就出现了。早在1952年,美国John Plain公司应用计算机处理对账业务;1954年,通用电器公司用计算机进行工资计算。

从20世纪50年代开始到现在,如果以时间段落和面向的问题来划分,信息系统大致可以分为20世纪50年代中期至20世纪60年代的事务处理系统(TPS)、20世纪70年代初期开始的管理信息系统(MIS)、20世纪70年代中期

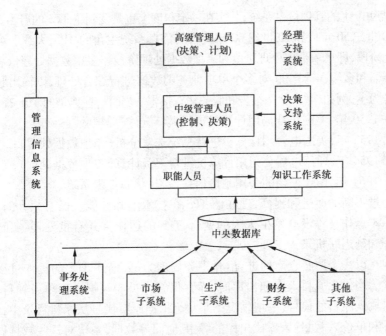

图 1-5 信息系统的层次图

出现的决策支持系统(DSS)和 20 世纪 70 年代后期的办公自动化系统(OAS)四类。

①事务处理系统。20 世纪 50 年代出现的以电子计算机为工具的事务处理系统是记录和处理日常事务的信息系统。这些事务是组织中基本和重复性的活动,具有数据量大、处理步骤固定、结构化程度高、要求详细和精确的特点。例如,工资计算、物料进出仓凭证的登记、车间生产记录、财务凭证的记账、客户订单的登记与预处理等。

因为日常的事务是企业最频繁和最基本的作业,面向这些作业的 TPS 也是企业最基本的信息系统。在计算机的支持下,TPS 能提高事务处理的速度、效率和准确度,改进客户服务的质量和响应度等。根据事务性工作的特点,TPS 主要以自动化的面貌出现,因此在节省人力和时间、降低成本和误差等方面能产生很好的效果。

尽管当前流行的信息系统的能力已远远超出了 TPS,但 TPS 在作业层起着无法替代的重要作用,对于作业层的业务操作人员来说,至今其仍是最为主要的自动化工具之一。由于 TPS 是企业内部基础数据的主要来源,因此那些后来产生的上层或高级的信息系统离不开 TPS 的数据支持。它们或直接包含 TPS 的部分,或建立在 TPS 基础之上,与 TPS 有密不可分的协作关系。20 世纪 60 年代末

70 年代初产生的管理信息系统,其实在一定程度上也是受到了 TPS 的启示。

20 世纪 50 年代和 20 世纪 60 年代占据信息系统主角的 TPS,大致上可以分为两个阶段,即单项数据处理阶段和多项数据处理阶段。多项数据处理依靠大容量存储器和多终端计算机,对多个单项业务的数据进行综合处理,以输出状态信息报告为主,例如,生产状态报告和服务状态报告。当时一些典型的 TPS 有:

A. 1950 年,美国统计局用计算机进行人口统计(单项数据处理);

B. 1952 年,美国电台用计算机进行总统选票分析(单项数据处理);

C. 1954 年,通用电器公司用计算机进行工资计算(单项数据处理);

D. 1964 年,IBM 公司的公用制造信息系统(状态报告系统)。

经过不断的改进和提高,现在的 TPS 在技术上和性能上已有很大的进步。但其基本运作过程没有发生太大的变化,TPS 的运作方式有批处理、实时的联机处理和延迟联机录入三种方式。

现在以一个原料仓库的进、出仓事务处理为例,描述 TPS 的运作过程和运作方式。当发生原料入库和出库时,库存保管人员要根据入库单或领料单,通过键盘输入原料的代号(一般情况下系统会根据原料代号从原料目录中找出原料名称和单价)、数量、入库或出库的缘由、时间等数据,系统对这些数据做有效性和完整性检查,如果发现有遗漏或错误的数据项,提示出错信息要求修改。然后,系统根据数量和单价计算出金额和新的库存结余数,并对库存表做库存结算;同时,进仓或出仓数据被记入原料库存明细账,在需要时或定期打印原料库存报告。如果进仓和出仓凭证被集中起来,在另一时间一起输入和处理,那么这就是批处理的方式;如果采用扫描技术,对进出仓的原料的条形码进行扫描,系统依据扫描所产生的数据作及时的自动处理,那么就是联机处理;所谓延迟联机则是实时输入进、出仓数据,过一段时间后再集中处理这些数据的方式。

②管理信息系统。20 世纪 60 年代末、70 年代初产生的管理信息系统(MIS)是一类面向战术层管理人员的信息系统,其特点是数据高度集中、快速处理和统一使用,有中心数据库和计算机网络系统,追求管理的综合效应。当时的 MIS 应用大容量存储器和多终端计算机,运用预测、优化、调节控制等定量化的管理方法,汇总和分析来自于 TPS 的事务数据,定期或随时向管理者提供综合性的报表和报告。这时的 MIS 在战术层的功能上还较薄弱,其主要功能是通过加工基础数据产生信息,制作反映生产和经营状况的各类报表和报告来帮助或支持中层管理人员的工作,因此被称为狭义的管理信息系统。

显然,TPS 的输出数据是 MIS 的输入,因此也可以把 TPS 看作 MIS 的一个子系统。MIS 输出信息报告,为后来产生的支持战术层和战略层决策的信息系统——决策支持系统提供输入信息。因此,那时的 MIS 也被称为数据报告系统,大多以某管理数据系统为名,例如,销售管理数据系统、财务管理数据系统等。MIS 要支持中层管理人员的计划制订、资源分配、控制和调节等管理职能,主要依靠来自 TPS 的企业内部的数据,但也需要企业外部的数据,如有关客户、供应商、市场和竞争对手状况的基本数据等。

MIS 的主要功能是根据支持中层管理人员工作的要求,对输入数据进行分类、汇总、排序、计算等处理,制作和输出各类综合报表。这些报表主要有预定的常规性的周期报表、专门要求的定制报表、需要引起特别关注的异常报表以及某项内容的详细报表四类。因为具有综合性的特点,一般的 MIS 都由若干子系统构成。(图 1-6)

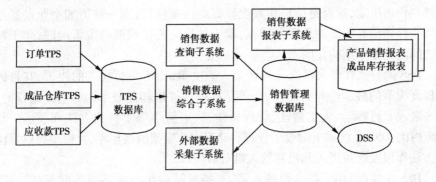

图 1-6 销售管理系统示例

该示例由四个子系统构成,三个 TPS 向销售管理数据系统提供企业内部数据,由销售数据综合子系统负责对这些事务数据进行分类、汇总、排序和计算,存入销售管理数据库。外部数据采集子系统负责输入有关销售管理的外部数据,也存入销售管理数据库。销售数据查询子系统向中层管理人员提供综合后和 TPS 的原始事务数据,销售数据报表子系统则制作和提供有关销售管理的综合性状态数据。该销售管理数据系统向决策支持系统输送有关销售管理的数据,它前端连接 TPS,后端连接 DSS 等决策支持类系统,在企业信息系统的体系中起着承上启下的重要作用。

MIS 是一个不断发展的概念,自产生以后,先后发展出了物料需求计划(MRP)、制造资源计划(MRP Ⅱ)、企业资源计划(ERP)、电子商贸(EC)、电子商务(EB)和客户关系管理(CRM)等功能更系统、全面或更细致、深入的多种信息系统。这些信息系统在作用上远远超出了原来的预期,但在内涵上依然符合早期 MIS 的定义,因此,我们将其看作 MIS 的延续和发展。目前,ERP 系统、EC/EB 系统和 CRM 系统已成为企业的主流信息系统,在很多企业得到建设和应用。为此,本教材将安排专门章节对这些系统予以详细讲述。

③决策支持系统。针对当时的 MIS 没有直接的决策支持功能,或半结构化和非结构化问题的决策支持功能,20 世纪 70 年代中期产生了决策支持系统(DSS)。1978 年,肯(Keen)和斯柯特·莫尔顿(Scott-Morton)首次提出"决策支持系统"一词及其概念,标志着利用计算机与信息支持决策的研究与应用进入了一个新的阶段,并形成了决策支持系统这一新学科。一般认为,DSS 是结合人的灵活的定性分析能力和计算机的强大的定量计算能力,在人机交互过程中帮助决策者探索可能方案,求解半结构化或非结构化决策问题的信息系统。所谓决策问题的结构化程度是指问题求解过程和求解方法的清晰程度或规则化程度,例如,有关商品优惠价格的决策,企业一般有明确的规则,销售员可以按此规则作出决定,这就是结构化程度较高的决策问题;而一些诸如企业发展方向的抉择则没有明确的规则可遵循,即为结构化程度很低的决策问题;介于两者之间的则是半结构化问题。

DSS 的特点在于人机交互地辅助人的决策,而不是替代人的决策,其目的是提高决策的科学性和有效性,而不是求得最优解和高效率。为达到此目的,DSS 融入了运筹学、人工智能、管理科学、决策科学等学科的方法和技术。与 MIS 相比,DSS 在构成上增设了管理和储存求解模型的模型库、为模型提供算法的方法库以及能拉近人和机器的人机对话接口。

DSS 主要面向中、高层管理人员,支持对结构化程度不高的问题的决策。由于决策问题的多样性和差异性,一个企业往往需要多个 DSS,例如,为制订出尽可能好的生产安排的生产计划决策支持系统、使有限的资金取得尽可能好的效益的财务分析与决策支持系统、根据战略意图测算和分析合理价格的产品定价支持系统等。这里还要特别指出的是,DSS 的功能不仅仅是对决策的支持,也包括对决策问题的预测和分析,回答诸如多个解决方案之间的优、缺点,各解决方案可能会带来怎样的不同后果等。DSS 的一般结构见图 1-7。

DSS 的运作建立在大量的企业内部和外部信息的基础上,这些信息主要来自能产生大量信息和数据的 MIS 和 TPS。一般的 DSS 本身也带有数据库,用于储存那些经常使用的或经过重新组织的数据和信息,不重复保存能从其他信息系统获取的数据。DSS、MIS 和 TPS 都有各有的作用,前者离不开后者的信息和数据支持,输出在前者那里得到进一步的充分利用。

与 MIS 一样,DSS 也处于不断地发展之中。为使 DSS 更接近人的智力,提供更有智慧的决策支持能力,DSS 引入人工智能领域的专家系统知识库、推理机、神经网络等技术,形成了智能决策支持系统,再结合办公自动化和网络技术,形成了群体决策支持系统以及面向高层管理人员的经理信息系统(EIS)。

④办公自动化系统。办公自动化(Office Automation Systems,简称 OAS)是

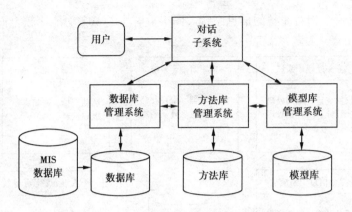

图 1-7 DSS 的一般结构

随着管理工作方式的转变,在机关常规办公事务工作节奏跟不上发展的背景下提出的。OAS 利用现代信息技术帮助承担办公人员处理和管理办公事务,实现办公事务的自动化或半自动化,其主要目的是提高工作效率。办公室中有许多不同于作业事务和管理职能事务的日常工作,例如,各职能部门定期工作总结报告和通知通告的编写、上下级之间传递的公文、往来于相关组织之间的函件的收发和处理、会议和接待的日程与事项安排、需要长期保存的文档的组织与保管、个人工作所需的备忘录、通讯录和过程文档的管理等。办公事务常被认为是秘书和文档员等专业人员的工作,其实,绝大部分的管理人员和作业人员都有不同分量的办公事务。OAS 就是一类帮助各类组织成员处理和管理此类办公事务的信息系统。

办公事务工作属于综合性、间接性和服务性的工作,是围绕常规管理职能和作业事务开展的工作,因此有其特殊性。OAS 与 TPS、MIS 和 DSS 在功能上也有很大的不同。从用户的角度看,OAS 的软件大体上有单用户、多用户和专门用户三大类,其中单用户软件是 OAS 必备的基本软件,多用户或群体性的软件有越来越多见、功能越来越强大的趋势。最为常见和典型的个人办公自动化软件是 Microsoft 的 Office,其中 Word、Excel、PowerPoint 和 Outlook 等已被普遍采用,成为个人办公事务的好帮手。多用户软件及相应的硬件为办公人员提供群体工作的平台和协作支持功能,如电子邮件、电子公告板、电子会议、工作流管理等群体性交流与协作办公的主要技术也得到了广泛的使用。面向专门用户的办公自动化软件有明确的专门功能,如公文(包括文件、函件、报告等)处理系统,档案管理系统和活动项目(包括会议、接待、庆典等)管理系统。

办公事务杂乱而繁多,既有大型的活动也有细小的活动。但这些活动之间存在一定的相互联系,因此形式多样、功能各异的办公自动化软件也需要进行集成,构成一个相对完整的信息系统。图 1-8 描述了一个功能比较全面的 OAS 示例。

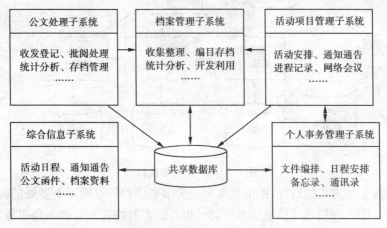

图 1-8　全面的 OAS 示例

　　该示例中的公文处理子系统包括各类公文的收发登记、领导批阅和意见签署、部门处理记录和反馈、存档处理等功能等,大部分功能都能在计算机网络上传输和并行运作,其中领导批阅和意见签署可以采用数码技术。活动项目管理子系统对会议、接待、洽谈、庆典等活动进行日程议程的统筹安排、及时提示时间和重要事项,发布通知和通告、记录活动进展,有的系统还能提供网上会议的支持功能。公文及其处理结果、活动内容和记录都将作为历史档案存档,档案管理子系统除了接受、编目、储存和保管各类档案的功能外,还具有档案的查询、统计分析和开发利用等更深层次的功能。个人事务管理子系统提供文档的编辑和整理、待进行事项的日程安排、备忘录和提示、交往联系单位与个人的通讯录和交互记录等功能,一般安装在各自的客户端计算机上。得到很好集成的 OAS 配有共享的数据库和工作流管理软件,在用户之间实现相关数据和信息的交流与共享,对需要跨部门或多人合作进行的办公事务进行流程上的协同管理。

　　OAS 自产生以来,得到不断发展和普及应用,但由于其功能种类多而差异大,在各组织应用的面和深度上差别也很大。目前,人们对 OAS 造成了两个误解,一是简单地理解为只是文档的字处理,二是夸大地认为其无所不包、无其不能。目前很多有效的办公自动化软件和工具尚未得到充分的应用,而曾经说起的“无纸化办公”还相当遥远。OAS 具有如上所述的多种多样的支持、帮助和自动处理办公事务的功能,但不涉及或少有 MIS 和 DSS 等信息系统的功能,OAS 与 TPS、MIS 和 DSS 在庞大的信息系统体系中各有分工。

　　从计算机进入作业层的事务处理开始,信息系统的发展已有 50 多年的历史,狭义的管理信息系统自产生以来也有了 40 年的历程。回顾以计算机为工具的信息系统的发展过程,可以确认,企业管理的需要、先进技术和科学方法的支持是信息系统得以产生和持续发展的根本动因。信息系统从作业层的事务处理起步,然后向组织的战术层和战略层拓展,从组织的部分管理职能向所有职能蔓延。如今的信息系统已建立起比较完整和全面的体系,涵盖了组织方方面面的业务和管理活动。各类信息系统在企业组织各层面的拓展和分布如表 1-3 所示。

表 1-3　各类信息系统在企业组织各层面的拓展和分布

管理层次	企业信息系统类								
战略管理层			DSS			ERPS		EBS	CRMS
战术管理层		MIS		OAS	MRPⅡ				
作业操作层	TPS						ECS		
	20 世纪 50 年代中期——现在								

复习思考题

1. 什么是信息社会及信息社会的特征。
2. 什么是数据?什么是信息?信息与数据之间的联系是什么?
3. 什么是系统?没有目标的相互联系的系统是不是系统?为什么?
4. 为什么说在现代社会中,信息是企业的战略资源?
5. 信息社会对企业的影响主要有哪些方面?
6. 信息系统引入时,为什么会有很大的阻力?
7. 讨论:有人说,领先的零售商,如戴尔、沃尔玛,他们超过竞争对手的不在于技术,而在于管理。你如何看待这种说法?

第2章

会展管理信息系统概述

【学习目的与要求】

1. 掌握会展信息管理的相关概念。

2. 熟悉会展管理信息系统的主要结构。

3. 了解会展信息化的发展状况与趋势。

【引导案例】

中国国际中、小企业博览会上信息技术的广泛应用

由工业和信息化部、国家发展和改革委员会、财政部、商务部、国家工商行政管理总局、国家质量监督检验检疫总局、中国银行业监督管理委员会、广东省人民政府和泰国工业部联合主办第九届中国国际中、小企业博览会(简称"中博会")于2012年9月22—25日在广州举行。本次会议,首次引入了会务管理系统,会议开始前三天内,来宾均收到了一条彩信入场券,彩信中包含有一条与来宾手机号码、身份等一一对应的二维条码,来宾签到时,只需扫描二维码即可。同时,完成签到嘉宾的信息已经自动返回到数据统计平台,主办方可实时查询数据,确认嘉宾信息,省去了过去通过纸质入场券签到时核对嘉宾身份这一烦琐的环节。

整个流程方便快捷,有效地解决了嘉宾邀请函派送、签到处拥挤、漏签与误签的情况。另外,主办方通过云服务平台,能随时、随地便捷地查询到实时的来宾签到信息,统计未到嘉宾并进行再次提醒,使得会议的各环节管控尽在掌握之中。此举节省了会务管理环节中的大量人力,使得主办方有更多的精力去优化会议安排,使得会务现场执行工作简易、可控。

该系统不仅包含了目前绝大部分签到系统的常规功能,如二维码签到、智能排座、短(彩)信提示,同时还增加了入住管理、用餐管理、互动抽奖和用户中心等核心功能。通过云计算平台数据中心,该系统便于主办方对会议进行实时监控和管理,是解决会务执行难的信息化管理平台。

资料来源:[2013-07-19]http://finance.qq.com/a/20120918/005842.htm.

【问题与思考】

1. 信息化为中博会解决了哪些主要问题?

2. 会展现场信息化的好处有哪些?

【分析启示】

了解信息化对会展行业的主要影响。

【知识点】

会展信息管理是随着人们对生产、对社会的不断认识,随着生产、生活以及会展管理的需求而不断发展的,它是管理信息系统的一个分支。管理信息系统已形成为一门科学,有自己独特的内涵。会展信息管理的基础是信息系统科学与会展管理学科以及它们的结合。

2.1　管理信息系统的基本概念

管理、信息和系统这三个不同领域的学科结合,产生了一门具有综合性、系统性和边缘性的学科——管理信息系统 MIS。

2.1.1　管理信息系统的产生

20 世纪,随着全球经济的蓬勃发展,众多经济学家纷纷提出了新的管理理论,早期的管理信息系统是人工信息系统,没有计算机的使用。20 世纪 50 年代,西蒙提出管理依赖于信息和决策的思想。同时期的维纳则发表了控制论,他认为,管理是一个过程。1958 年,盖尔写道:"管理将以较低的成本得到及时、准确的信息,做到较好的控制。"这个时期,计算机为各种管理功能提供信息服务,出现了管理信息系统的概念。1961 年,加拉格尔(J. D. Gallagher)提出了以计算机为主体、信息处理为中心的系统化了的综合性管理信息系统的设想,第一个提出了 MIS 这个词。

1970 年,瓦尔特·肯尼万(Walter T. Kennevan)给刚刚出现的管理信息系统一词下了一个定义:"以口头或书面的形式,在合适的时间向经理、职员以及外界人员提供过去的、现在的、预测未来的有关企业内部及其环境的信息,以帮助他们进行决策。"在这个定义里强调了用信息支持决策,但并没有强调应用模型,也没有提到计算机的应用。

1985 年,管理信息系统的创始人,明尼苏达大学的管理学教授高登·戴维斯(Gordon B. Davis)给了管理信息系统一个较完整的定义:"管理信息系统是一个利用计算机软硬件资源,手工作业,分析、计划、控制和决策模型以及数据库的人机系统。它能提供信息支持企业或组织的运行管理和决策功能。"这个定义全面地说明了管理信息系统的目标、功能和组成,而且反映了管理信息系统在当时达到的水平。

在现阶段普遍认为,MIS 以及 MIS 的分支系统等都是由人和计算机设备或其他信息处理手段组成的管理信息的系统。

2.1.2　管理信息系统的内涵

1) 管理信息系统的内涵

管理信息系统是一个以人为主导,利用计算机硬件、软件、网络通信设备以及其他办公设备,进行信息搜集、存储、传输、模拟、处理、检索、分析和表达,以提高效益和效率为目的,并能为企业进行决策、控制、运作的人机系统。

根据以上定义,可以得出以下结论:管理信息系统是一个人机系统,机器包含计算机硬件及软件(软件包括业务信息系统、知识工作系统、决策和经理支持系统),各种办公机械及通信设备;人员包括高层决策人员、中层职能人员和基层业务人员,由这些人和机器组成一个和谐的配合默契的人机系统。从管理信息系统的内涵中可以看出管理信息系统有三个要素:人、信息与信息技术。

有人说,管理信息系统是一个技术系统;有人说,管理信息系统是个社会系统。而根据我们上面所说的道理,我们说,管理信息系统主要是个社会系统,然后是一个社会和技术综合的系统。系统设计者应当很好地分析把什么工作交给计算机做比较合适,什么工作交给人做比较合适,人和机器如何联系,从而充分发挥人和机器各自的特长。现在还有一种计算机基础(Computer-based)的管理信息系统的说法,就是充分发挥计算机作用的信息系统。为了设计好人机系统,系统设计者不仅要懂得计算机,而且要懂得分析人。

我们说管理信息系统是一个一体化系统或集成系统,这就是说管理信息系统进行企业的信息管理是从总体出发、全面考虑,保证各种职能部门共享数据,减少数据的冗余度,保证数据的兼容性和一致性。严格地说,只有信息的集中统一,信息才能成为企业的资源。数据的一体化并不限制个别功能子系统可以保存自己的专用数据。为保证一体化,首先要有一个全局的系统计划,每一个小系统的实现均要在这个总体计划的指导下进行。其次,是通过标准、大纲和手续达到系统一体化。这样一来,数据和程序就可以满足多个用户的要求,系统的设备也应当互相兼容,即使在分布式系统和分布式数据库的情况下,保证数据的一致性也是十分重要的。具有集中统一规划的数据库是管理信息系统成熟的重要标志,它标志着信息已集中成为资源,为各种用户所共享。数据库有自己功能完善的数据库管理系统,管理着数据的组织、输入、存取,使数据为多种用户服务。

管理信息系统是为组织中层管理监督和控制业务活动、有效分配资源提供所需信息的计算机应用系统。它主要利用 TPS 采集的数据来生成管理计划和控制业务活动所需的系统。它是一门新兴的科学,其主要任务是最大限度地利用现代计算机及网络通信技术来加强企业的信息管理。它通过对企业拥有的人力、物力、财力、设备、技术等资源的调查了解,建立正确的数据,加工处理并编制成各种信息资料及时提供给管理人员,以便进行正确的决策,不断提高企业的管理水平和经济效益。目前,企业的计算机网络已成为企业进行技术改造及提高企业管理水平的重要手段。

【小资料】

管理信息系统三要素

"啤酒与尿布"的故事产生于20世纪90年代的美国沃尔玛超市。沃尔玛的超市管理人员在分析销售数据时发现了一个令人难以理解的现象:在某些特定的情况下,"啤酒"与"尿布"两件看上去毫无关系的商品会经常出现在同一个购物篮中。这种独特的销售现象引起了管理人员的注意,经过后续调查发现,这种现象出现在年轻的父亲身上。

在美国有婴儿的家庭中,一般是母亲在家中照看婴儿,年轻的父亲前去超市购买尿布。父亲在购买尿布的同时,往往会顺便为自己购买啤酒,这样就会出现啤酒与尿布这两件看上去不相干的商品经常会出现在同一个购物篮的现象。如果这个年轻的父亲在卖场只能买到两件商品之一,则他很有可能会放弃购物而到另一家商店,直到可以一次性同时买到啤酒与尿布为止。沃尔玛发现了这一独特的现象,开始在卖场尝试将啤酒与尿布摆放在相同的区域,让年轻的父亲可以同时找到这两件商品,并很快地完成购物;而沃尔玛超市也可以让这些客户一次购买两件商品而不是一件,从而获得了很好的商品销售收入。通过这个案例可看出沃尔玛成为全球零售业的领先者的主要原因不是它拥有了信息和信息技术,而是它拥有了善于使用它们的人。

2) 管理与管理信息系统的关系

管理的目的是为了实现预期的目标。管理的本质是要在一定的环境下进行的协调。管理是一种活动,因而它是一个动态的过程,管理信息系统正是反映这种动态过程全貌的一个集合体。对于管理活动来说,它与信息系统几乎是平行的,它们相互依存,互为前提。可以这样认为,一个管理信息系统的维持必须要有配套的管理活动,否则信息系统便会失去存在的意义和价值。反之,没有管理信息系统,管理也是茫然的。

管理信息系统可促使企业向信息化方向发展,使企业处于一个信息灵敏、管理科学、决策准确的良性循环之中,为企业带来更高的经济效益。管理信息系统是企业现代化的重要标志,是企业发展的一条必由之路。管理信息系统在管理各项事务中有着普遍的应用,从而促进了企业管理工作的提升。管理信息系统是为管理服务的,它的开发和建立使企业摆脱落后的管理方式,找到实现管理现代化的有效途径。

管理信息系统将管理工作统一化、规范化、现代化,极大地提高了管理的效率,使现代化管理形成统一、高效的系统。过去传统的管理方式是以人为主体的人工操作,虽然管理人员投入了大量的时间、精力,然而个人的能力是有限的,所以管理工作难免会出现局限性,或带有个人的主观性和片面性。而管理信息系统是用系统思想建立起来的,以计算机为信息处理手段、以现代化通信设备为基本传输工具,能为管理决策者提供信息服务的人机系统,这无疑是将管理与现代化接轨、以科技提高管理质量的重大举措。管理信息系统将大量复杂的信息处理交给计算机,使人和计算机充分发挥各自的特长,组织一个和谐、有效的系统,为现代化管理带来便利与快捷。

在现代化管理中,计算机管理信息系统已经成为企业管理不可缺少的帮手,它的广泛应用已经成为管理现代化的重要标志。在企业管理现代化中,组织、方法、控制的现代化离不开管理手段的现代化。随着科学技术的发展,尤其是信息技术和通信技术的发展,使计算机和网络逐渐应用于现代管理之中。面对越来越多的信息资源和越来越复杂的企业内、外部环境,企业有必要建立高效、实用的管理信息系统,为企业管理决策和控制提供保障,这是实现管理现代化的必然趋势。

管理信息系统在管理现代化中起着举足轻重的作用。它不仅是实现管理现代化的有效途径;同时,也促进了企业管理走向现代化的进程。管理是目的,而管理信息系统则是服务于这一目的的手段,它以辅助管理、辅助决策为目的。

2.1.3 会展管理信息系统的内涵

1)会展中的信息与信息活动

在会展中,信息资源密集,几乎所有种类的信息都可能会出现。在会展运作过程中、在每个阶段的各个环节中,都存在着大量的会展信息交流,呈现出丰富的信息活动现象。

(1)会展中的信息

会展中的信息种类繁多,既有语言文字的语义信息,也有声音、色彩或实物荷载的非语义信息;既有科学技术信息,也有社会消息等非科学信息。按信息的表达形式分,有文字信息、声像信息、实物信息、机读信息等;按信息的内容分,有经济信息、科学信息、社会信息、政务信息、法律信息、文化信息、旅游信息等。这些种类多样的信息都可以在会展中心这个交流平台上得以呈现。

会展信息源具有多样性,总体可根据信息载体或信息来源渠道进行分类。

①以信息载体分类。以信息载体分类,会展中信息源分为文献信息源、非文献信息源。在会展中存在着大量的非文献信息源。非文献信息源是指信息以尚未记录或尚未定型的方式存在的信息源,主要提供口头信息、实物信息、实情信息等,具有直接、简便、新颖和生动、形象的特点。

会展中的大量口头信息源属于非文献信息源。展览会上人们之间的交流就是口头信息源之一。会议信息源以口头信息源为主,主要通过口头交流的方式获得。会议口头信息源属于零次文献,这是一种特殊形式的情报信息源。它是由人的口头交流传播的信息,可通过谈话、讨论、演讲、集会等人际交谈方式进行传播,使之得到利用。口头信息无时不在、无处不有,这一极为丰富的信息源可以为一切人所享用。这些零次文献不仅在内容上有一定的价值,而且在某些条件下要比文献信息源更为优越。它传播速度快,有较高的针对性和选择性;反馈快,当场就能澄清和纠正;通过说话者的表情、体态,还可以揣摩到言外之意。

会展中的信息源主要是实物信息源,即通过物品表现和传递的信息源,这也是一种非文献信息源。会展中的展品、样机、样品、模型、标本等都包含了很多情报。这类信息源直观,容易被领悟,便于检测和仿制。

会展中的信息源还包括文献信息源。会展中包含大量未向社会公开(即未经正式发表)的原始文献,或没正式出版的各种书刊资料,如征文启事、会议预先提交的论文、讲演稿、记录、笔记等。

②以信息来源渠道分类。通常获取信息有三大渠道:直接信息源、私人信息源和公共信息源。会展中的信息以直接信息源和公共信息源为主。直接信息源是指行为者为了特定的目的,对特定的对象直接进行调查、搜集信息。一些专业观众到专业会展参观,直接观察全行业各主要参展商的展品等。以这种方式搜集信息,一般伴有特定行为和明确目的,可以获取详细的第一手信息,准确、可靠并且时效性强。

会展中的公共信息源包括权威性信息、广告信息、咨询机构发布的信息和公共数据库四类。展会中的公共信息资源很多。政府新闻发布会也是会展信息的一种,政府定期或不定期发布宏观经济政策与预测、对某些行业的限制或扶助措施、重要的规划性数据指标(如汇率、利率的浮动范围,某些商品的参考价)、官方或非官方权威机构发布的优质产品或不合格产品名单等信息,可靠性强,可称为权威信息。参展商在展会期间在各类媒体上发布本企业广告信息,包括利用电视、电台、报刊、户外广告等媒介发布的信息。一些咨询机构主办展会或者以参展商身份参加展会,面向公众发布咨询信息。一些公共数据库机构也会在展会上向公众开放演示、传播该数据库中的公共信息。

(2)会展中的信息活动

会展工作的关键是信息,每次展览会的组织实施过程就是一次信息的交流。一般按照办展的不同阶段发布相关信息,如展览主题、展出范围、参展公司和观众情况、展览会上重大活动、展出效果评估、下一届参展计划等,使参与展览的不同角色及时了解详情,从而避免了盲目参展和重复参展。

①会展前期工作中的信息活动。展览会前期筹备工作包括招展招商、展示设计、展品设计、展品运输、展位分配等。这些环节中存在着不同的信息活动,招展招商包括信息搜集,展示设计相当于信息加工,而展品运输中就有信息传递等。

②会展期间的信息活动。会展期间,汇聚大量人流、物流、信息流。展场和会场是陈列展品、构建形象、负荷信息的物质实体,是个综合媒介,汇聚了种类繁多的信息。展会期间存在着大量的信息活动。

③会展后续活动中的信息活动。会展后续活动中的信息活动包括会展后期的统计工作、反馈信息的搜集与整理等。

2)会展管理信息系统的内涵

会展管理信息系统是一个以人为主导,利用计算机硬件、软件、网络通信设备以及其他办公设备,进行信息搜集、存储、传输、模拟、处理、检索、分析和表达,以提高效益和效率为目的,并能为会展企业进行决策、控制、运作的人机系统。通俗地说,利用信息技术去解决会展企业问题的管理方法的集合都是会展管理信息系统。会展管理信息系统随着人们对生产、社会的不断认识,随着会展企业的逐步发展而产生,它是管理信息系统的一个分支。会展管理信息系统的基础是信息系统科学和会展管理科学以及它们的结合。

2.2 会展管理信息系统的特点和功能

会展管理信息系统是为展览馆、主办商、参展单位等会展机构提供计算机系统一体化的管理信息系统,因此它具有信息系统的数据处理功能。会展管理信息系统不仅对管理活动中发生的信息进行搜集、传递、存储、加工、维护和使用,同时也为管理决策提供服务。它如实地记载企业各类活动的运行情况,又能利用已经发生、存储的数据预测未来,提供决策依据。它利用信息控制企业的行为,帮助企业实现规划目标。

2.2.1 会展管理信息系统的特征

会展管理信息系统是在数据处理上发展起来的,是面向管理的一个集成系统。其除了具备系统所有的特点外,还有其自身独有的特征。

(1)数据高度集中统一

会展管理信息系统能够将组织中大量的数据和信息高度集中起来,进行快速处理,统一使用。有一个中央数据库和计算机网络系统是 MIS 的重要标志,MIS 的处理方式是在数据库和网络基础上的分布式处理。它利用定量化的科学管理方法,通过预测、计划、优化、管理、调节和控制等手段来支持决策。

(2)信息处理注重系统性和综合性

会展信息管理系统更强调信息处理的系统性、综合性,除要求在事务处理上的高效率外,还强调对组织内部的各部门以及各部门之间的管理活动的支持。早期的 MIS 是指面向中层管理控制的信息系统,主要应用于解决结构化问题。DSS 作为一个独立的系统,不具有管理控制的功能,但是作为管理信息系统的重要部分时,它使 MIS 具有了将数据库处理和经济管理数学模型的优化计算结合起来,为管理者解决更复杂的管理决策问题的能力,使得管理信息系统的发展更加完善,成为管理信息系统发展的高级阶段。

(3)有特有的开发软件、一个中心数据库及网络系统

这是会展管理信息系统的重要标志。从管理信息系统的表现形式上看,其是一套软件,是由其特有的开发软件开发出来的。随着新的信息技术、计算机技术和网络技术的发展不断进步,以改善系统功能。这一发展过程也体现出管理信息系统不断集成新技术并扩展系统功能的发展特点。

2.2.2 会展管理信息系统的功能

会展管理信息系统除了具备信息系统的基本功能外,还具备预测、计划、控制和辅助决策特有功能。

①数据处理功能。包括数据搜集和输入、数据传输、数据存储、数据加工和输出,这是会展管理信息系统的基本功能。

②预测功能。运用现代数学方法、统计方法和模拟方法,根据过去的数据预测外来的情况。

③计划功能。根据企业提供的约束条件,合理地安排各职能部门的计划,按照不同的管理层,提供相应的计划报告。

④控制功能。根据各职能部门提供的数据,对计划的执行情况进行检测,比较执行与计划的差异,对差异情况分析其产生的原因。

⑤辅助决策功能。采用各种数学模型和所存储的大量数据,及时推导出有关问题的最优解或满意解,辅助各级管理人员进行决策,以期合理利用人、财、物和信息资源,取得较大的经济效益。

2.3　会展管理信息系统的结构

会展管理信息系统的结构是指由会展管理信息系统各个组成部分所构成的框架结构。由于存在对各个组成部分的不同理解,于是形成了不同的结构方式,其中最主要的有概念结构、层次结构、功能结构、软件结构和物理结构。

2.3.1　会展管理信息系统的概念结构

会展管理信息系统从概念上看,是由信息源、信息处理器、信息用户和信息管理者四大部件组成,它们之间的关系如图 2-1 所示。

图 2-1　会展管理信息系统概念结构

在上图中,信息源是信息产生地;信息处理器担负着信息的传输、加工、存储等任务;信息用户是信息的最终使用者,他们应用信息进行管理决策;信息管理者负责信息系统的设计、实施、维护等工作。

2.3.2　会展管理信息系统的层次结构

管理活动分为高、中、基三个层次,即战略计划层、管理控制层和作业处理层。针对这三个层次所建设的系统称为战略计划子系统、管理控制子系统和作

业处理子系统,它们分别属于战略型、管理型和事务型管理信息系统。(图2-2)

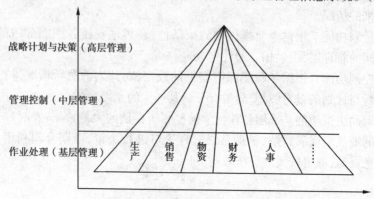

图2-2 会展管理信息系统的层次结构

(1)战略计划与决策子系统

战略计划与决策子系统的主要任务是,为企业战略计划的制订和调整提供辅助决策功能。该子系统所需的数据一般都是经过执行控制子系统或管理控制子系统加工处理的,还有一些来自企业外部。其中,外部数据所占的比例较大。

(2)管理控制子系统

管理控制子系统的任务是为企业各职能部门管理人员,提供用于衡量企业效益、控制企业生产经营活动、制订企业资源分配方案等活动所需要的信息。该子系统的主要功能:使用计划或预算模型来帮助管理人员编制计划和调整计划与预算执行情况;定期生成企业生产经营执行情况的综合报告;使用数学方法来分析计划执行的偏差情况,并提供最佳或满意的处理方案;为管理人员提供各种查询功能。

(3)作业处理子系统

作业处理子系统的任务是确保基层的生产经营活动正常、有效地进行。该系统的处理方式通常有三种:事务处理、报表处理、查询处理。

2.3.3 会展管理信息系统的功能结构

从使用者的角度看,任何一个管理信息系统均有明确的目标,并由若干具体功能组成。为完成这个目标,各功能相互联系,构成了一个有机结合的整体,表现出系统的特征,这就是会展管理信息系统的功能结构。

如企业的会计信息系统的目标是,以分类核算的形式,及时准确地处理企业日常经营中所发生的有关资产、负债、收入、成本、费用、利润等情况的原始数据。如图2-3就列举了某展览会现场管理信息系统,该系统又划分为七个职能子系统。

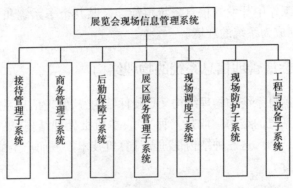

图2-3 会展管理信息系统功能结构举例

2.3.4 会展管理信息系统的软件结构

不同的会展管理信息系统适应不同的管理要求。支持会展管理信息系统各种功能的软件系统或软件模块所组成的系统结构,是会展管理信息系统的软件结构。

如图2-4描述了一个完整的管理信息系统软件结构,图中每个长方块是一段程序或一个文件,每个纵行是支持某一管理领域的软件系统,即图中每一列代表一种管理功能;每一行表示一个管理层次;行列交叉则表示一种功能子系

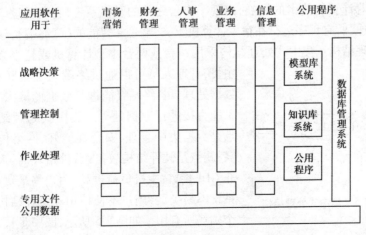

图2-4 会展管理信息系统软件结构示意图

统。例如,市场营销管理的软件系统是由支持战略决策、管理控制、作业处理等模块组成的系统;同时,此系统带有自己专用的文件和数据。整个系统包括系统所共享的数据和程序,如公用数据文件、公用程序、公用模型库和数据管理系统等。在实际工作中开发的信息系统可能涉及某几个子系统和管理活动的某些层次,其他则成为系统的环境。

2.3.5 会展管理信息系统的物理结构

会展管理信息系统的物理结构又是硬件结构,从管理信息系统的硬件组成上看管理信息系统的结构一般是三种类型:单机批处理结构、集中式处理结构和分布式处理结构。这三种结构是随着计算机技术发展而产生的,至今还在不断的发展变化着。

1) 单机批处理结构

早期的管理信息系统都是单机批处理结构,是由配有相应外围设备的单台计算机为基础的系统结构,一般由一台主机、显示器、键盘、打印机等组成。这种结构装上一定的软件,就构成了完整的计算机管理系统。当需要处理数据时,将数据成批输入计算机。这种方式一般一个时间仅供一个人单独占用一套计算机系统,上机时带上待处理的数据,下机时取走作业报告或结果,因而对数据的共享和实时处理性较差。这种结构目前在会展管理信息系统中很少使用。

2) 集中式处理结构

随着计算机技术的发展,出现了多台终端的联机系统,它们通过终端与计算机相连,所有程序运行在宿主计算机上,终端是非智能的(哑终端),这就是集中式处理结构。集中式处理结构采用一台或两台小型计算机或超级微机作为主机,管理人员可以通过终端与主机联系,进行数据处理。各终端仅能进行数据的输入与输出,不能直接进行数据处理。集中式处理结构的优点是数据集中管理、安全性能好、网络传输效率高;缺点是硬件结构较复杂、价格较高,大部分是非 GUI 接口,主机负荷过高,用户终端负荷过低,系统不易扩展,用户不便使用。这种结构目前在个别场所有用。如图 2-5 所示,图中 T 代表终端。

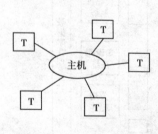

图 2-5　集中式处理结构

3) 分布式处理结构

到了 20 世纪 80 年代, 微机功能不断增强, 普通微机可做服务器, 特别是 Windows NT 网络平台的出现, 导致真正的分布式系统的出现并流行。这种结构以一台或几台高档微机作为网络服务器, 通过网络连接各个工作站, 每个工作站都是独立的微型计算机, 本身具有数据处理能力。其主要包括客户服务器 (C/S) 模式、浏览器服务器 (B/S) 模式。

(1) 客户服务器 (C/S) 模式

C/S 系统是由服务器端和客户端构成的一种异种机网络系统, 其硬件组成及网络拓扑结构与文件服务器系统完全一样。C/S 模式是指进程间的 "请求" 和 "服务" 的上下级关系。客户端运行前端处理软件, 服务器端则运行后端处理软件。传统的 C/S 模式是一种两层结构的系统, 第一层是在客户机系统上结合了表现层与业务逻辑, 第二层是通过网络结合了数据库服务器。N 层结构中比较常见的是三层, 即将系统按逻辑分为表现层、业务层和数据层。

C/S 的优点: 交互性强, 降低网络通信量和服务器运算量。这种结构适用于用户数目不多的局域网, 目前大部分的 ERP 软件产品即属于此类结构。

(2) 浏览器服务器 (B/S) 模式

B/S 模式是一种从传统的二层 C/S 模式发展起来的系统。在 B/S 模式中, 客户端运行浏览器软件。浏览器以超文本形式向 Web 服务器提出访问数据库的要求, Web 服务器接受客户端请求后, 将这个请求转化为 SQL 语法, 并交给数据库服务器。数据库服务器得到请求后, 验证其合法性, 并进行数据处理, 然后将处理后的结果返回给 Web 服务器。Web 服务器再一次将得到的所有结构进行转化, 变成 HTML 文档形式, 转发给客户端浏览器, 以友好的 Web 页面形式显示出来。

(3) 两种模式的比较

由于 C/S 配备的是点对点的结构模式, 比较适用于局域网, 安全性可以得到可靠的保证; 而 B/S 采用点对多点、多点对多点这种开放的结构模式, 并采用 TCP/IP 这一类运用于 Internet 的开放性协议, 其安全性只能靠数据服务器上管理密码的数据库来保证。C/S 完成的速度总比 B/S 快, 使得 C/S 更利于处理大量数据。但 C/S 缺少通用性, 如有业务的变更, 则需要重新设计和开发, 增加了维护和管理的难度。

①系统的性能方面。B/S 占优势的是其异地浏览和信息采集的灵活性。

②系统的开发。C/S 结构的软件开发较复杂, 但其技术发展历史更悠久,

技术更成熟、更可靠。

③系统的升级维护。B/S 主要集中在服务器端;C/S 既要服务器端,又要客户机端。

2.4　会展信息化的发展

中国会展市场竞争越来越激烈,表现在城市之间、会展企业之间、会展项目之间、会展人才之间纷纷争抢市场。在这种情况下,科技含量、信息化程度将成为各会展企业竞争的焦点。信息化可以提升会展企业的外在形象,提高会展企业的管理水平和服务水平,增强竞争力。因此,实施信息化对会展企业有着重要的意义。

2.4.1　信息化在会展业中的应用

会展信息化指利用现代信息化技术管理展览会的各个环节,而会展信息化的实施是为会展举办方、参展商和参展观众提供信息交换和互动的平台。

会展的前期筹备阶段、中期会展实施运行阶段、后期后续总结反馈阶段都存在着大量的信息交流,这些信息流的顺畅有序离不开信息技术的支撑。信息化在会展中的应用主要分展前、展中和展后三个阶段。

会展前期的计划组织工作,需要进行大量细致的市场调研,了解与会展题材相关的市场信息、行业信息、产业结构布局、政府相关政策等。这些信息需工作人员去实地调研,也需要利用现代技术获取海量信息。在展览活动的招展招商阶段也存在大量的信息联络工作,需要利用现代技术手段发送电子邮件、收发传真、在网上发布招展招商信息等。展前,参展商和展会主办方可以通过互联网完成摊位申请、资格审核、申报、录用、展位分配、参展企业资料录入、费用收取、证件办理等工作。展会主办方还可以通过邮件群发系统向客商发电子请帖,而在以前,这些工作要通过邮件快递来完成。信息化大大提高了筹展的效率,同时也节约了不少成本。

在展会实施阶段,主办方需要搜集大量的观众信息,这些信息的获取很大程度上依赖现代信息技术,如扫描仪、OCR 文字识别系统、名片录入系统、语音识别系统等。参展商需要利用电子显示屏、投影仪设备展示自己的展品和传播其他信息,有的展台甚至需要声光电技术来达到特殊的展出效果。网络化的办证系统可以非常快捷地打印出证件,同时把办证资料存入后台数据库。观众需要利用现场的触摸显示屏了解展会现场情况,以便有针对性进行参观。很多会展中的信息需要第一时间传播到世界各地,这就需要会展中心配备与时俱进的先进的网络通信系统。

展后,展会统计系统可以非常准确地对各种数据进行统计,提供饼状图、线形图、柱状图等多种直观图形方式给观众,供其查询当日项目的成交金额、数量,并将这些分析数据按项目、行业等进行分类,有助于潜在客户的开发与挖掘。会展举办后,主办单位与客户之间还需进一步交流与沟通,同样需要现代化的技术与设施来提高展后工作的质量与效率。

目前,国内会展信息化还处在比较初级的阶段。主要表现在两个方面:一是信息化所涉及的范围小,如仅有展会的门禁系统,展商和观众的数据统计、分析,建网站等;而国内的展览会在展商和观众数据的统计方面,其信息化普及率比较高。但是,我国在主办单位的信息化管理以及如何利用信息化手段服务参展商等方面比较薄弱。二是现在实行的信息化缺乏深度。目前国内展会的网站缺乏深度,大部分网站只是展会动态、资讯的发布平台,而没有深入挖掘网站的信息发布、招商招展等功能。至于充分利用国际互联网开展网络营销、举办网上展览会则更加少见。信息化缺乏系统性的块状(会展企业信息化和展会的信息化还处于割裂状态)。比如观众登录网站以及招商招展之间各成体系;又如企业的各个部门之间各自有自己的信息化系统,各成体系,没有形成整体。

2.4.2 信息技术对现代会展业的促进作用

信息技术对现代会展业的促进作用主要体现在优化企业各类资源、提高客户关系管理能力、提高会展服务质量和效率、拓展会展业务领域四个方面。

(1)优化企业各类资源

资源与资产的最大区别在于,资源的价值具有潜在性,可以通过高水平的管理最大限度地发挥它的价值,这就是资源优化。计算机和互联网技术的使用,为企业管理者提供了一个企业资源规划和整理的平台,提高了决策的效率和水平。任何企业的资源都可分为有形资源和无形资源两种,会展行业同样如此。在贸易展览会行业,最主要的有形资源是展览场馆和资金,最重要的无形资源是客户信息和智力资源。现在,信息化管理正对这些资源的优化发挥越来越大的作用。

例如,信息化管理能够帮助会展场馆管理者选择会展场馆使用和出租的最优方案,以实现利润最大化。同时,能改进场馆日常管理,使其维持良好状态。信息技术还有助于正确预测场馆需求,对场馆进行必要的更新、改造或扩建。

又如,客户资源管理软件通过搜集、整理客户资源,建立和扩大客户数据库,分析客户偏好,与客户进行双向交流,实现以客户为中心的管理模式。该软件还可以通过对客户资源的分析,为会展的立项、宣传、配套服务提供参考和依据。

(2)提高客户关系管理能力

事实上,会展行业特别是展览会对于客户的重视程度远不止把他们当作一种资源那么简单。因为,客户的认可和参与程度直接决定展览的成败,所以客户关系管理成为了展会管理的头等大事。

展览业作为一个特殊的服务行业,面向商品生产领域和流通领域的大量客户,需要有强大的客户关系管理能力。欧洲最受行业公认的大型专业贸易博览会,如法兰克福春季消费品博览会、法兰克福国际书展、纽伦堡国际玩具博览会、杜塞尔多夫国际鞋展,每一届都要接待参展商数千家、专业观众数十万人,一个大型的展馆年接待观众人数应该在百万人次以上。如法国巴黎国际博览会每年一次,为期两周,观众人数达到百万。开发和保持如此大规模的客户群体通常需要巨大的精力,不是少数几个人就能够完成的。客户群体规模越大、信息量越大,控制和分析客户信息、掌握客户关系的难度就越大。电脑和互联网的出现,为展览会的海量客户信息的高效管理提供了帮助。

客户关系管理系统正是目前商业活动从以产品为中心转向以客户为中心的必然产物,成为企业管理中继 ERP 之后的又一热点。相对于 ERP 系统,CRM 系统又被归类为企业的前台系统。典型的 CRM 系统的主要功能包括市场营销管理、销售管理、客户服务支持管理以及客户分析。由于 CRM 强调的是从整体上全面改进企业与客户有关的业务流程,这样对于过去难以量化管理的市场部门、客户服务部门、后勤服务部门均可以按照客户的满意度及其他与客户有关的指标进行量化管理。在企业引入 CRM 系统及理念后,对于市场部门可增加"客户保持量"的指标,对于客户服务等后勤部门可增加"客户满意度"等综合指标,使企业的所有人员全部面向客户。同时,对销售部门的考核将不仅仅是销售额及利润等几个简单的指标,其员工的工作均可以按照一定的指标进行,工作效率更高、目的性更强。

(3)提高会展服务的质量和效率

毫无疑问,会展行业的各个经济要素如组委会、参展商、展馆等,一直在利用各种信息化手段提高工作效率,提高整个行业的运作水平。

对于展览会组织者来说,从客户服务的角度看,展览会提供的常规内容已不能满足需求,需要应用信息技术提高效率。比如传统的手工登记观众的方法常常造成拥挤,延迟观众的入场参观,影响展会效果,引起观众和参展商的不满。利用信息技术,快速制作和发放个性化胸卡,设立现场上网、触摸屏等现场导览系统,极大地方便了观众。快速、及时的信息搜集与处理,可为参展商提供符合其需求的分析报告、观众数据等信息反馈服务。

展览组织者为了给参展商和观众提供全面配套的服务,常常会尽自己一切可能来开发宾馆预订、交通、展品运输和清关、展台搭建、展具出租、服务人员(保安、翻译等)、广告宣传、餐饮等业务。会议组织者需要完成包含策划、会议公示、酒店预订、翻译、速记、发放会务用品、摄影摄像、公关传播、票务等 18 个环节的业务。这些相关业务往往由多个企业联合完成,它们之间的规范性、协调性和互动性直接关系到会展的服务质量。

信息化管理系统的强大功能使得展览机构有更多的精力专注于提高服务的质量,增加服务的内容,因而必然使展览衍生行业的规范与控制成为展览机构的关注重点。欧洲一些有影响的国际性贸易展览会已开始尝试为参展商提供服务套餐(Package service),也就是为参展商提供包括展品、展台、人员等各方面参展活动安排的全面服务。参展商不用再找别的机构安排自己展品的运输、人员的商旅活动、展台的设计和装修,所有这些可以由展览公司全部协调包干。

这种服务方式在十年前还是不敢想象的,因为对于一个拥有上千家参展商的国际性展览会而言,要把所有客户需要的全部服务都揽在自己手里,无疑要耗费管理者大量精力,不利于组织者提高展会的核心业务质量。而实现信息化管理后,原先复杂的操作变得简单、程序化了,尤其是已经十分成熟的热门展览会。因此,会展组织者可以充分满足客户的需求,切实提高会展服务质量,从而提高客户参展的满意度,进而提高其忠诚度,自然也就保证了会展项目的成功和可持续发展,给会展组织者带来实实在在的经济效益。

(4)拓展会展业务领域

会展业务领域拓展的典型是网上会展。随着电子商务日益成为一种重要的经济运行形式,电信运营商提供了种类繁多、日益便利的上网手段。如果说过去品牌会展主要通过建立网站以宣传自身,那么今天的网上会展已经具备了一些传统会展所不具备的功能和手段。它不再仅仅是传统会展的宣传手段,而是渐渐成为一个相对独立的新的会展形式。

目前,一些大型会展纷纷开设电子版,有的干脆就全部搬到网上。网页设计也跨上了一个新的台阶,不但设计精美、更新及时,而且普遍增加了许多实用性功能。如网上签约、下单、链接贸易伙伴等。

与传统会展相比,网络会展具有参会者不受地域限制、交易成本低、组织工作简单等优点,日益受到会展主办方的青睐。网上会展以其低投入、高效益的特点,必将成为传统会展的有效补充和延伸。

2.4.3 会展信息化的发展方向

1)展馆的"智能化"

智能化展馆就是采用电子信息技术对展馆的设备进行自动监控、对信息资源进行管理和对用户提供信息服务等。通过对展馆的结构、系统、服务和管理四个基本要素以及它们之间内在关联的最优化组合,来提供一个投资合理、又具有高效、舒适、便利的环境。有关专家认为,这种管理和信息传输方面的变革,可使目前的会展效率提高数倍乃至几十倍。

(1)展馆建筑自动化系统

该系统简称"BA 系统",是智能化系统里面最庞大的一个部分,包括了展馆的电力、照明、空调、电梯、供水与排水、防火与防盗等子系统。BA 系统用计算机和现代通信技术对展馆的各种设备实行全自动的综合监控管理,包括展馆自动化管理、出入管理、电脑卡识别系统、防盗保安系统、防火系统以及各种设备控制与监视系统等。对现代化展馆来说,这是必要的配置。

(2)展馆通信自动化系统

该系统简称"CA 系统",主要包括以程控交换机为核心的,以电话、传真等为主的通信网;展馆内的局域网,把展馆内的各种终端、微机、工作站、主计算机与数据库等联网,实现数据通信;与国内、外建立的远程数据通信网。先进的通信自动化系统既可传输话音、数据,还可传输图像等多媒体信息。展馆内每个摊位上的电话和上网服务就是通过这个系统提供的。

(3)办公自动化系统

该系统简称"OA 系统",是由高性能的传真机、各种终端、微机、文字处理机、主计算机、声像装置等现代办公设备与相应软件组成。主要功能是提供文字处理、文档管理、电子票务、电子邮件、电视会议以及 EDI(电子数据交换)等服务。

(4)计算机网络

要实现 BA、CA 和 OA 的功能,计算机网络和综合布线系统是智能展馆基础设施重要的组成部分。一般来说,一个会展中心应有一个高速主干通信网,由此沟通计算机中心主机与馆内各个局域网的通信系统。各个展馆应设置一个或多个局域网,联至高速主干网,展馆与外界的通信联网可以通过高速主干网或中心主机来实现。

（5）综合布线系统

综合布线系统将所有语音信号（电话信号）、数据信号（互联网信号）、视频信号与监控系统的配线，经过统一的规划设计，综合在一套标准配线系统中。各种设备位置的改变、局域网的变化，均不需重新布线，只要在配线间作适当的布线调整即可实现，并满足不同用户以及未来变化的需求，灵活性大。

2）展会管理和服务的"网络化"

会展信息化，就是展会利用现代信息技术，通过信息资源的深入开发和广泛利用，不断提高展会经营、管理、决策的效率和水平，进而提高会展经济效益和企业竞争力的过程。信息化在展会中的作用：可以提升展会的专业化服务水准，增加对展会更多的动态价值信息、阶段价值信息的评估与对数字信息加工后产生的趋势分析。

3）网上展会与现实展会充分结合

利用网络的虚拟空间进行商业和贸易活动在欧美发达国家已经是一种非常普遍的现象。目前，美国已经有98%的企业将电子商务应用到企业的市场经营活动中，有72.4%的企业接受过网上展会服务。随着中国加入世贸组织，我们与世界市场的联系会越来越紧密，在与国际接轨的过程中，网上展会将会拥有广阔的空间。所以，企业在要求上网的同时，对上网的需求也普遍上升到了网络营销的层面，并表现得越来越成熟。

复习思考题

1. 管理信息系统有哪些基本要素？有何作用？
2. 简述什么是管理信息系统。
3. 简述说明管理信息系统的主要功能。
4. 简述管理信息系统的金字塔式结构的含义。
5. 简述管理与管理信息系统的关系。
6. 管理信息系统的物理结构有几种，分别有什么特征？
7. 简述会展信息化的发展趋势。

第3章
会展管理信息系统开发平台

【学习目的与要求】

1. 识别计算机硬件的类型及其组成。

2. 了解系统软件和应用软件的几种主要类型。

3. 掌握会展管理信息系统开发平台的架构方式及其模式。

4. 了解会展管理信息系统开发应用的网络技术、数据库技术及其他新技术。

【引导案例】

1. 某会展管理信息系统的应用案例

2011 年 11 月 15 日,由香港中国商会主办的首届中国海外投资年会在我国香港地区召开。为期两天的年会以"全球资源重组与中国海外投资战略"为主题,聚焦国家"走出去"的战略。会议应用了国内某网络科技公司的会展管理系统及其硬件设备。

该会展管理信息系统的网络拓扑结构,见图 3-1。计算机网络的拓扑结构是引用拓扑学中研究与大小、形状无关的点、线关系的方法。它把网络中的计算机和通信设备抽象为一个点,把传输介质抽象为一条线,由点和线组成的几何图形就是计算机网络的拓扑结构。网络的拓扑结构反映出网中各实体的结构关系,是建设计算机网络的第一步,是实现各种网络协议的基础。它对网络的性能,系统的可靠性与通信费用都有重大影响。

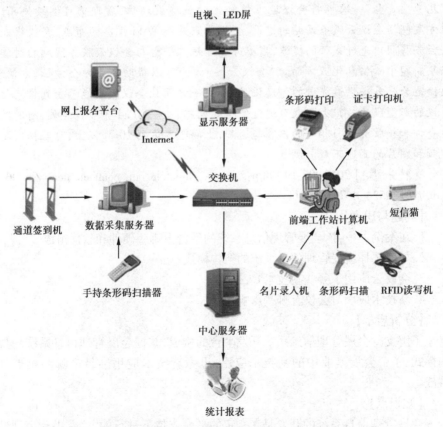

图 3-1 某会展管理信息系统的网络拓扑图

该会展管理信息系统是在图3-1所示的软、硬件环境下运行的。在进行会展管理信息系统开发的时候,也要考虑可以支持系统运行的软、硬件条件以及如何根据功能需求进行硬件、软件的配置。

资料来源:[2013-07-19]http://www.vdmice.com/news/20111227.html.

2. 会议云的应用

2012年5月,在中国共产党青海省第十二次代表大会上,中国电信青海公司利用自身的网络和业务优势,在全方位做好会议通信保障、现场服务的同时,为参加会议的所有代表们首次提供了"会议云"服务。代表们可通过电脑、手机等终端快速获取包括会议安排、会议服务、历史资料、新闻报道、会议通知、大会播报、大会信息等信息,全方位了解最新的会议信息。"会议云"还将为代表们带来最新的信息化体验,促进会议保障工作的协同、高效。

据了解,为实现本次"会议信息化"整体解决方案,青海电信专门投入150万元专项资金,一次性将会议地点信息化设施建设到位,后期仍可继续使用。该方案包括会议云服务网站的建设、会议地点无线WiFi设备的布点、会议代表及会务房间内光纤宽带的提速、省委办公厅短信平台与会议云服务网站的对接以及新闻中心信息化五方面。"会议云"一方面可以帮助会务方全方位、方便、快捷地为代表提供最先进的信息化服务,另一方面让会议代表能感受到信息化会议的新型服务。广大代表可通过便携式电脑、手机、iPad等多种终端,随时随地查询和接收会议与相关的内容与通知,上网速率达到10 M以上,可轻松实现视频和图片的高速下载与浏览。

资料来源:[2013-07-19]http://www.chinatelecom.com.cn/news/06/06/hydt/t20120524_86721.html

【问题与思考】

1. 在案例1中,该会展管理信息系统的平台由哪些硬件和软件组成?
2. 如何选择会展管理信息系统的架构模式?
3. 会议云应用了哪些新技术?
4. 新技术应用对会议有哪些影响?

【分析启示】

了解支持会展管理信息系统开发平台的构成,掌握会展管理信息系统的架构模式,了解会展产业中的新技术应用,思考新技术应用会带来哪些机遇和挑战。

【知识点】

会展管理信息系统的开发是在一定的平台支持下进行的,这一平台由硬件支持平台和软件支持平台所构成。硬件支持平台涉及PC机、服务器、交换机、其他附属设施等物理设施;软件支持平台涉及所有软件系统的集合,包括操作系统、相关应用软件等。合理选择硬件配置是保障会展管理信息系统开发项目顺利实施的关键环节,根据开发项目规模的不同,可以选择不同的硬件配置。

会展管理信息系统架构依赖一定的环境,不同的开发目的,可以选择不同的架构方式和开发模式。在进行会展管理信息系统开发前,要根据项目确定架构方式,通常会展管理信息系统开发平台的架构方式有单机型、联机型和网络型三种。选定架构方式后,要为项目确定适合的开发模式,包括集中主机模式、客户机/服务器模式、浏览器/服务器模式。

随着网络技术的发展,技术手段不断更新。在会展管理信息系统开发中,更不容忽视技术环境的变化而带来的改变。网络技术的发展,使世界的联系跨越了时间和空间的藩篱。因此,会展管理信息系统的开发要紧密联系环境,应用最新的技术,以免信息系统被快速发展的环境所淘汰。开发中可能不仅要应用到传统的计算机网络技术、数据库技术,还要考虑到新兴技术的应用,如网格技术、Web2.0技术和云计算技术等。

3.1 会展管理信息系统开发平台的构成

3.1.1 支持会展管理信息系统开发的硬件平台

支持会展管理信息系统开发的硬件平台是指支持会展管理信息系统开发的所有硬件设施的集合,包括 PC 机、服务器、交换机和其他附属设施等,是保证会展管理信息系统开发项目实施的物质基础。

1)计算机的类型

按照规模和处理能力来划分,计算机的类型大体可以划分为巨型机、大型机、小型机、微型机、工作站和服务器。

(1)巨型机

巨型机是指那些运行速度快、规模大、价钱昂贵的计算机。巨型机主要应用于一些高端的领域,如国防、空间技术、勘测等领域。目前,巨型机可以达到万亿次/秒以上的运行速度。

(2)大型机

相对于巨型机而言,大型机的运行速度、规模和价钱都略低一筹,然而大型机拥有较好的通用性,在数据处理方面,有较强的传输和处理能力。通常情况下,大型机都会配备有许多其他的外部设备和数量众多的终端,从而组成一个计算机中心。因此,大型计算机可以做联机中央计算机或者批处理计算机,常被称为"企业级"计算机。

(3)小型机

与巨型机和大型机相比,小型机的规模较小,而且结构较为简单,通常用做大型计算机的辅助机。不过,小型机通常配有较大容量的内存和多个大容量的硬盘,拥有较强的数据处理能力,具有可靠性高、对运行环境要求低、易于操作且便于维护等优点。因此,常用于中小规模的企业,作为处理联机事务的服务器或者局域网服务器。

(4)微型机

这是一种以微处理器为基础,配以内部存储器、输入输出(I/O)接口电路以及相应辅助电路等部件组合而成的计算机类型,其特点是体积小、结构紧凑、价格便宜且使用方便。微型计算机又分为几种不同的类型。例如,当以微型计算机为核心,并配以鼠标、键盘、显示器等外部设备和控制计算机工作的软件后,可以构成一套常见的微型计算机系统,此时的微型计算机又被称为个人计算机(Personal Computer,PC)。当以印刷电路板为主体,将微型计算机集成在一个芯片上时,便构成了单片式微型计算机(Single Chip Microcomputer),简称单片机。

(5)工作站

工作站(Work Station)是一种介于个人计算机和小型计算机之间的高档微型计算机系统,其特点是既具有较高的运算速度和多任务、多用户的能力,又兼具微型计算机的操作便利性和友好的人机界面。与普通的微型计算机相比,工作站的独到之处在于其拥有较大容量的内存和大尺寸的显示器,其图形性能也极为优越,具有很强的图形交互处理能力,因此特别适合于计算机辅助编程,尤其是在计算机辅助设计(CAD)领域得到广泛的应用。

(6)服务器

服务器(Server)是网络环境中的高性能计算机,它侦听网络上的其他计算机(客户机)提交的服务请求,并提供相应的服务。为此,服务器必须具有承担服务并且保障服务的能力。

2)计算机的硬件组成

硬件设备是计算机物理设备的总称,通常指电子的、机械的、磁性的或光的元器件或装置。现代计算机之父冯·诺依曼提出计算机由五大组成部件,即由运算器、控制器、存储、输入设备和输出设备组成,并一直沿用至今。

(1)运算器

运算器是计算机的运算单元,主要用于完成算术运算和逻辑运算。

(2)控制器

控制器是计算机的神经中枢,它按照主频的节拍发出各种控制信息,以指挥整个计算机工作。

运算器和控制器是计算机系统的主要部件,它们共同构成了计算机的中央处理器(Central Processing Unit, CPU),CPU 的运算速度决定了计算机系统的性能。

(3)存储器

存储器是计算机的必备部件,主要分为主存储器和辅助存储两类。

主存储器(Read Only Memory, ROM):计算机运行过程中用来存储数据和程序指令的部件。计算机的主存储器主要由半导体存储器组成。主存储器的容量是决定计算机处理速度和处理能力的重要指标。容量的单位为 $1K=210$ B,$1M=210K$,$1G=210M$,$1T=210G$。

辅助存储器:辅助存储器又称外部存储器,简称外存,用于数据和程序的长久保存。常用的辅助存储器有磁盘(带)、光盘、移动硬盘、闪存存储器(USB FLASH 盘,又称优盘和闪盘)。

存储器的速度、容量及成本是几个相互制约的因素。例如,内存与外存比较而言,运算速度快,但容量较大、成本相对较高。

(4)输入设备

计算机的输入设备是将外部数据导入计算机的一些物理设备,常见的有计算机键盘(Keyboard)、鼠标器(Mouse)、图文扫描仪、条形码阅读器、触摸屏、语音输入设备、手写体输入设备、磁盘(带)、A/D(将模拟信号转换为数字信号),D/A(将数字信号转换为模拟信号)模块。

(5)输出设备

计算机的输出设备是将计算机的内部数据传输至外部的一些物理设备,常见的有显示器、打印机(针式/激光/喷墨)、绘图仪、语音合成与输出设备、磁盘(带)、A/D,D/A 模块。

上述五大硬件组成是完成计算机主要功能必备的组件,除此之外,还有一些其他的辅助硬件设施完成计算机的运行,如机箱、主板、系统功能扩展卡(声卡、显卡、网卡等)、光驱等。

【小资料】

计算机软硬件的发展历程

计算机的发明彻底改变了现代人的生活,它是人类史上具有重要意义的一项伟大发明。一般认为,第一台电子计算机是于 1946 年由美国宾夕法尼亚大学莫尔学院研制的 ENIAC,自从其诞生以来,其软、硬件不断经历更新与换代。

(一)计算机硬件的发展

计算机硬件是计算机中所有实体部件和设备的统称,是计算机的物质体现,包括运算器、存储器、控制器、输入设备、输出设备五个部分。

计算机硬件的发展与电子开关器件的发展有很大关系,受到电子开关器件发展的约束。器件的更新往往会引发计算机硬件的极大进步,计算机的发展阶段也是以计算机硬件的水平为依据而进行划分的。(表 3-1)

表 3-1　计算机发展阶段的划分

划分阶段	年代	标志
第一代电子计算机	20 世纪 50 年代	真空电子管计算机
第二代电子计算机	20 世纪 50 年代末到 20 世纪 60 年代中期	晶体管计算机
第三代电子计算机	20 世纪 60 年代中期至 20 世纪 70 年代末	集成电路电子计算机
第四代电子计算机	20 世纪 70 年代末至今	大规模和超大规模集成电路电子计算机
第五代电子计算机	20 世纪 80 年代开始	智能计算机(处于研究阶段)

资料来源:王虎,张骏.管理信息系统[M].武汉:武汉理工大学出版社,2002:17-24.

3.1.2　支持会展管理信息系统开发的软件平台

仅仅只有硬件的计算机,称之为裸机,它是不能进行数据处理的,甚至不能运转。硬件平台是开发会展管理信息系统所必需的,而同时还需要有一定的软件平台支持才能发挥其作用。支持会展管理信息系统开发的软件平台是指支持会展管理信息系统开发的所有软件的集合,包括系统软件和应用软件两大类型。

1) 系统软件

系统软件是指管理和协调计算机硬件，支持其他软件资源运行的各种程序的集合。系统软件的主要功能是对硬件的调度、监控和维护，并且为支持其他软件的运行提供基础功能。

（1）操作系统软件

操作系统（Operation System，OS）是计算机的控制管理中心，是计算机运行最重要的软件程序，管理、控制着整个计算机的资源，是用户使用计算机的窗口。

操作系统有多种版本类型，按照分类标准的不同，可以划分为多种类型。（表3-2）。

表3-2　操作系统的类型划分

分类依据	类　型
按照应用领域来划分	桌面操作系统、服务器操作系统、嵌入式操作系统
根据所支持的用户数目	单用户操作系统（如 MSDOS、OS/2、Windows）、多用户操作系统（如 UNIX、Linux、MVS）
根据源码开放程度	开源操作系统（如 Linux、FreeBSD）和闭源操作系统（如 Mac OS X、Windows）
根据硬件结构	网络操作系统（Netware、Windows NT、OS/2 warp）、多媒体操作系统（Amiga）和分布式操作系统等
根据操作系统的使用环境和对作业处理方式	批处理操作系统（如 MVX、DOS/VSE）、分时操作系统（如 Linux、UNIX、XENIX、Mac OS X）、实时操作系统（如 iEMX、VRTX、RTOS、RT Windows）
根据存储器寻址的宽度	8 位、16 位、32 位、64 位、128 位的操作系统
根据操作系统的技术复杂程度	简单操作系统（如 IBM 公司的磁盘操作系统 DOS/360 和微型计算机的操作系统 CP/M 等）、智能操作系统

操作系统具备以下两大功能。

第一，系统资源的管理者。通过 CPU 管理、存储管理、设备管理及作业管理，对各种资源进行合理的调度与分配，改善资源的共享和利用状况，最大限度地提高计算机在单位时间内处理工作的能力。

第二，用户与计算机之间的接口。使用未配置操作系统的计算机（裸机），用户要面对的是难懂的机器语言。配上 OS 后，用户面对的是操作方便、服务周到的操作系统软件,从而明显提高了用户的工作效率。当前操作系统多使用用户接口友好的图形接口界面(GUI)。

(2)程序设计语言与编译系统

程序设计语言是用于书写计算机程序的语言,也是进行人机交流的工具。通常有低级语言和高级语言之分。

早期使用的低级语言包括字位码、机器语言和汇编语言。它的特点是与特定的机器有关,功效高,但使用复杂、烦琐、费时、易出差错。其中,字位码是计算机唯一可直接理解的语言,但由于它是一连串的字位,复杂、烦琐、冗长,几乎无人直接使用。机器语言是在计算机上可以直接执行的二进制代码指令。汇编语言是一种同机器语言较为接近的一种语言,它是将机器语言中地址部分符号化的结果,因其译过程称为汇编,因此叫作汇编语言。

随着 C 语言、Pascal 语言、Fortran 语言等结构化高级语言的诞生,使程序员可以离开机器层次,在更抽象的层次上表达意图,极大地便利了程序的编写。高级语言的表示方法要比低级语言更接近于待解问题的表示方法,其特点是在一定程度上与具体机器无关,易学、易用、易维护。高级语言采用英语词汇作为指令关键词,按照规定的语义和语法结构要求编写程序。高级语言中每一条语句的功能相当于汇编语言的多条指令的功能,也被称为第三代语言。

在 20 世纪 60 年代末期出现了软件危机,在当时的程序设计模型中都无法克服的错误随着代码的扩大而级数般地扩大,以致到了无法控制的地步。这个时候,就出现了一种新的思考程序设计方式和程序设计模型——面向对象程序设计,由此也诞生了一批支持此技术的程序设计语言,比如 C++,Java。这些语言都以新的观点去看待问题,即问题就是由各种不同属性的对象以及对象之间的消息传递构成。面向对象语言将数据与操作合成为对象,即对象数据和操作。这样的对象可以重用,从而大大提高编程效率。

此外,由于因特网的广泛应用,标记语言也开始引起人们的注意,如 HTML语言和 XML 语言。HTML 是 Web 通用语言,表示文件格式的标签集是固定的;XML 侧重于数据本身,它的标签集不是固定的。

(3)数据库管理系统软件

数据库是信息系统的基础与核心,信息系统的数据管理都是依赖数据库管理系统来进行的。数据库管理系统(Database Management System,DBMS)软件是专门对数据记录进行综合管理的软件,以数据文件结构的定义、数据记录的更新、数据记录的查询以及对数据记录的各种运算来提供全面的支持。常见的数据库管理系统有微软公司的 Access 数据库管理系统、SQL sever 数据库管理系统、Oracle 数据库管理系统等。

2）应用软件

应用软件（Application Software）是用来完成用户所要求的数据处理任务或实现用户特定功能的程序，它是直接面向最终用户的具体应用软件。应用软件以操作系统为基础，用程序设计语言编写，或用数据库管理系统构造，用于满足用户的各种具体要求。一般而言，应用软件有通用应用软件和专用应用软件之分。

（1）通用应用软件

通用应用软件是指某些具有通用信息处理功能的商品化软件。它的特点是通用性，因此可以被许多类似应用需求的用户所使用。它所提供的功能往往可以由用户通过选择、设置和调配来满足其特定需求。比较典型的通用软件有文字处理软件（如 Microsoft Office）、表格处理软件、数值统计分析软件、财务核算软件（如用友财务软件）等。

（2）专用应用软件

专用应用软件是指满足用户特定要求的应用软件。因为在某些情况下，用户对数据处理的功能需求存在很大的差异性。当通用软件不能满足要求时，此时就需要由专业人士采取单独开发的方法，为用户开发具有特定要求的专门应用软件。

【小资料】

计算机软件的发展

计算机软件是指计算机程序以及解释和指导使用程序的文档的总和。计算机软件由系统软件和应用软件组成。系统软件是指那些为了便利使用计算机设备而开发的程序，例如操作系统（Windows、Unix、Linux 等）、语言编译程序（如 C 语言、C＋＋等）、数据库管理系统（如 Oracle）。应用软件是专门为了特定应用而编写的程序，包括文字处理软件（如 WPS、Word 等）、财务软件、人事管理软件、计算机辅助软件（如 AutoCAD 等）。最早的计算机是没有软件的，之后出现了操作系统，并不断发展、演变与革新，从单用户到多用户、由单任务发展为多任务、从字符界面发展到图形界面。此后，出现了汇编语言，开始应用计算机语言编译应用软件。之后，随着计算机数据管理技术的发展，推动了数据库管理系统的发展。

没有软件的计算机通常被称为裸机,是无法使用的。计算机硬件和软件之间是相互依存、互相支持的。计算机硬件与硬件、硬件与软件、软件与软件之间还存在着兼容性的问题,它们之间可能会存在着冲突。因此,计算机软件和硬件技术各自的发展也是彼此互相影响的。

资料来源:王虎,张骏.管理信息系统[M].武汉:武汉理工大学出版社,2002:17-24.

3.2　会展管理信息系统开发平台的选择

3.2.1　会展管理信息系统开发平台的架构方式

根据会展管理信息系统开发项目规模的不同,可以选择不同的架构方式来搭建会展管理信息系统开发平台,主要有单机型、联机型和网络型。

1)单机型

单机型的系统开发环境是指不需要通过联机或网络就可以进行系统开发的一种方式。一般而言,小型的会展管理信息系统开发项目,由于项目要求不高,往往由个人或少量项目成员就能完成。因此,可以选择配置较低的不需要联网的单独的微型机(个人电脑)来完成。

2)联机型

联机型的系统开发环境是将多个单机系统连接起来的一种架设方式。中型会展管理信息系统开发项目的规模要比小型的略大,项目要求高于小型项目,需要项目组多成员的配合以完成工作。因此,单机型的开发方式不能满足要求,此时,需要将单机进行联机操作,架设数据传输的渠道,满足多人的信息交流需求。

3)网络型

网络型的系统开发环境是将多个单机系统或联机系统通过计算机网络互联,并架设系统开发用的信息资源中心,开发人员可以随时随地地通过网络进行连接和信息交流的一种架构方式。对于大型会展管理信息系统开发项目,需要多人的分工协作才能完成。因此,网络型的系统开发环境更适合大型系统开发项目的需求。在网络型的系统开发环境中,大型项目的每个成员都应该有个人的工作环境(工作站),项目开发要配置服务器作为统一的资源中心,为每一个组成员分配相应的权限,用于存取服务器上的资源。

3.2.2　会展管理信息系统开发模式的选择

管理信息系统的架构有很多种模式,常见的有集中主机模式、客户机/服务器模式、浏览器/服务器模式。会展管理信息系统开发中,可以采用不同的架构模式,它们有各自不同的特点。

1)集中式主机模式

集中式主机模式是一种最基本的计算模式,在计算机产生的初期占有主导地位。它的特点是以单台计算机或者围绕一个中央主机构成一个完整的计算环境。所有的计算处理任务全部由这台中央主机完成,如果有外围设备或计算机,它们也只是作为终端设备提供用户的交互平台。采用这种模式的管理信息系统,数据管理和应用程序功能集中在一起,所开发的系统通常被称为单机版应用系统。例如,基于文件数据组织方式只能实现单机版信息管理系统。以Excel、Access、FoxPro 等数据库文件为基础开发的应用系统一般也是采用集中式主机计算模式。

集中式主机模式的特点如下。

(1)系统结构简单

虽然在物理位置上,各种设备可以存放在不同的计算机或设备上,但数据和处理数据的应用程序逻辑上是集中在一起的,数据本身没有服务能力。

(2)系统应用受物理位置限制

用户只能在运行系统的主机或其外围设备上使用系统功能。虽然数据文件可以被设为网络共享,但无法支持并发访问,而且网络之间的数据传输量大。由于系统无法充分利用网络优势提供信息管理服务,大大限制了系统的应用能力。随着网络技术的普及,集中式主机模式的管理信息系统将越来越少。

2)客户机/服务器模式

客户机/服务器模式(Client/Server,简称 C/S 模式)是一种在网络环境下的分布式计算模式。在这种结构下,网络中的计算机扮演不同的角色:执行"服务请求"的计算机是客户机角色,接受"服务请求"并提供服务的计算机起着服务器角色。一台计算机在不同的应用环境下可以担当不同的角色,可以既是服务器又是客户机。网络上可以有多种服务器,例如提供文件服务的文件服务器、提供打印共享的打印服务器等。客户机和服务器在物理上可以是同一台计算机。

在服务器上安装有数据库服务程序(如 Oracle、Microsoft SQL Server、Sybase 等)的计算机可以作为数据库服务器,它能提供共享数据的存储、查询、处理、管理和恢复等多种服务。该计算模式服务的基本工作流程如下:客户机应用程序提供用户交互接口,并可以将用户请求按照一定的格式发送到数据库服务器;数据库服务器管理系统接收并分析用户请求,按照用户请求对所管理的数据实施操作,并将操作的结果数据返回给提出请求的客户机;客户机可以进一步对返回结果进行处理,并将相关信息呈现给用户。

(1)客户机/服务器模式的优点

①具有很强的实时处理能力,与浏览器/服务器模式相比,该模式更适合于对数据库的实时处理和大批量的数据更新。

②技术十分完善,并且有众多与之配套的成熟的开发工具。

③由于必须安装客户端软件,系统相对封闭,这增强了它的安全性和保密性能。

(2)客户机/服务器模式的缺点

①客户端必须安装专门为该系统开发的面向用户的客户端软件。系统的维护和升级需要在客户机和服务器两端进行,造成系统维护困难。

②系统开放性差。它一般是单项、单系统,不同系统之间的连接困难;而且,不同系统用户界面风格不一致,不利于推广使用。

③程序依赖于底层网络,使系统无法具有跨平台的应用能力,也很难集成新的网络服务。例如,在 Windows 下开发的应用系统无法在 Unix 环境下直接运行。

3)浏览器/服务器模式

浏览器/服务器模式(Browser/Server,简称 BS 模式)是一种面向 Internet/Intranet 的分布式计算模式。它以 Web 为中心,采用 TCP/IP、HTTP(Hyper Text Transpon Protocol,超文本传输协议)传输协议,客户端通过浏览器访问 Web 服务器以及与 Web 服务器相连的后台数据库,一般采用浏览器/Web 服务器/数据库三层结构。

这种结构的核心是 Web 服务器,它负责接收远程或本地的 HTTP 请求,然后根据查询条件到数据库服务器获取相关的数据,并把结果翻译成 HTML 文档传输给提出请求的浏览器。这种三层结构是由客户机/服务器结构扩展而来的,其中 Web 服务器和数据库服务器之间的关系就是客户机/服务器关系。

数据库服务器、Web 服务器以及客户机在物理上可以是同一台计算机,其中 Web 服务器上需要运行 Web 服务器管理程序(如 Microsoft IIS、Apache Web 等)和面向应用服务的 Web 服务程序。

(1)浏览器/服务器模式的优点

①客户端只要安装有标准的 Web 浏览器即可,不需要额外安装其他客户端软件。系统的维护和扩展变得更加轻松,只需要在服务器端就可以完成。

②采用标准的 TCP/IP 协议、HTTP 协议,能够与遵循这些标准的信息系统及其网络很好结合,具有开放性,同时保护了用户投资。

③系统客户端界面统一,全部为浏览器方式,简单易用。

(2)浏览器/服务器模式的缺点

①客户端的开放性增加了系统受攻击的风险。

②在开发工具支持方面没有支持客户机/服务器模式的开发工具丰富。

在进行会展管理信息系统平台搭建时,由于每种模式的特点各不相同,所以,要根据实际需求选择合适的模式开发会展管理信息系统。若是面向会展企业内部,应用范围小,相对安全性和系统响应速度要求较高的会展管理信息系统开发可以采用客户机/服务器模式;若是面向会展企业外部,如开展会展电子商务业务及其他客户服务业务等应用范围广、用户分散、开放性强的会展管理信息系统,可以采用浏览器/服务器的模式。模式的选择不是单一的,要根据会展管理信息系统开发项目的复杂程度和实际需求来选择,甚至一个项目可以选择多种模式结合使用。

3.3 会展管理信息系统开发平台的应用技术

3.3.1 计算机网络技术

计算机网络是会展管理信息系统运行的基础,不仅如此,计算机网络技术也是会展管理信息系统开发中进行数据传输所使用的应用技术。

1)计算机网络技术的发展

世界上第一个计算机网络是出现在 20 世纪 60 年代后期的美国的高级研

究计划署网络(Advanced Research Projects Agency NET),简称 ARPA NET。它的第一个节点于 1969 年在加利福尼亚大学洛杉矶分校安装,最终发展成为今天的 Internet。在我国,Internet 的使用最早可以追溯到 1987 年 9 月下旬,以钱天白教授发出的我国第一封电子邮件"越过长城,通向世界"为标志,揭开了我国开始使用 Internet 的序幕。

计算机网络的形成与发展大致分为如下四个阶段。

(1)第一个阶段:20 世纪 50 年代至 20 世纪 60 年代

1946 年,世界上第一台数字电子计算机问世后,计算机并没有普及开来,其数量还很少而且非常昂贵,用户使用起来非常不便。直到 1954 年,出现了一种叫作收发器(Transceiver)的计算机终端,人们使用这种终端首次实现了将穿孔卡片上的数据从电话线上发送到异地的计算机终端。此后,电传打字机也作为远程终端和计算机连接了。这样,用户可以在异地的电传打字机上键入自己的程序并传递给计算机,而计算机计算出来的结果又可以从计算机上传送到异地的电传打字机并打印出来。这样,计算机网络的概念(Computer Network)就诞生了。

由于当时的计算机是为了成批处理数据而设计的,因此当需要计算机与远程终端连接时,必须在计算机上增加一个接口,而且这个接口应当对计算机原来的硬件和软件的影响尽可能地小,由此而出现了线路控制器(Line Controller)。当时计算机上信息的传递主要依靠电话线路,而电话线本来是为传递模拟信号设计的,因此人们使用了叫作调制解调器(Modem)的专用设备来实现电话线上数字信号的传输。(图 3-2)

计算机　→　线路控制器　→　调制解调器　～　调制解调器　→　终端

图 3-2　线路控制的网络体系结构

(2)第二个阶段:20 世纪 60 年代至 20 世纪 70 年代中期

此阶段以美国的 APPA NET 与分组交换技术为重要标志。随着远程终端数量的增加,为了避免一台计算机使用多个线路控制器,在 20 世纪 60 年代初,出现了多线路控制器,可以和许多个远程终端相连接,人们将这种最简单的计算机联机系统称为面向终端的计算机网络,这就是第一代计算机网络。(图 3-3)

在第一代计算机网络里,计算机是网络的中心和控制者,终端围绕着中心计算机分布在各处,而计算机的主要任务仍旧是进行成批处理。

电话诞生后,人们便意识到在所有用户之间架设直接的通信线路是一种极大的浪费,必须依靠交换机来实现用户之间的互联,才能避免如此可怕的浪费。

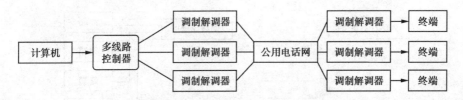

图3-3　多线路控制的网络体系结构

一个多世纪以来,电话交换机经过了许多次的更新换代:从人工接续、步进制交换机、纵横制交换机,直到现代的程控交换机,基本上都是采用电路交换(Circuit Switching)方式,其本质始终没有改变。从资源分配的角度观察,电路交换是预先分配信号的传输带宽,用户在开始通信之前,必须先申请建立一条从发送端到接收端的物理通道。这个申请过程一般是由拨号来完成的,只有在此物理通道建立后,双方才能进行通信。在通信的全部时间里,用户始终占有端到端的固定传输带宽。

电路交换本来是为语音通信而设计的,它对于计算机网络建立信息通道的呼叫来说,时间实在是太长了。因而,必须寻找新的适合于计算机进行通信的交换机技术。

1964年8月,巴兰在美国RC公司论分布式通信的研究报告中首先提及了存贮式转发的概念。与此同时,英国的皇家物理实验室(Royal Physical Laboratory)和法国的国际电子通信研究中心(Societe Internationale de Telecommunications Aeronotiques)已开始进行计算机间的通信研究。

1966年,英国皇家物理实验室的戴维斯首先提出分组交换(Packet Exchange)的概念,并证明分组交换技术在计算机间传输命令核数据时能够表现出极大的灵活性和可靠性。

1969年2月,美国国防部高级研究计划局(Advanced Research Projects Agency)的分组交换网ARPA NET建成并投入运行。虽然最初的ARPA NET网上仅有四个节点,但计算机通信以分组交换的通信子网为中心,构成用户资源子网的计算机主机和终端都处在网络的边缘,用户不仅可以享受通信子网的资源,而且还可以享受用户资源子网的各种硬件和软件资源。(图3-4)从此,进入了第二代计算机网络时代,揭开了网络发展的新纪元。

(3)第三个阶段:20世纪70年代中期至20世纪90年代

由于计算机网络是一个非常复杂的系统,相互通信的两台计算机系统必须高度协调工作,而这种协调是很严格的。为了设计这样复杂的计算机网络,早在最初的ARPA NET网设计时就提出了分层的方法。分层可以将庞大而复杂

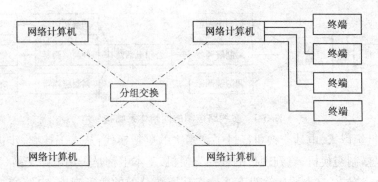

图 3-4　APPA NET 的网络体系结构

的问题转化为若干较小,也比较容易研究和处理解决的问题。

1974 年,美国 IBM 公司宣布了它研究的系统网络体系结构(System Network Argument),这个著名的网络标准就是按照分层的方法制定的。网络体系结构的出现,使得一个厂商所生产的各种设备都能够很容易地互联成网。但一旦用户购置了不同厂商的产品,则由于网络体系结构的不同而很难互相联通。针对这种情形,国际标准化组织(ISO)于 1977 年设立了专门的研究机构,不久便提出了一个使各种计算机互联成网的标准框架——开放式系统互联基本参考模型(OSI/RM)。从此以后,开始了第三代计算机网络的时代。

(4)第四个阶段:20 世纪 90 年代至今

进入 20 世纪 80 年代以后,在计算机网络领域最引人注目的就是美国的因特网的飞速发展,目前它已经成为世界上最大的国际性计算机网络。但因特网仍然属于第三代计算机网络,因为它的网络结构仍然使用的是分层的网络体系结构,并没有使用到开放式系统互联基本参考模型。

随着人类社会的发展,网络已经与人类息息相关,按照计算机网络发展的趋势,第四代网络体系结构的出现是必然的。目前,属于第四代计算机网络体系结构的是 IPv6 技术,然而,其大范围应用还有一段距离。

IPv6 是 Internet Protocol Version 6 的缩写,也被称作下一代互联网协议,它是由互联网工程任务组(Internet Engineering Task Force,IETF)设计的用来替代现行的 IPv4 协议的一种新的 IP 协议。IPv6 是为了解决 IPv4 所存在的一些问题和不足而提出的,同时它还在许多方面提出了改进,例如路由方面、自动配置方面。经过一个较长的 IPv4 和 IPv6 共存的时期,IPv6 最终会完全取代 IPv4 在互联网上占据统治地位。对比 IPv4,IPv6 有如下特点,这些特点也可以称作 IPv6 的优点:简化的报头和灵活的扩展;层次化的地址结构;即插即用的联网方式;网络层的认证与加密;服务质量的满足;对移动通信更好地支持。

目前需要的是,在不断改变网络体系结构的前提下,用有效的技术充分利用处理器的计算能力。国外已经有很多研究机构正在沿着这个方向积极开展工作,其中,可编程网络(Active Networking)是一个公众瞩目的热点。我们将其称为后 TCP/IP 协议模型,它将引导计算机网络向主动网络体系结构方向发展。

【小资料】

IPv4 及其局限性

IPv4,是互联网协议(Internet Protocol,IP)的第四版,也是第一个被广泛使用,构成现今互联网技术的基石的协议。现行的 IPv4 自 1981 年 RFC 791 标准发布以来,并没有多大的改变。事实证明,IPv4 具有相当旺盛的生命力,易于实现且互操作性良好,经受住了从早期小规模互联网络扩展到如今全球范围 Internet 应用的考验。所有这一切,都应归功于 IPv4 最初的优良设计。但是,还是有一些发展是设计之初未曾预料到的。

近年来,互联网呈指数级的飞速发展,导致 IPv4 地址空间几近耗竭。IP 地址变得越来越珍稀,迫使许多企业不得不使用网络地址转换(Network Address Translation, NAT)将多个内部地址映射成一个公共 IP 地址。地址转换技术虽然在一定程度上缓解了公共 IP 地址匮乏的压力,但它不支持某些网络层安全协议以及难免在地址映射中出现种种错误,这又造成了一些新的问题。而且,靠 NAT 并不可能从根本上解决 IP 地址匮乏问题,随着联网设备的急剧增加,IPv4 公共地址总有一天会完全耗尽。

因特网主干网路由器维护大型路由表能力的增强。目前的 IPv4 路由的基本结构是平面路由机制和层次路由机制的混合,因特网核心主干网路由器可维护 85 000 条以上的路由表项。

地址配置趋向于要求更简单化。目前,绝大多数 IPv4 地址的配置需要手工操作或使用 DHCP(动态宿主机配置协议)地址配置协议完成。随着越来越多的计算机和相关设备使用 IP 地址,必然要求提高地址配置的自动化程度,使之更简单化,且其他配置设置能不依赖于 DHCP 协议的管理。

IP 层安全需求的增长。在因特网这样的公共媒体上进行专用数据通信一般都要求加密服务,以此保证数据在传输过程中不会泄露或遭窃取。虽然目前有 IPSec 协议可以提供对 IPv4 数据包的安全保护,但由于该协议只是个可选标准,企业使用各自私有安全解决方案的情况还是相当普遍。

更好的实时服务质量(Quality of Service, QoS)支持的需求。IPv4 的 QoS 标准,在实时传输支持上依赖于 IPv4 的服务类型字段(TOS)和使用 UDP 或 TCP

端口进行身份认证。但 IPv4 的 TOS 字段功能有限,而同时可能造成实时传输超时的因素又太多。此外,如果 IPv4 数据包加密的话,就无法使用 TCP/UDP 端口进行身份认证。

资料来源:[2013-07-19] http://www.baike.com/wiki/IPv4.

2)计算机网络的概念与功能

计算机网络(Network)是将处在不同地理位置且相互独立的计算机或设备,通过传输介质和网络设备,按照特定的结构和协议相互连接起来,利用网络操作系统进行管理和控制,从而实现信息传输和资源共享的一种信息系统。

计算机网络的功能主要体现在以下几个方面。

(1)数据通信

计算机网络主要提供传真、电子邮件、电子数据交换(EDI)、电子公告牌(BBS)、远程登录和浏览等数据通信服务。

(2)资源共享

凡是入网用户均能享受网络中各个计算机系统的全部或部分软件、硬件和数据资源。

(3)提高计算机的可靠性和可用性

网络中的每台计算机都可通过网络相互成为后备机,一旦某台计算机出现故障,它的任务就可由其他的计算机代为完成。这样,可以避免在单击情况下,一台计算机发生故障引起整个系统瘫痪的现象,从而提高系统的可靠性。而当网络中的某台计算机负担过重时,网络又可以将新的任务交给较空闲的计算机完成,均衡负载,从而提高了每台计算机的可用性。

(4)分布式处理

通过计算法,将大型的综合性问题交给不同的计算机同时进行处理。用户可以根据需要合理选择网络资源,就近、快速地进行处理。

3)计算机网络的类型

按照分类方法的不同,计算机网络有多种类型,下面介绍几种常见的划分方法。

(1)按网络的地理位置分类

①局域网(LAN):一般限定在较小的区域内,小于 10 千米的范围,通常采用有线的方式连接起来。

②城域网(MAN):规模局限在一座城市的范围内,10～100千米的区域。

③广域网(WAN):网络跨越国界、洲界,甚至全球范围。

目前,局域网和广域网是网络的热点。局域网是组成其他两种类型网络的基础,城域网一般都加入了广域网。广域网的典型代表是因特网。

④个人局域网(PAN):个人局域网就是在个人工作地方,把属于个人使用的电子设备(如便携电脑等)用无线技术连接起来的网络,因此也常称为无线个人局域网WPAN,其范围大约在10米左右。

(2)按传输介质分类

①有线网:采用同轴电缆和双绞线来连接的计算机网络。同轴电缆网是常见的一种联网方式。它比较经济,安装较为便利,传输率和抗干扰能力一般,传输距离较短。双绞线网是目前最常见的联网方式。它价格便宜、安装方便,但易受干扰、传输率较低,传输距离比同轴电缆要短。

②光纤网:光纤网也是有线网的一种,但由于其特殊性而单独列出。光纤网采用光导纤维做传输介质。光纤传输距离长、传输率高,可达数千兆bps,抗干扰性强,不会受到电子监听设备的监听,是高安全性网络的理想选择。不过由于其价格较高,且需要高水平的安装技术,所以现在尚未普及。

③无线网:用电磁波作为载体来传输数据。目前无线网联网费用较高,还不太普及。但由于联网方式灵活方便,是一种很有前途的联网方式。

局域网常采用单一的传输介质,而城域网和广域网采用多种传输介质。

(3)按网络的拓扑结构分类

网络的拓扑结构是指网络中通信线路和站点(计算机或设备)的几何排列形式,通常可以分为星形网络、环形网络和总线型三种基本类型。(图3-5)

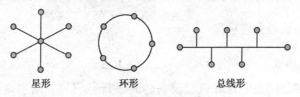

星形　　　环形　　　　总线形

图3-5 网络拓扑结构

①星形网络:各站点通过点到点的链路与中心站相连。特点是很容易在网络中增加新的站点,数据的安全性和优先级容易控制,易实现网络监控,但中心节点的故障会引起整个网络瘫痪。

②环形网络:各站点通过通信介质连成一个封闭的环形。环形网容易安装和监控,但容量有限,网络建成后,难以增加新的站点。

③总线型网络:网络中所有的站点共享一条数据通道。总线型网络安装简单方便,需要铺设的电缆最短,成本低,某个站点的故障一般不会影响整个网络,但介质的故障会导致网络瘫痪。总线型网络安全性低,监控比较困难,增加新站点也不如星形网容易。

树形网、簇星形网、网状网等其他类型拓扑结构的网络都是以上述三种拓扑结构为基础的。

(4)按通信方式分类

①点对点传输网络:数据以点到点的方式在计算机或通信设备中传输。星形网、环形网采用这种传输方式。

②广播式传输网络:数据在共用介质中传输。无线网和总线型网络属于这种类型。

(5)按网络使用的目的分类

①共享资源网:使用者可共享网络中的各种资源,如文件、扫描仪、绘图仪、打印机以及各种服务。因特网是典型的共享资源网。

②数据处理网:用于处理数据的网络,例如科学计算网络、企业经营管理用网络等。

③数据传输网:用来搜集、交换、传输数据的网络,如情报检索网络等。

除了以上几种常见的划分方法外,还有一些其他的分类方法,如按信息传输模式的特点来分类的 ATM 网。该网内数据采用异步传输模式,数据以 53 字节单元进行传输,提供高达 1.2 gbps 的传输率,有预测网络延时的能力。ATM网可以传输语音、视频等实时信息,是最有发展前途的网络类型之一。另外,还有一些非正规的分类方法,如企业网、校园网,根据名称便可理解其用途。

4)网络协议与参考模型

(1)网络协议

网络协议是网络中计算机或设备之间进行通信的一系列规则的集合。只有它的存在才能使网上计算机有条不紊地通信,而不会出现传输的信息无法理解的现象。常用的网络协议有 IP、TCP、HTTP、POP3、SMTP 等。

(2)OSI 参考模型

随着网络的普及和应用,网络互联标准已成为必须解决的问题。因此,1974 年国际标准化组织,发布了著名的 ISO/IEC7498 标准,即开放系统互联参考模型(Open System Internetwork,OSI),定义了网络互联的物理层、数据连路

层,网络层、传输层、会话层、表示层、应用层七层网络体系结构。(图3-6)

①物理层。它是OSI模型中的第一层,也是最低层。它的功能是利用传输介质为数据链路层提供物理连接,实现了二进制比特流的透明传输。它定义了电缆的类型、传输的电信号或光电信号、电缆如何接到网卡、数据编码方案与同步等。

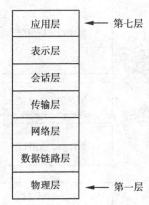

应用层	← 第七层
表示层	
会话层	
传输层	
网络层	
数据链路层	
物理层	← 第一层

图3-6 OSI 参考模型

②数据链路层,它是OSI模型中的第二层。在物理层提供服务的基础上,该层在通信实体间建立数据链路连接,传输以帧为单位的数据包,进行差错控制与流量控制。同时,使有差错的物理线路变成无差错的数据线路。

③网络层。它是OSI模型中的第三层。它为在节点间传输创造逻辑链路,通过路由选择算法为分组通过通信子网选择最佳、最适当的路径,以实现拥塞控制、网络互联等功能。

④传输层。它是OSI模型中的第四层。它向用户提供可靠的端到端服务,传送报文并且提供数据流量控制和错误处理。

⑤会话层。它是OSI模型中的第五层。它负责维护节点间会话、进程间的通信,以及管理数据交换。

⑥表示层。它是OSI模型中的第六层。它用于处理在两个通信系统中交换信息的表示方式,包括负责协议转换、数据格式交换、数据加密和解密、数据压缩与恢复。

⑦应用层。它是OSI模型中的第七层。它为应用软件提供服务,如文件传输、电子邮件收发等。

在互联网上,从计算机A传送数据到计算机B,OSI参考模型的七层结构保证了数据传送的正确无误。

(3)TCP/IP 参考模型

TCP/IP协议是因特网上两个重要的通信协议。TCP是传输控制协议(Transfer Control Protocol, TCP),IP是网际协议(Internet Protocol, IP)。网络体系结构模型(TCP/IP参考模型)为四层,它们为主机—网络层(也称作链路层)、互联层、传输层、应用层。(图3-7)

①主机—网络层。它是TCP/IP模型中的第一层。它负责通过网络发送和接收IP数据报及硬件设备驱动。

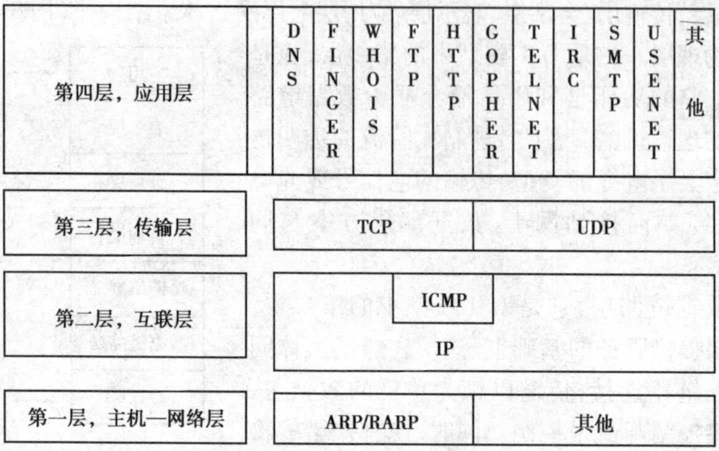

第四层，应用层	DNS	FINGER	WHOIS	FTP	HTTP	GOPHER	TELNET	IRC	SMTP	USENET	其他
第三层，传输层	TCP					UDP					
第二层，互联层			ICMP								
	IP										
第一层，主机—网络层	ARP/RARP				其他						

图 3-7　TCP/IP 参考模型

②互联层。它是 TCP/IP 模型中的第二层。它负责将源主机的报文分组发送到目的主机。

③传输层。它是 TCP/IP 模型中的第三层。它负责应用程序间的端对端的通信。

④应用层。它是 TCP/IP 模型中的第四层。它负责为用户调用访问网络应用程序，应用程序再与传输层协议相配合，发送或接收数据。它包括所有高层协议，并不断有新的协议加入。TCP/IP 常用的协议有 Telnet 远程登录协议（Remote Login）、FTP 文件传输协议（File Transfer Protocol）、SMTP 简单邮件协议（Simple Mail Transfer Protocol）、NFS 网络文件服务协议（Network File Server）、UDP 用户数据报协议（User Datagram Protocol）。

（4）OSI 参考模型与 TCP/IP 参考模型之间的关系

TCP/IP 协议紧密地映射到 OSI 参考模型的各层，TCP/IP 的四层模型在定义功能上类似于 OSI 模型，他们之间的映射关系见图 3-8。

5）Intranet 及其应用

内联网（Intranet）也被称作内部网络。它是指利用互联网技术构建的一个企业、组织或者部门内部的提供综合性服务的计算机网络。

内联网将互联网的成熟技术应用于企业、组织或者部门内部，使 TCP/IP、SMTP、www、Java、ASP 等先进技术在信息系统中充分发挥作用，将 www 服务、E-mail 服务、FTP 服务、News 服务等迁移到了企业、组织或者部门内部，实现了内部网络的开放性、低投资性、易操作性以及运营成本的低廉性。

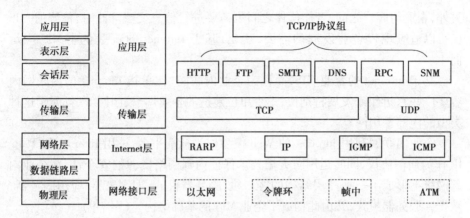

图 3-8　OSI 参考模型与 TCP/IP 参考模型间的关系

通过防火墙的安全机制,可以将内联网与互联网实现平滑连接并保障内部网络信息的安全隔离。现在多数企业使用内联网在企业内部发布信息,或者把他们原来的数据库与 www 服务器连接起来,使信息查询变得更为快捷。如果企业已经建成了内联网,那么就可以在企业内部浏览网页、收发电子邮件等。

(1)Intranet 与 MIS 的关系

内联网是 MIS 的一种实现方式,它既不能代替 MIS 的整个理论体系和开发技术,也不是 MIS 发展的一个新阶段,而是 MIS 物理模型中的一种体系结构。

传统的 MIS 存在着一些问题,如系统封闭、用户界面操作不统一、多种软件版本并存、维护移植困难等。基于内联网的系统为 MIS 增加了许多新功能,包括利用 Web 服务器发布企业各种信息,提供极好的信息交流工具;员工利用电子邮件方便、快速地传递信息,提高了工作效率;使用 Usenet 新闻组讨论;与内联网连接等。这些新功能较为彻底地解决了传统的 MIS 存在的问题。

使用了内联网技术的 MIS 与传统的 MIS 相比,具有升级比较方便(使用了 Web 服务器和浏览器软件),有利于处理大量的非结构化数据,具有缩短开发周期等优点。内联网为新一代企业 MIS 的开发注入了强劲的活力。但内联网是一种新技术,与之相配合的软件产品和工具尚不多,许多方面的技术问题还有待探讨,应用效果也有待进一步检验。

(2)基于 Intranet 的 MIS 体系结构

自 20 世纪 90 年代以来,现代企业呈现集团化、多元化、信息化的发展趋势。同一个企业,特别是大企业,往往跨越不同的地区、国家,所生产、经营的产品往往涉及多个领域。企业需要及时了解其各地下属部门的经营状况,同一企业内不同部门、不同地区员工之间需要及时共享、交流大量的企业内部信息。

另外,企业与客户之间、合作伙伴之间也需要进行信息交流。此时,传统的 MIS 已难以适应现代企业发展的需要,于是,基于 Intranet 的新型企业 MIS 应运而生。

基于 Intranet 的企业 MIS,简称为企业内联网(比单指 Intranet 的内联网内容要广些),近年来发展特别快,不少单位建造的企业网、校园网等,都属于这种类型的内部专用网。

企业内联网利用 Intranet 的 Web 模型作为标准平台,采用 Internet 的 TCP/IP 作为通信协议,同时运用防火墙技术保证内部网络资源的安全性,在企业内部网络上形成了一种三层结构的客户机/服务器模式,即浏览器/应用服务器/数据库服务器模式,并由此构成了企业 MIS 的基础结构。(图 3-9)

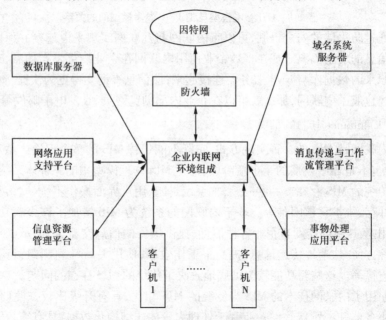

图 3-9　企业 MIS 的基本结构图

①网络应用支持平台:采用统一、标准的 TCP/IP 网络协议,结合网际互联、路由、网管、防火墙及虚拟专网(VPN)等现代网络核心技术建立起安全、稳固的开放式应用平台,支持应用软件的运行。它是整个企业管理信息综合环境的基础,也是重要的通信基础设施,可实现多平台、多协议、多操作系统之间的通信。它对应用系统透明,可以保证不同系统之间良好的连接。

②信息资源管理平台:是将来自企业内、外部的各种业务信息、办公信息、档案信息等"信息部件",通过企业资源规划(ERP)分门别类地按不同主题组装

为"信息产品"的"装配工厂"。它融合应用了因特网、Web、HTML、图文声像并茂的多媒体开放文档体系结构,数据仓库、交互式对象和中、西文全文检索等各项技术,把多个不同操作系统平台上的 Web 服务器、消息传递服务器及工作流服务器组成一个巨大而开放的虚拟资料库,在整个企业网中实现文档统一管理,摆脱了传统文档体系孤立、封闭、不易传递信息、不易管理和扩展的局限性,使信息有一个生成、发布、搜索、利用、再创造的循环机制。它不仅能使用户方便地查询到任何所需信息,而且为企业内、外部大规模信息的组织、发布提供了有力手段。

③消息传递与工作流平台:具有先进的消息传递和分布式目标管理、追踪工作流程的用户化事务处理管理,安全可靠的数据签名、身份验证和加密功能,用以发布信息并及时掌握信息的具体流向和反馈,提高了工作效率。它所提供的是一个功能强大且易于管理的企业集成电子邮件、个人及群组工作表、电子表格及共享信息的应用系统,用户既可获取信息,也可发布信息,其信息流是全双向、多媒体形式。企业的办公活动不再受时间、空间和地域的限制,极大地提高了企业的工作效率和管理质量。

④事务处理应用平台:主要负责企业内部业务数据的采集、处理、存储和分析,是传统 MIS 基层部分的扩展。它吸收了商业化客户端/服务器(C/S)的技术特点,采用分布式处理结构和先进的数据库管理系统技术,建立了具有各种分析、预测等辅助决策功能的事务处理模式,这些功能在传统的 MIS 中是非常欠缺的。

3.3.2　数据库技术

在会展管理信息系统开发中,要处理大量不同类型的数据,对数据的存取、相应的处理和管理是通过数据库技术来完成的。本部分主要介绍数据库技术在 MIS 中的应用。

1) 数据库的概念

计算机中数据的组织方式有多种,包括字符、字段、记录、文件和数据库,这些都是会展管理信息系统开发中会遇到的数据类型。

(1) 字符

字符(character)是最基本的数据元素,它是一个简单的字母,或是一个数字,或是一个其他符号。

（2）字段

字段（field），也称作数据项，是比字符高一层次的数据，一个字段由一组相关字符构成。字段表示的是实体（entity），指事物、人、地方或事件的属性（attribute）。

（3）记录

记录（record）是由相关数据字段所组成的，一个记录就是描述一个实体的属性集。通常来说，有定长记录和变长记录之分。定长记录是由固定数目的定长字段构成，而变长记录的字段数量和字段长度是可变的。

（4）文件

文件（file），或称数据表，它是一组相关记录的集合。按照文件的应用进行分类，它有工资文件、库存文件等；根据文件中的数据类型对其进行分类，可以分为文本文件、图形文件等。

（5）数据库

数据库（database）是逻辑相关的所有数据元素的集合。数据库将原来存储于彼此隔离的文件中的记录合并到一个公共的数据元素池中，可以向很多应用提供数据，这些数据是独立存在的。数据库中包含描述实体及实体间关系的数据元素，它是事物处理、信息管理等应用系统的基础。

2）数据库的类型与结构

（1）数据库的类型

①根据数据模型分类，可分为层次数据库、网状数据库、关系数据库、面向对象数据库、演绎数据库（知识数据库）。

②根据体系结构分类，可分为集中式数据库、分布式数据库、客户—服务器数据库。

③根据数据类型分类，可分为统计数据库、工程数据库、时态数据库、传统事物处理数据库、模糊数据库、多媒体数据库。

众多不同类型的数据库中，关系型数据库仍然是目前的主流数据库。关系型数据库是指按照关系模型来存放数据的数据库。首先，确定一个数据库中应该有哪些表和每个关系模式的构成，然后确定各表由哪些属性组成。它在数据库管理系统（DBMS）支持下，建立关系模式，输入数据，将一个个表建立起来，并将多个相关表组织到一个数据库中，完成一个数据库的建立。

（2）数据库的结构

数据库的结构是一个多极结构,一方面能方便地存储数据,同时又能高效、安全地组织数据。现有的数据库系统都采用三级模式和二级映射结构。其结构层次见图3-10。

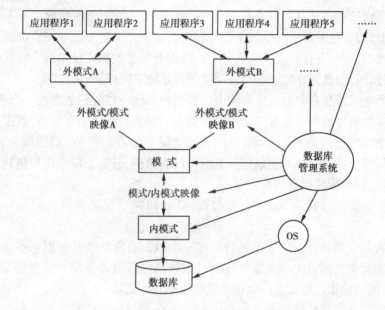

图3-10 数据库的体系结构

①模式,又称概念模式。它是数据库中全体数据的逻辑结构和特征的描述,是所有用户的公共数据视图。

②外模式,又称子模式或用户模式。它是数据库用户所看到和使用的局部数据的逻辑结构和特征的描述,也就是用户看到和使用的数据。外模式是保证数据库安全性的一个有力措施,每个用户只能看见和访问所对应的外模式中的数据,数据库中其余的数据对他们来说是不可见的。

③内模式,又称存储模式。是数据的物理结构和存储方式的描述,是数据在数据库内部的表示方式。一个数据库只有一个内模式。

数据库系统的三级模式是对数据的三个抽象级别,它把数据的具体组织留给了数据库管理系统去管理,使用户能逻辑、抽象地处理数据,而不必关心数据在计算机中具体的表示方式和存储方式。

为了实现这三个抽象层次的联系和转换,数据库系统在三级模式中提供两种映射:外模式/模式映射和模式/内模式映射。

正是由于这二级映射功能,使数据库系统中数据具有较高的逻辑独立性和物理独立性。

3）数据仓库与数据挖掘

（1）数据仓库

数据仓库概念是对数据库概念的进一步深化。数据仓库的建立并不是要取代数据库，而是来源于其他数据库。它要建立在一个较全面和完善的信息应用基础之上，用于支持高层决策的分析。数据仓库是数据库技术的一种新的应用，到目前为止，数据仓库还是用数据库管理系统来管理其中的数据。

数据仓库是现有的数据库系统中的数据和其他一些外部数据的一次重组，重组时以能更好地为决策分析应用提供数据支持为原则。简单地说，数据仓库就是一个为特定的决策分析而建立的数据仓储。它是一个专门的数据仓储，用来保存从多个数据库或其他数据源选取的已有数据，并为上层应用提供统一的用户接口，以完成数据查询和分析。

数据仓库通常包含大量的、经过提炼的、面向主题的数据。它具有如下特征。

①数据仓库具有面向主题的特征。一个数据仓库必须是根据某些企业关心的主题来建立的。面向主题意味着对于数据内容的选择及对信息详细程度的选择，把与决策问题无关的数据排除在数据仓库之外。

②数据仓库的数据是集成化的。即从各个部门提取的数据要进行转化或称"整合"处理，以统一原始数据中所有矛盾之处。这样，才能构成数据仓库中的分析型数据，这是数据仓库中最关键的因素。

③数据仓库主要保存历史性数据。这些数据反映组织环境和状态在一个很长时间轴上的变化，形成时间序列数据，而且随着时间的流逝而增加。数据一旦进入数据仓库，它只能被用户所检索，不会再被改变。

④和传统的数据库相比，数据仓库系统对数据检索和处理的时间性要求较低。使用者提出查询要求后，数据仓库可以经过若干小时将数据查到，用户还可以对所得到的信息包进行进一步加工处理。

概括地说，数据仓库就是面向主题，集成、稳定、不同时间的数据集合。数据仓库中的数据面向主题与传统数据库面向应用相对应。数据仓库的集成特性是指首先要统一原始数据中的矛盾之处，然后将原始数据结构进行一个从面向应用向面向主题的转变。

（2）数据挖掘

数据挖掘和数据仓库作为决策支持新技术，在近十年来得到迅速发展。而且,数据仓库和数据挖掘是结合起来发展的。数据挖掘是从数据中发现隐含有用的信息或知识的技术,是为满足和解决当前"数据太多,信息不足"的技术。具体地讲,数据挖掘就是应用一系列技术、从大型数据库或数据仓库的数据中提取人们感兴趣的信息或知识,这些知识或信息是隐含的、事先未知而潜在有用的。

数据挖掘又称数据采掘或数据开采,是知识发现的关键步骤。通常情况下,人们不严格区分"数据挖掘"和"知识发现"。它融合了数据库、人工智能、机器学习、统计学等多个领域的理论和技术,可以帮助决策者寻找数据间潜在的关联,发现被忽略的因素。

数据挖掘研究的主要内容是算法和应用。数据挖掘是应用特定的发现算法,从大量数据中搜索或产生一个感兴趣的模式或数据集。特别要指出的是,数据挖掘技术从一开始就是面向应用的。

4) 数据库管理

(1) 数据库管理系统

数据库管理系统(DBMS)是数据库系统的核心,是介于操作系统和用户之间的一组软件。它能有效地负责数据库的建立、使用、维护和实施,对数据库进行统一的管理和控制。有了数据库管理系统,用户就可以在抽象意义下处理数据,而不必去考虑这些数据在计算机内的布局和物理位置。用户通过 DBMS 提供的命令可以直接地或编写应用程序对数据库进行各种操作。此外,DBMS 还要负责数据的安全性和完整性。

DBMS 的功能主要体现在以下几个方面。

①数据库定义功能。DBMS 通过提供数据描述语言(Data Descriptive Language,又称为数据定义语言,缩写为 DDL)来对数据库的结构(包括外模式、模式、内模式的定义)和数据的各种特性进行定义和描述,然后由模式翻译程序将用 DDL 写成的源模式翻译成目标模式。这些目标模式中只是对数据库的系统结构进行描述,刻画了数据库的框架,不涉及数据库的内容——数据的描述。此外,还包括对数据库完整性的定义、数据库安全性的定义(如用户口令、级别、存取权限)、存取路径的定义(如索引)等。这些目标模式和定义被存储在数据字典(也称系统目录)中,是 DBMS 运行的基本依据。

②数据操纵功能。DBMS 通过提供数据操纵语言(Data Manipulation Language,缩写为 DML)来实现对数据库中的数据进行操作,如对数据库中数据的查询、插入、修改和删除等。DML 是用户与数据库系统之间的接口之一. 是

DBMS 向应用程序员提供的一组宏指令（宏指令是代表某功能的一段源程序，是汇编语言程序中的一种伪指令）或调用语句，用户也通过它来向 DBMS 提出对数据库中的数据进行各种操作。

一个好的 DBMS 应该提供功能强、易学易用的 DML，方便的操作方式和较高的数据存取效率。

DML 有两类，一类是宿主型 DML（又称嵌入式 DML），一类是自含型 DML。前者的语句不能独立使用而必须嵌入某种宿主语言，如嵌入 COBOL 语言或 C 语言使用；另一种是使用主语言中的子程序调用语句来同 DML 相接。后者自成体系，语法简单、功能齐全，有自己独立的解释和编译系统，可独立使用，并且通常提供终端用户交互式使用和批处理（应用程序方式）两种使用形式。

③系统运行控制功能。数据库运行期间的管理和控制是 DBMS 的核心部分，它包括访问控制、并发控制、安全性控制、通信控制及数据库内部的管理和维护。对于数据库的管理和控制，DBMS 是通过控制程序来实现的，所有对数据库的操作都要在这些控制程序的统一管理下进行，以确保数据库能正确、安全和有效地工作。

④数据库的建立和维护功能。数据库的建立是指如何将大量的实际数据存储到物理设备上，数据库的维护是指定期地将数据库中的数据组织一遍，并记录下数据库每次被访问时的用户名、进入时间、进行过何种操作、数据被改变情况等。这些都由 DBMS 提供的一些功能子程序来完成。

⑤数据库通信功能。数据库的通信功能是指数据库与操作系统之间的联机处理能力，是数据库与其他数值计算语言（如 FORTRAN、C 语言、PASCAL）之间的接口。这些语言具有很强的数值计算能力，但不具有数据库操作功能。用这些语言编写的程序运行时如果要访问数据库中的数据，首先要解决数据库的接口问题，也就是说要使数值计算语言具有对数据库操作的能力。

数据库语言 FoxBASE、FoxPro 等都提供与其他语言程序交换数据的命令，这些命令可以将数据库中的数据传送给具有某种特定格式（如 SDF 格式或 DE-LIMITED 格式）的文本文件中，或从这类文本文件中读出数据到数据库构成记录；而其他语言程序可利用自己的命令从具有 SDF 格式或 DELIMITED 格式的文件中读取数据，或将自己程序的运行结果传送到这类格式的文本文件中。在这种传递数据方式中，SDF 格式和 DELIMITED 格式的文本文件起到了中间文件的作用。但这样做并非是对数值计算语言在数据库操作功能上的扩充，只是解决了数据传递的问题。此外，DBMS 还提供了另外两种解决方法。

A. 预编译方法。选择一种功能较强的语言，如 C 语言、PASCAL 或其他语言作宿主语言，先由 DBMS 提供的预编译程序将用数据库语言写成的源程序进行扫描,然后将它们转换成宿主语言编译程序能接受和执行的语句。

B.将数据库处理功能语句嵌入宿主语言,同时修改和扩充宿主语言的编译程序,形成一种集成语言。

(2)数据库设计

利用数据库技术提供的各项功能开发出的数据库应用软件,一般都是用来取代某部门一个当前已经存在的人工处理系统。在这种情况下,设计出的数据库应用软件系统在完成功能方面应符合该部门的具体需要。因此,可以说数据库设计就是如何根据用户的需要,开发出满足特定的数据库管理系统支持的数据库结构的过程。

在数据库设计中,始终贯穿着"数据"和"加工"这两大主题。其核心在于如何建立一个数据模式,使其满足下面的条件。

①符合用户的要求,正确反映出用户的现实环境。它应该包含用户需处理的所有"数据",并支持用户需要进行的所有"加工"处理。

②能被某个现有的数据库管理系统所接受。

③具有较高的质量,易于维护、理解和提高效率。

一般而言,数据库设计应遵循以下步骤。(图3-11)

①需求分析。调查和分析用户的业务活动和数据的使用情况,弄清所用数据的种类、范围、数量以及它们在业务活动中交流的情况,确定用户对数据库系统的使用要求和各种约束条件等,形成用户需求规约。

②概念设计。对用户要求描述的现实世界(可能是一个工厂、一个商场或者一个学校等),通过对其中诸处的分类、聚集和概括,建立抽象的概念数据模型。这个概念模型应反映现实世界各部门的信息结构、信息流动情况、信息间的互相制约关系以及各部门对信息储存、查询和加工的要求等。

所建立的模型应避开数据库在计算机上的具体实现细节,用一种抽象的形式表示出来。以实体—关系模型(E-R 模型)方法为例,第一步先明确现实世界各部门所含的各种实体及其属性、实体间的联系以及对信息的制约条件等,从而给出各部门内所用信息的局部描述(在数据库中称为用户的局部视图)。第二步再将前面得到的多个用户的局部视图集成为一个全局视图,即用户要描述的现实世界的概念数据模型。

③逻辑设计。主要工作是将现实世界的概念数据模型设计成数据库的一种逻辑模式,即适应于某种特定数据库管理系统所支持的逻辑数据模式。与此同时,可能还需为各种数据处理应用领域产生相应的逻辑子模式。这一步设计的结果就是所谓"逻辑数据库"。

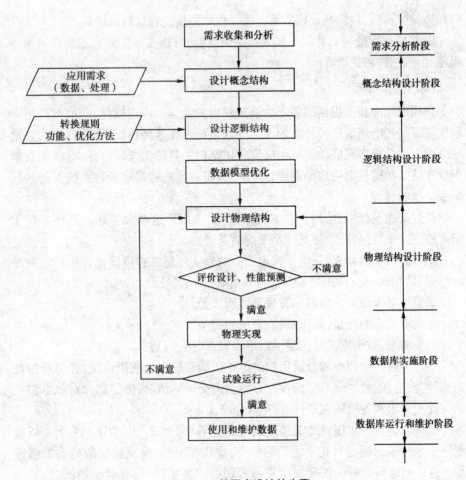

图 3-11　数据库设计的步骤

　　④物理设计。根据特定数据库管理系统所提供的多种存储结构和存取方法等,依赖于具体计算机结构的各项物理设计措施,对具体的应用任务选定最合适的物理存储结构(包括文件类型、索引结构和数据的存放次序与位逻辑等)、存取方法和存取路径等。这一步设计的结果就是所谓"物理数据库"。

　　⑤验证设计。在上述设计的基础上,搜集数据并具体建立一个数据库,运行一些典型的应用任务来验证数据库设计的正确性和合理性。一般来说,一个大型数据库的设计过程往往需要经过多次循环反复。当设计的某步发现问题时,可能就需要返回到前面去进行修改。因此,在做上述数据库设计时就应考虑到今后修改设计的可能性和方便性。

　　⑥运行与维护设计。在数据库系统正式投入运行的过程中,必须不断地对

其进行调整与修改。

3.3.3　新技术应用

网络技术和数据库技术在会展管理信息系统开发中被广泛应用。此外,近些年,一些新兴的技术也备受关注,包括网格技术、web2.0技术、云计算技术等。

1)网格技术

网格技术最初起源于20世纪90年代初的美国政府资助的分布式超级计算(Distributed Supper computing)项目。随后,高性能计算技术和互联网技术进一步融合,酝酿产生了继Internet、Web之后的第三大技术浪潮——"网格技术"。

网格技术是利用互联网把地理上广泛分布的计算资源、存储资源、带宽资源、软件资源、数据资源、信息资源、知识资源等联成一个逻辑整体,就像一台超级计算机,为用户提供一体化信息和应用服务。虚拟组织最终在这个虚拟环境下进行资源共享和协同工作。

通过网格技术,能够有效地调整位于全球不同地区的应用程序和资源,增强网络服务的能力,使得众多用户可在大范围的网络上共享处理能力、支付能力、文件以及应用软件,而无需在意具体的服务过程。网格计算提供了一个可靠、动态、全面的基础设施,集成了超越地区及组织界限的资源、应用程序和服务,从而构建了网络服务的范围,使网络回归了本性。网格主要由节点、数据库、仪器、可视化设备、宽带骨干网及软件组成。

网格具有如下功能。

①提高或拓展企业内所有计算资源的效率和利用率,满足最终用户的需求,解决以前由于计算、数据或存储资源的短缺而无法解决的问题。

②建立虚拟组织,并通过让它们共享应用和数据来对公共问题进行合作。

③整合计算能力、存储和其他资源,使得需要大量计算资源的巨大问题求解成为可能,通过对这些资源进行共享、有效优化和整体管理,降低计算的总成本。

基于网格技术的会展信息系统开发的最大优点在于网格技术解决了技术异构和接口异构的问题,实现了广域网环境下的程序和资源的互联,其特点能够很好地解决数据资源自治性和分布性的问题。

2)Web2.0技术

"Web 2.0"一词是由O'Reilly Media和Media Live公司作为一次会议名称

提出来的概念,目前没有一个统一的定义。互联网协会对 Web2.0 的定义是,Web2.0 是互联网的一次理念和思想体系的升级换代,由原来的自上而下的由少数资源控制者集中控制主导的互联网体系,转变为自下而上的由广大用户集体智慧和力量主导的互联网体系。

从 Web 1.0 到 Web 2.0 其实是互联网本身的升级,从静态的互联网络向为最终用户提供网络应用服务发展。这一升级的过程中还有 Web 1.5,但却很少被人提及,那是动态的互联网络,是向 Web 2.0 转变的一个过渡时期。Web 1.0 提供的是电子邮件、搜索引擎和网上冲浪。Web 2.0 在 Web 1.0 的基础上更加注重人与人的互动。它是关于言论、人际网络、个性化的应用服务。它对网络站点进行搜集,而且为最终用户提供网络应用的成熟的计算平台。Web 2.0 具有进步性,体现在它对网络以及社会变革的新趋势、新特征、新需求的深刻反馈。

Web2.0 具有如下特性。

(1)广泛应用新技术

从 Web2.0 所秉承和应用的技术方面来看,Web2.0 包括 RIA(Rich Internet Applications,丰富互联网应用程序)、SOA(面向服务架构)和 Social Web(网络社交)这三个方面组成。有很多技术和产品相应地产生,包括 Flash、Ajax 技术在网络上的应用,Feeds、RSS、Mash-Up、Wiki、Blog、Tag 等产品的出现。新技术的广泛应用是其最主要的特点。

(2)更加以个人为中心

Web 2.0 的应用更加以个人为中心,真正让用户体验到了"以人为本"的精神。读者在网上可以拥有个人的很多永久体验,可以拥有自己的空间,个人的收藏夹,个人的 Blog,订阅自己喜欢的 RSS、Feed,发表自己的心情日记、学习体会、学术论文等。还可以在书城向他人推荐图书,可以在商城里购买或订购自己喜欢的图书等。这些都是 Web 2.0 为用户所提供的个人服务。从这里,我们可以窥测到未来的互联网将更加的丰富多彩,更加注重阅读者的偏好。

(3)信息交流更具社会性

社会性特征是 Web2.0 服务所普遍具有的特征,这不仅仅指 UUzone 这类的社交网站,而且像 douban、seehaha 这些网站都包含社会性的元素,甚至 Bloglines、Rojo 这样的工具性服务都带有多少人订阅这个 Feed、推荐 Feed 给好友等社会性的特征在其中。由于 Web2.0 以人为中心,人就必然会产生社会性的需求。社会性为网站带来更多的用户互动并产生丰富内容,使网站服务的使用价值与吸引力都大为增加。社会性同样也是 Web2.0 服务提高用户忠诚度的重要因素。

Web2.0 技术为会展管理信息系统开发带来不小的冲击,它改变了互联网用户使用网络的习惯,网络交流方式产生了变化。因此,在开发过程中,要考虑到新技术手段带来的用户使用习惯的变革,开发中也要为用户设计相应的Web2.0 应用模块,满足多元化的信息交流需求。

3) 云计算技术

云计算最早由 IBM 公司于 2007 年底的"云计算计划"报告中提出的,2008年,紧跟 IBM 的脚步,SUN 公司也发布了其《云计算白皮书》,此后,许多软件公司都进入云计算这一商业领域,提供商业服务,如谷歌、雅虎、亚马逊、微软、戴尔等。

从云计算的发展来看,云计算本身并不是横空出世的。20 世纪七八十年代出现了面向单机服务的单机计算和并行计算;20 世纪 90 年代出现了面向网络的分布式计算,由多台计算机分别计算、最终上传计算结果、合并数据。到 21世纪初,出现了面向服务的网格计算,通过资源整合,开展大规模的计算服务。云计算是在它们的基础上的进一步发展。从发展时期来看,云计算有着强大的基础,继承并整合了单机计算、并行计算、分布式计算和网格计算的优势,其未来有着广阔的发展前景。

云计算的原理见图 3-12。

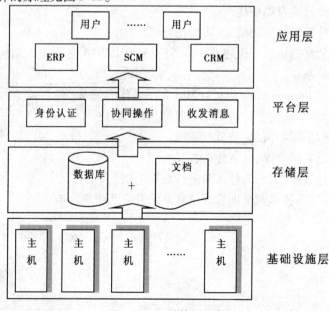

图 3-12 云计算原理图

云计算应用共有四个层级,首先是基础设施层。云计算的基础设施层是由大量的计算机主机集群所组成的,没有一定数量规模的云计算就不能称为云计算。除此之外,带宽问题也是基础设施建设中的重点问题。由于我国宽带带宽远落后于发达国家,因此这一问题也制约着我国云计算的发展。其次是存储层,主要是在数据库中存储一些文档、软件等。再有是平台层,云计算平台层的主要功能一是身份认证,为用户提供登录云计算服务的账号和密码服务;二是协同操作,保证云计算服务多线程的协同操作;三是收发消息,也就是说对同应用层的操作给予响应。最后是应用层,它是为用户提供应用(application)的,包括为用户提供 ERP、SCM、CRM 等。

云计算技术为会展管理信息系统开发提供了更为广阔的平台。随着云计算的发展,基于云计算的会展管理信息系统开发将逐步成熟,开发模式更趋智能化,开发的系统更加高效、便捷、安全。

复习思考题

1. 简述支持会展管理信息系统开发平台的构成。

2. 如何架构会展管理信息系统开发平台? 怎样选择会展管理信息系统开发模式? 每种模式有哪些优缺点?

3. 简述计算机网络的概念、功能和类型。

4. 什么是网络协议? 简述 OSI 参考模型、TCP/IP 参考模型的结构层次及其二者之间的关系。

5. 什么是 Intranet? Intranet 与 MIS 之间是什么关系?

6. 基于 Intranet 的 MIS 体系结构是如何构成的?

7. 简述数据库的概念、类型和结构。

8. 什么是数据仓库,它有什么特征?

9. 什么是数据挖掘,为什么要进行数据挖掘?

10. 试论述新技术对会展管理信息系统开发产生的影响。

第4章
会展管理信息系统的开发流程与方法

【学习目的与要求】

1. 了解会展管理信息系统战略规划的重要性。
2. 掌握会展管理信息系统战略规划的过程和方法。
3. 掌握会展管理信息系统开发的过程和方法。

【引导案例】

光华会展管理系统项目实施方案

一、项目开发计划

本项目开发包括如下三个阶段。

1. 调研及分析设计阶段。

本阶段共需六个月,完成系统的调研及需求分析、初步设计和详细设计,并完成项目《需求分析报告》《初步设计报告》《功能模块设计图册》及《数据模型设计图册》文档。

2. 编码及测试阶段。

本阶段需六个月,完成系统编码及测试,形成《系统开发说明》《系统测试报告》。

3. 小批量生产阶段。

本阶段共 12 个月,实现小批量生产,达到用户对产品质量、功能和技术接受的目标。

二、技术方案

本项目研发中需重点解决的技术问题包括如下几方面。

1. 大量信息的快速采集。

对此,将图像识别技术、条码技术等与软件技术有效地结合起来,采用名片扫描、刷卡等方式,可以实现在极短的时间内方便、快捷地搜集和录入大量的展商和观众信息;采用固定和活动的刷卡设备,可以实现对大量流动的观众流的观展信息进行采集和储存;采用专门的读卡设备和软件,可以对磁卡中储存的信息进行读取和处理。

2. 大量数据信息的处理和开发利用。

这将是本项目进一步研发的重点。对此,将数据仓库作为本项目技术发展的一个重要方向,利用数据搜索、数据挖掘等技术作为实现手段,对成千上万条的一届展会信息和数量更大的展会历史数据进行查询、搜索、比较和统计分析,以便以最方便快捷的方式取得任何想要的信息。

3. 实现对会展从前期策划到现场管理到后期数据处理的全过程信息化管理。

为实现这一目的,该系统把整体的 CRM(客户关系管理)体系引入到本项目中来,采用 C/S、B/S 体系架构,建立会展业务管理的平台和技术平台。可以实现对主办者的决策支持系统与展会业务管理系统联结起来,对展商和观众的管理与主办者对展会业务的管理结合起来,把会前策划、会中现场管理和会后信息处理有机地连接起来,基于数据库形成一个统一的大型管理系统,实现对会展中资金流、业务流、观众流和信息流的整合。

资料来源:张丽华,杨德礼.管理案例研究,2002 年卷[M].大连:大连理工大学出版社,2002.

【问题与思考】

1.会展管理信息系统开发该如何进行规划?

2.会展管理信息系统开发应遵循什么样的过程?

3.结合本项目中需要重点解决的技术问题,谈谈你对会展管理信息系统项目开发的看法。

【分析启示】

了解会展管理信息系统开发战略规划的重要性,掌握会展管理信息系统开发的过程和方法。

【知识点】

会展管理信息系统的开发首先要进行系统开发的战略规划,为系统开发作出统筹安排。会展管理信息系统开发一般要预先成立领导小组,组建系统开发组,然后进行系统规划、系统分析、系统设计、系统实施、系统运行与维护。在系统开发过程中,通常使用的方法有生命周期法、原型法、面向对象的方法等。

4.1 会展管理信息系统战略规划概述

4.1.1 会展管理信息系统战略规划的概念

1)战略规划

战略(strategy)一词最早是军事方面的概念。在现代,“战略”一词被引申至政治和经济领域,其含义演变为泛指统领性的、全局性的、左右胜败的谋略、方案和对策。

战略规划是指组织制订长期目标并将其付诸实施的一个正式的过程和仪式。

(1)战略规划的特点

战略规划的有效性包括两个方面,一方面是战略正确与否,正确的战略应当做到组织资源和环境的良好匹配;另一方面是战略是否适合于该组织的管理过程,也就是和组织活动匹配与否。一个有效的战略一般有以下特点。

①目标明确。战略规划的目标应当是明确的,不应是模糊不清的。其内容应当使人得到振奋和鼓舞。目标要先进,但经过努力可以达到,其描述的语言应当是坚定和简练的。

②可执行性良好。一份好的战略应当是通俗、明确和可执行的,它应当是各级领导的向导,使各级领导能确切地了解并执行它,使自己的战略和它保持一致。

③组织人事落实。制定战略的人往往也是执行战略的人,一个好的战略计划只有人员配合执行,它才能实现。因而,战略规划要求逐级落实,直到个人。高层领导制定的战略一般应以方向和约束的形式告诉下级,下级接受任务,并以同样的方式告诉再下级。这样一级级的细化,做到深入人心、人人皆知,战略计划也就落实到个人层面了。

个人化的战略计划明确了每一个人的责任,可以充分调动每一个人的积极性。这样一方面激励了大家动脑筋、想办法,另一方面增加了组织的生命力和创造性。在一个复杂的组织中,只靠高层领导一个人是难以识别所有机会的。

④灵活性好。一个组织的目标可能不随时间而变,但它的活动范围和组织计划的形式无时无刻不在改变。现在所制定的战略规划只是一个暂时的文件,只适用于当前的环境,而随着时间的变化,应当进行周期性的审核,灵活性好的战略规划更容易适应变革的需要。

(2)战略规划的内容

战略规划的内容由方向和目标、约束和政策、计划和指标三个要素组成。

①方向和目标。组织领导在设立方向和目标时,往往会有自己的价值观和抱负。但是他不得不考虑到外部的环境和自己的长处,因而最后确定的目标总是这些东西的折中。这往往是主观的,一般来说最后确定的方向目标绝不是一个人的愿望。

②约束和政策。这就是要找到环境和机会与自己组织资源之间的平衡。要找到一些最好的活动集合,使它们能最好地发挥组织的长处,并最快地达到组织的目标。这些政策和约束所考虑的机会是现在还未出现的机会,所考虑的资源是正在寻找的资源。

③计划与指标。计划的责任在于进行机会和资源的匹配。但是这里考虑的是现在的情况,或者说是不久的将来的情况。由于是短期,有时可以制订出最优的计划,以达到最好的指标。最高领导往往以为他做到了最好的实践平

衡,但这还是主观的,实际情况难以完全相符。

战略规划内容的制定处处体现了平衡与折中,都要在平衡折中的基础上考虑回答以下四个问题。

我们想要做什么? What do we want to do? ——确定目标。

我们可以做什么? What might we do? ——确定方向。

我们能做什么? What can we do? ——找到环境和机会与自己组织资源之间的平衡。

我们应当做什么? What should we do? ——制订出计划。

这些问题的回答均是领导个人基于对机会的认识,基于对组织长处和短处的个人评价,以及基于自己的价值观和抱负而作出的回答。所有这些不仅限于现实,而且要考虑到未来。

战略规划是分层次的,正如以上所说,战略规划不仅在最高层有,在中层和基层也应有。一个企业一般应有三层战略,即公司级、业务级和执行级。每一级均有三个要素:方向和目标、政策和约束以及计划和指标。这九个因素构成了战略规划矩阵,也就是战略规划的框架结构。(见图4-1)

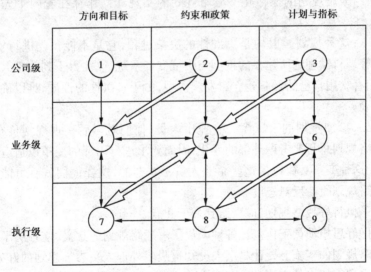

图4-1 战略规划的框架结构

这个结构中唯一比较独立的元素是①,它的确定基本上不受图内其他元素的影响,但是它仍然受到图外环境的影响,而且和图中④也有些关系。因为当考虑总目标时,不能不考虑各种业务目标完成的情况,例如在确定总的财务目标时不能不了解公司财务的现实状况。

其他的元素都是互相关联的,当业务经理确定自己的目标④的时候,他要考虑上级的目标①,也要考虑公司的约束和政策②。尤其当公司的活动的多样性增加的时候,公司总目标所覆盖的范围相对降低,必然需要下级有自己的目标。一个运行得很好的公司应当要求自己的下属做到"上有政策,下有对策",而不应当满意那种"上有政策,下无对策"的下属。同样,这样的公司领导也应当善于合理地确定自己的目标,以及善于发布诱导性的政策和约束。执行经理的目标⑦不仅受到上级目标④的影响,而且要受到上级的约束和政策⑤的影响。

总的结构:上下左右关联,而左下和右上相关,上下级之间是集成关系。这点在计划和指标列最为明显,这列是由最实在的东西组成,上级的计划实际上也是下级计划的汇总。左右之间是引导关系,约束和政策是由目标引出,计划和指标则是由约束和政策引出。

(3)战略规划的执行

如何制定好一个战略规划,如何执行好战略规划,又是战略规划的主要内容,这些叫战略规划的操作化。战略规划的实现和操作存在着两个先天性的困难。

第一,这种规划一般均是一次性的决策过程,它是不能预先进行实验的。用一些管理科学理论所建立的模型与决策支持系统,往往得不到管理人员的承认,他们喜欢用自己的经验建立启发式模型,由于一次性的性质,难以确定究竟哪种正确。

第二,参加规划的专家多为企业中人员,他们对以后实现规划负有责任。由于战略规划总是要考虑外部的变化,因而要求进行内部的变革以适应外部的变化,而这种变革又往往是这些企业人员不欢迎的,这样他们就有可能在实行这种战略规划时持反对态度。

为了执行好战略规划,应当做到如下几点。

①做好思想动员工作。让各种人员了解战略规划的意义,使各层干部均能加入战略规划的实施。要让高层人员知道吸收外部人员参加规划的好处,要善于把制定规划的人的意图让执行计划的人了解。对于一些大企业战略计划中的新思想,应当让其和企业的文化的形式符合,或者说应当以旧的企业习惯的方式来推行新的内容。只要规划一旦制定,就不要轻易改动。

②把规划活动当成一个连续的过程。在规划制定和实行的过程中,要不断进行"评价与控制",也就是不断地综合集成各种规划和负责执行这种规划的管理,不断调整。一个好的战略管理应当包含以下几个内容:①建立运营原则;

②确定企业地位;③设立战略目标;④进行评价与控制。这些内容在整个运营过程中是动态的和不断修改的。

③激励新战略思想。战略规划的重要核心应当说是战略思想,而员工往往由于平时有许多紧迫的工作,疏忽了战略的重要性,这就是紧迫性与重要性的矛盾。激励新战略思想的产生是企业获得强大生命力的源泉。

为了能产生很好的战略思想,必须加强企业领导中的民主气氛,发扬职工的主人翁精神。应做到如下两点。

A. 明确战略思想的重要性,改变职工的压抑心情,改变企业的精神面貌,上下级之间应及时进行思想沟通。一般来说,企业应当将老的管理方式注入新的规划内容,然后再去追求老的方式的改变。在转变思想过程中,中层管理者起着关键的作用,要特别重视。

B. 要奖励创造性的战略思想,克服"言者有罪"的现象。对企业战略思想有贡献的人应给以奖励;对于提了很好建议而一时无法实现的人,要做好思想工作,不要挫伤其积极性。有些管理者不仅不扶植新战略思想的苗子,反而被创新思维所激怒,造成恶劣影响。因而在选择管理者时,应把对待创新思维的态度或有没有战略思想当成重要条件。

(4)制定战略规划的方式

制定战略规划的方式有以下五种。

第一种是领导层授意,自上而下逐级制定,这种方式在很多企业里都运用。

第二种是自下而上,以事业单位为核心制定。

第三种是领导层建立规划部门,由规划部门制定。

第四种是委托负责、守信、权威的咨询机构制定。当然,这里所说的负责、守信、权威是一些必要的条件,可能还会有更多的条件。如果咨询机构不具备这些必要的条件,那么对企业来说是非常危险的。

第五种是企业与咨询机构合作制定。

在实际制定规划的过程中,这五种方式往往是相互结合在一起来操作的。

【小资料】

联想战略规划

联想的战略规划分为三个层次:集团战略发展纲要、子公司战略规划、业务部门战略规划。

（1）确定集团战略目标及路线

联想集团的中、长期战略目标及路线是公司最高层（执委会）定期"务虚会"的主要内容，其形成过程不遵循一个定式，但也是一个反复沟通、分析的结果。为了适应 IT 产业的快速变化，战略目标及路线在每年会回顾一遍，并视情况予以局部调整。集团战略目标及路线通过会议发言等形式向集团内外传达。集团战略目标及路线对公司的各项活动起着重要的指导作用。为此，集团规划部门制订了《联想集团的规划管理大纲》，对目的、原则、规划职责、阶段作了指导性说明。

（2）子公司层次的战略规划

在集团中、长期战略规划和路线的指导下，子公司的战略规划基本按上—下—上—下的方式展开。

（3）业务层次的业务规划和经营预算

业务层次的业务规划在联想受到全集团上下的高度重视。联想集团在1998—1999 年两次召集全国各地的所有高级经理，集中进行 1～3 天的业务规划、经营预算的培训。在联想内部评价成绩时，对是"瞄着打"还是"蒙着打"或是"打了再瞄"，建立清晰的区别。另外，联想的业务规划的意义，不仅仅限于规划结果，更重要的是业务规划过程本身对推动各级经理人思考和总结、强化经营意识、树立"说到做到"的联想文化起到巨大作用。

子公司层次的战略规划是业务部门年度业务规划的重要指导。业务规划的结果落实到每年的经营预算，各业务模块的预算都必须与业务规划相联系。在"能量化的量化、不能量化的细化"的原则指导下，业务规划按责任中心和时间进度，分解落实成具体的成本、利润、销量、时间、满意度等指标。

业务规划要求首先确立宗旨、职责，根据宗旨和职责，在非常详细的环境分析基础上得出全年的目标，之后进行经营预算、业务规划、管理规划。

以下是联想电脑公司事业部一个规划的五步酝酿过程：

第一步，启动干部的务虚研讨会，基本上是所有处级以上干部都要去进行务虚的研讨。

这一步的任务是明确整年工作的一个指导思想；说出全年的工作目标；确定整个大预算的框架；分工作，明确谁负责哪一块；确定推进时间表。

第二步，分块进行多轮次的研讨。各个层次都开会，到达所有员工，提出每一块的规划草稿，使全员参与，提高规划的准确性，减少阻力，建立沟通平台。

第三步，分块汇报和修改。这个汇报基本是以事业部所有总经理级以上干部的联系会的方式，对每块的规划进行研讨、修整，之后变成分块和定稿。

第四步，由事业部的经营管理部进行整合。

第五步,向电脑公司的总经理室进行汇报,然后定出几大修改意见,这样产生规划结果。这一过程历时将近 3 个月,几乎是全员参与。

资料来源:[2013-07-19] http://wiki. mbalib. com/wiki/%E6%88%98%E7%95%A5%E8%A7%84%E5%88%92#_note-1#_note-1.

2) 会展管理信息系统战略规划

(1) 会展管理信息系统战略规划的含义

管理信息系统的战略规划是关于管理信息系统的长远发展的计划,是企业战略规划的一个重要部分。这不仅由于管理信息系统的建设是一项耗资巨大、历时很长、技术复杂且又内外交叉的工程,更因为信息已成为企业的生命线。

信息系统和企业的运营方式、文化习惯息息相关。一个有效的战略规划可以使信息系统和用户有较好的关系,可以做到信息资源的合理分配和使用,从而可以节省信息系统的投资。一个有效的规划还可以促进信息系统应用的深化。此外,一个好的规划还可以作为一个标准,考核信息系统人员的工作,明确他们的方向,调动他们的积极性。进行一个规划的过程本身就迫使企业领导回顾过去的工作,发现可以改进的地方。

会展管理信息系统战略规划就是根据会展组织的总体发展战略和资源状况,对组织信息系统近、中、长期的使命和目标、实现策略和方法、实施方案等内容作出的统筹安排。会展管理信息系统战略规划的意义首先在于它可以合理利用信息资源,节省 MIS 投资;其次,明确 MIS 的任务;第三,为将来的评估工作提供依据。

(2) 会展管理信息系统战略规划的原则

为了做好会展管理信息系统的规划工作,从总体上应遵循以下原则。

①系统必须支持会展企业的总目标。企业的战略目标是系统规划的出发点。系统规划应采取自上而下的方法,从企业目标出发,分析企业管理的信息需求,逐步地导出和确定管理信息系统的战略目标和总体结构。

②系统必须着眼于高层管理,兼顾各管理层次的需求。在进行规划时,应针对管理三个不同层次的活动,查明信息需求,特别是高层管理的信息需求。使得规划的系统能够适应各层次管理的需求,支持高层管理和决策。

③系统应摆脱对组织机构的依从性。应着眼于企业活动过程,而不是组织机构。一个企业的组织机构可能会发生变动,但活动过程几乎不发生变化。摆脱了系统对组织机构的依从性,才能提高管理信息系统的应变能力。

④系统结构必须呈现良好的整体性。管理信息系统规划和实现的过程,是

一个自上而下规划、自下而上实现的过程。(图4-2)采取自上而下的规划方法以保证系统结构的完整性和信息的一致性,是实现系统整体目标的基本条件。

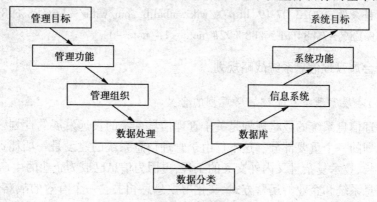

图4-2 信息系统的规划和实现

⑤系统应便于实施。系统规划应考虑后续的系统实施。在系统结构规划设计的同时,必须考虑实施的先后顺序和步骤。方案选择应讲求实效,宜选择经济、简单、易于实施的方案。技术上强调实用,不片面求洋、求新。

(3)会展管理信息系统的战略规划的内容与步骤

会展管理信息系统的战略规划的内容包含甚广,由会展企业的总目标到各职能部门的目标,以及他们的政策和计划,直到会展企业信息部门的活动与发展,绝不只是拿点钱买点机械的规划。一个会展管理信息系统的规划应包括组织的战略目标、政策和约束、计划和指标的分析;应包括管理信息系统的目标、约束以及计划指标的分析;应包括应用系统或系统的功能结构,信息系统的组织、人员、管理和运行;还应包括信息系统的效益分析和实施计划等。

会展管理信息系统战略规划可以按照以下步骤执行。(图4-3)

①确定规划的基本问题。包括确定规划的年限、规划方法的选择、规划方式(集中或分散)的选择以及是采取进取型还是保守型的规划等。

②搜集初始信息。包括从各级主管部门、竞争者、本企业内部各职能部门,以及从各种文件、书籍和报纸杂志中搜集信息。

③现状评价、识别计划约束。包括分析系统的目标、系统开发方法;对现行系统存在的设备、软件及其质量进行分析和评价;对系统的人员、资金、运行控制和采取的安全措施以及各子系统在中期和长期开发计划中的优先顺序等进行计划和安排。

④设置目标。是由企业组织的领导和系统开发负责人,依据企业组织的整体目标来确定信息系统的目标,包括系统的服务质量和范围、人员、组织以及要

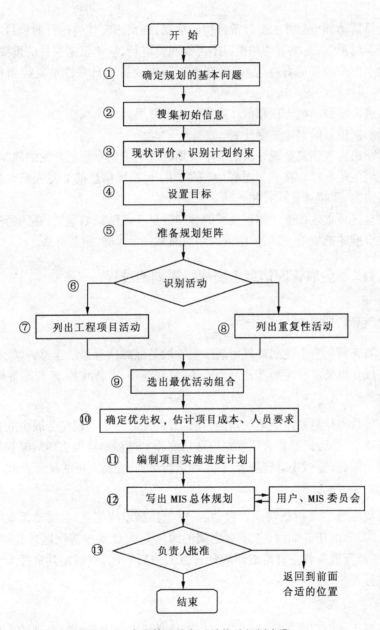

图4-3 会展管理信息系统战略规划步骤

采取的措施等。

⑤准备规划矩阵。由信息系统规划的内容,依据相互之间的关系组成的矩阵。

⑥—⑨识别各种活动。是将上面列出的各项活动进行分析,分为一次性的

工程项目活动和重复性的要经常进行的活动,并指出需优先进行的项目。由于受到资源的限制,各项活动和项目不可能同时进行,应该依据项目的重要性、风险的大小以及效益的好坏等,正确选择工程类项目和日常性重复类项目的组成,并排出执行的先后次序。

⑩确定项目的优先权和估计项目的成本费用。

⑪编制项目的实施进度计划。

⑫写出管理信息系统开发的战略规划。这是将信息系统开发的战略规划,整理成规范的文档。在成文过程中,要与用户、系统信息的开发人员及各级领导不断协商,交换意见。

⑬报送负责人批准。整理成文的管理信息系统的战略规划,必须经过企业负责人批准才能生效,否则只能返回到前面某一个步骤,重新再来。

4.1.2 会展管理信息系统战略规划的过程

1)准备阶段

会展管理信息系统战略规划的准备阶段是保障信息系统能够科学、有效制定的基础。准备工作主要涉及观念准备、流程准备、人员准备、经费准备等。

(1)观念准备

会展管理信息系统战略规划是否成功,首先要考虑的就是会展企业是否具有战略观念,是否能够在会展管理信息系统开发过程中贯彻实施战略规划以达到预期。因此,要事先对管理者、员工等进行培训,提高人员的观念意识。

(2)流程准备

流程准备主要指战略规划启动后,对怎样制定战略规划,需要采取哪些步骤,每一步骤的任务如何,各步骤之间的时间与人员安排等问题预先确定好。换言之,流程准备就是确定战略规划任务的先后顺序,并确定其责任人、时间、考核目标等。

(3)人员准备

战略规划制定既需要专门领导,也需要具体参与者,因此,合理的人员准备是必需的。根据战略规划制定工作任务的需要,会展管理信息系统战略规划需要准备一个特定的战略规划制定团队,具体包括总体负责人、具体管理者、资料收集人员、咨询人员、审核讨论人员、子目标负责人员、文本形成人员、联络人员等。

（4）经费准备

战略规划制定工作的完成需要一定的经费支持。因此,在启动会展管理信息系统战略规划前,要作好经费准备,以使得战略规划可以顺利完成。

2）系统调查

信息系统的开发一般都是从用户提出要求开始的。对于这种开发要求是否具有可行性,以及原有信息系统是否确实到了需要更新的地步等,都需要我们在系统开发之前进行认真的考虑。在没有进行这些考虑而进行后续的开发工作,是很不明智的。

为了使信息系统开发工作更加有效地开展,有经验的开发者往往将系统调查分为两步:第一步是初步调查,即先投入少量的人力对系统的功能有个大致的了解,然后再确定有无开发的必要性;第二步是系统的详细调查,即在系统开发具有可行性并已正式立项后,再投入大量人力展开大规模、全面的系统调查。

（1）系统初步调查

①系统初步调查的目标。系统的初步调查是系统分析阶段的第一项活动,也是整个系统开发的第一项活动。系统开发工作一般是根据系统规划阶段确定的、拟建的系统总体方案进行的。在系统规划阶段,已经根据当时所作的战略规划、组织信息需求的分析和资源以及应用环境的约束,将整个信息系统的建设分成若干个项目进行分期、分批的开发。系统规划阶段的工作是面向整个组织,着重于系统的总体目标、总体功能和发展方向,而对于每个开发项目的目标、规模和内容并没有作详细的分析。还有,由于组织面临的内、外部环境可能发生变化,系统规划阶段确定的开发项目的基本要求,要等到系统正式开发时根据实际的情况进行审定。

总的说来,初步调查阶段的主要目标就是从"态度"中去看新项目有无开发的必要和可能。这里的"态度"是指组织中各类人员(包括系统分析人员、管理人员等)对开发信息系统的态度,主要包括支持和关心的程度、对信息系统的认识程度和看法等。

②系统初步调查的内容。系统初步调查时的基本内容大致包括以下几项。

A. 用户需求分析。初步调查的第一步是要从用户提出新系统的开发,以及用户对新系统的要求入手,考察用户对新系统的需求,预期新系统要达到的目的。因为信息系统将会涉及企业或者组织管理的各个方面,所以这里的用户是指企业上上下下的各级管理人员。他们对新系统开发的需求状况,对新系统的期望目标,是否愿意下大力气参与和配合系统开发,在新系统改革涉及用户的业务范围和习惯做法时,用户是否有根据系统分析和整体优化的要求调整自己的职权范围和工作习惯的心理准备,上一层管理者有无参与开发工作、协调下一级管理部门业务和职能关系的愿望等,都是未来进行调查要了解的内容。

B. 企业现有的运行情况。企业的现有运行情况主要包括企业的性质、企业内部的组织结构、运营过程(对企业整体情况的了解)、各办公楼或者部门的布局(为今后处理各种模块之间的关系和网络分布以及分布式 DBS 作准备)、上级主管部门、横向协作部门、下设直属部门等(了解系统对外的信息流通渠道)。这些都是与系统开发可行性研究、系统开发初步建议方案以及下一步调查直接相关,所以应该在初步调查中弄清楚。除这些现存的基本状况外,还有一点必须调查清楚,就是企业近期内预计发生变化的可能性,它是今后制定以不变应万变措施的基础。这些可能的变化包括企业兼并、地址迁移、企业周围环境的变化等。

C. 企业的管理方式和基础数据。现有企业的管理方式和基础数据的管理状况是整个系统调查工作的重点,它与将要开发的系统密切相关。在初步调查阶段,我们只需要对这些情况进行大致的了解,并定向地了解它是否支持今后所开发的信息系统,而进一步深入了解则留待详细调查去解决。对管理方式的大致了解包括企业整体管理状况的评估,组织职能机构与管理功能,重点职能部门(如计划、生产、销售、财务等部门)的大致管理方式以及这些管理方式今后用计算机来辅助管理的可行性,可以预见将要更改的管理方法以及这些新方法将会对新系统和实现管理问题带来的影响和新的要求等。对基础数据管理状况的内容了解包括基础数据管理工作是否完善,相应的管理指标体系是否健全、统计方法和程序是否合理,用户对于新系统的期望值有无实际的数据支持。如果没有,让企业增设这些管理指标和统计方法并考虑增设的内容是否具有可行性。基础数据管理工作是实现信息系统和各种定量化管理方法的基础,如果这一方面的工作不牢靠,后续的开发工作将很难进行。

D. 企业现有信息系统的运行情况。信息系统是一个人机结合的开放式系统,广义地说,它并不是因为计算机和网络等硬件设备的应用而存在的。所以说,在决定是否开发新系统之前一定要了解一下现有系统的运行状况、特点、存在的问题、可以利用的信息资源、可以利用的技术力量以及可利用的信息处理设备等。

(2)系统的详细调查

在系统开发正式立项后,就应该立刻着手对管理业务工作进行详细的调查。详细的调查是系统开发工作中一项十分重要的工作,它是系统开发人员开发信息系统的基础,同时也是一项十分繁杂、工作量很大的工作。这一阶段的工作必须给予充分的重视。

①系统详细调查的目标和内容。系统详细调查的目标是在可行性研究的基础上,完整掌握现行系统的现状,发现系统的薄弱环节,搜集资料,找出要解决的问题实质,确保新系统比原系统更有效,为下一步的系统化分析和提出新系统的逻辑模型作好准备。

信息系统所处理的信息是渗透于整个组织之中的,系统分析员必须从具体组织的实际情况出发,逐步抽象,才能得到组织中详细活动的全貌。系统详细调查的内容主要包括对现行系统的目标、主要功能、组织结构、业务流程、信息流程、数据流程的调查和分析等。具体如下。

A. 现行系统的目标和功能。只有充分了解现行系统的目标和功能以及用户的需求,才能发现存在的问题,寻找解决问题的途径,这也是新系统开发成功的基础。

B. 组织结构的调查。调查的第一步就是了解组织的结构,即各个职能部门的划分及其相互关系、人员配备、业务分工、信息流和物流的关系等。组织结构的状况可以通过组织结构图来反映。所谓的组织结构图就是把组织分成若干职能部门,同时标明各部门的行政隶属关系、信息流动关系以及其他关系。

C. 业务流程调查。组织结构图描述了在组织的内部,各职能部门之间的主要的各种业务活动的情况。这是一种粗略的描述。为了弄清楚各部门之间的信息处理工作,哪些与系统建设有关,哪些无关,就必须了解组织的业务流程。系统分析员应该按照业务活动中信息流动过程,调查所有环节中对处理业务、处理内容、处理顺序和时间的要求,弄清楚各环节的信息需求、信息来源、去向、处理方法、提供信息的时间和信息的形态等。有关的调查情况可以用"业务流程图"来表示。

D. 信息流程调查。开发系统,必须了解信息流程。业务流程虽然在一定程度上表达了信息的流动和存储的情况,但是仍然含有物资、材料等内容。为了用计算机对组织的信息进行控制,需要将信息的流动、加工、存储等过程抽象出来,得出组织中的信息流的综合情况。描述这种情况需要借助于数据流程图。

E. 数据及功能分析。有了数据流程图后,就要对图中出现的数据和信息的属性进行更深入的分析,包括数据词典的编制、数据存储情况的分析以及使用者查询要求的分析。同时,要对数据流程图的各个功能的内容从逻辑上进行说明。可借助决策树、决策表等。

②详细调查的原则。详细调查的对象是现行系统(包括手工系统和已采用的计算机管理信息系统),详细调查的目的在于完整掌握现行系统的现状、发现

问题和系统的薄弱环节、搜集资料,为下一步的系统化分析和提出新系统的逻辑方案作好准备。

详细调查除了遵循上面系统调查的原则外,还应该遵循用户参与的原则,即由使用部门的业务人员、主管人员和开发部门的系统分析人员、系统设计人员共同进行。设计人员虽然掌握计算机技术,但是对于使用部门的业务不是很清楚,而管理人员则熟悉本身的业务而不太懂专业的计算机技术。现在将二者集合起来,就能取长补短,更深入地发现对象系统存在的问题,共同研讨解决问题的方案。

③系统详细调查的范围。系统详细调查的范围应该是组织内部信息流所涉及领域的各个方面。但是应该注意信息流是通过物流产生的,物流和信息流是同时在组织中流动的。这就要求我们的调查范围不能仅仅局限于信息和信息流,应该包括企业的生产、经营、管理等多个方面。这些方面归纳起来,大致有以下的几类问题。

A. 组织结构和业务功能;

B. 组织目标和发展战略;

C. 工艺流程和产品构成;

D. 管理方式和具体业务的管理方法;

E. 业务流程和工作方式;

F. 数据与数据流程;

G. 决策方式和决策过程;

H. 可用资源和限制条件;

I. 现存问题和改进意见。

以上九个方面只是一种大致的划分,实际工作时应该根据具体情况增减或者修改。且围绕上述范围,我们可以根据具体情况设计调查问卷或者问卷调查表的栏目。总之,目的只有一个,真正弄清楚处理对象现阶段工作的详细情况,为后面的分析设计工作作准备。

3) 可行性分析

可行性分析是指按照各种有效的方法和工作程序,对拟建项目在技术上的先进性、适应性,经济上的合理性、营利性以及项目的实施等方面进行深入的分析。

可行性分析的主要任务是确定系统目标、提出问题、制订方案和进行项目评估,从而为决策提供科学依据。在管理信息系统的开发中,可行性研究同样占有很重要的位置。在总体规划中,经过初步调查,确立了系统的目标和开发策略之后,就需要进行可行性研究。

管理信息系统的可行性分析主要从以下四个方面加以考虑。

(1)技术可行性

技术可行性是指根据系统的目标来考虑系统的软件设备、硬件设备、环境条件和技术条件是否具备。这里的技术是指已经得到普遍采用、切实可行的技术手段,而不是在研究之中的技术。技术条件主要包括硬件和系统软件、应用软件三个方面。

(2)经济可行性

经济可行性是指估计管理信息系统开发、运行的成本和系统使用以后带来的效益,分析系统开发在经济上是否合理。如果企业不具备提供开发所需成本的能力,或者信息系统的使用不能提高企业的利润,管理信息系统的开发就不具经济上的可行性。

管理信息系统的经济可行性包括两方面:资金上的可得性和经济上的合理性。资金上的可得性是指企业能够提供管理信息系统开发的经费;经济上的合理性是指管理信息系统能够带来经济上的效益。

(3)管理可行性

管理可行性主要考虑当前系统的管理体制是否能够为系统提供其所必需的数据,以及各级人员对目标系统所提供的信息需求的迫切性。另外,还要考虑信息系统一旦投入运行对企业目前的管理方面(包括管理风格、管理跨度等)所产生的影响。

(4)开发环境可行性

开发环境可行性主要指企业领导对于管理信息系统的开发是否意见一致,能否抽出骨干力量参与系统的开发等。如果高级领导层的意见不统一,那么势必引起开发方案的经常变动,影响开发进度。如果不投入骨干力量,所开发出的系统将很难满足要求。

4)编制可行性报告

可行性报告是开发人员对现行系统初步调查、分析和规划的结论,反映了开发人员对系统的看法,也是系统开发过程中的第一个正式文档。一般来说,可行性报告经有关部门审核之后,就可以进入正式开发阶段。

可行性报告是系统总体规划阶段的文档性结果,也是指导整个系统开发的纲领性文件。它一般包括以下内容。

(1)引言

引言通常又包括以下三部分内容:其一,摘要。指出目标系统的名称、总体目标和主要功能。其二,背景。指出目标系统的用户和开发者、该系统与组织结构之间的联系以及项目的由来。其三,参考资料。包括下达本系统可行性研究的文件、合同和批文、专门说明等。

(2)现行系统的调查与分析

现行系统的调查与分析主要包括对现行系统的初步调查和用户需求分析两部分主要内容。

①初步调查主要包括现行系统的主要目标、组织结构和主要业务流程;运行现行系统所需的人员、设备以及其他各项目的费用开支;现行系统的计算机配置、使用效率以及存在的问题;现行系统中可沿用的子系统;现行系统中存在的主要问题和薄弱环节等。

②用户需求分析主要包括对用户在功能上、性能上以及安全性上对目标系统的要求的分析。

(3)目标系统方案

目标系统方案主要包括目标系统的总体目标,包括目标系统建成后要达到的运行指标和性能要求等;目标系统的规模与初步方案,包括目标系统的范围与边界、组织结构以及目标系统的主要功能等;目标系统的人员培训实施方案;目标系统的投资方案,包括投资金额、资金来源和时间安排等。

4.1.3　制定会展管理信息系统战略规划的方法

制定会展管理信息系统战略规划的方法有多种,主要有关键成功因素法(Critical Success Factors,CSF)、战略目标集转化法(Strategy Set Transformation, SST)和企业系统规划法(Business System Planning, BSP)三种。还有几种用于特殊情况,或者作整体规划的一部分使用的方法,如企业信息分析与集成技术、产出/方法分析、投资回收法、征费法、零线预算法、阶石法等。

1)关键成功因素法(CSF)

1970 年,哈佛大学威廉·詹尼(William Zani)教授在 MIS 模型中用了关键成功变量,这些变量是确定 MIS 成败的因素。过了 10 年,麻省理工学院约翰·罗卡特(John Rockart)教授把 CSF 提高成为 MIS 的战略。应用这种方法,可以对企业成功的重点因素进行辨识,确定组织的信息需求,了解信息系统在企业中的位置。所谓的关键成功因素,就是关系到组织的生存与组织成功的重要因素,它们是组织最需要得到的决策信息,是管理者重点关注的活动区域。不同组织、不同的业务活动中的关键成功因素是不同的,即使在同一组织同一类型的业务活动中,在不同的时期,其关键成功因素也有所不同。因此,一个组织的关键成功因素应当根据本组织的判断,包括企业所处的行业结构,企业的竞争策略,企业在本行业中的地位、市场和社会环境的变动等。

CSF是通过分析找出企业成功的关键因素,然后再围绕这些关键因素来确定系统的需求并进行规划。其步骤见图4-4。

①了解企业和信息系统的战略目标;

②识别影响战略目标的所有成功因素;

③确定关键成功因素;

④识别性能指标。

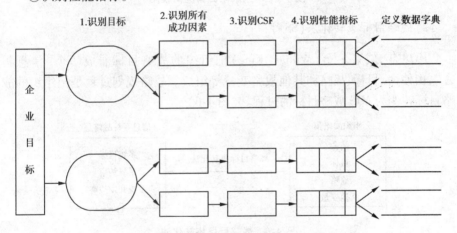

图4-4 用CSF方法进行数据库分析的步骤

确定关键成功因素所用的工具是树枝因果图。例如,某企业有一个目标,是提高产品竞争力,可以用树枝图画出影响它的各种因素,以及影响这些因素的子因素。(图4-5)

如何评价在这些因素中,哪些是关键成功因素,不同的企业有不同的标准。对于一个习惯于高层人员个人决策的企业,主要由高层人员个人在此图中选择。对于习惯于群体决策的企业,可以用德尔斐法或其他方法把不同人设想的关键因素综合起来。在高层中应用关键成功因素法一般效果好,是因为每一个高层领导人员日常总在考虑什么是关键因素。一般不大适合在中层领导中应用,因为中层领导所面临的决策大多数是结构化的,其自由度较小,对他们最好应用其他方法。

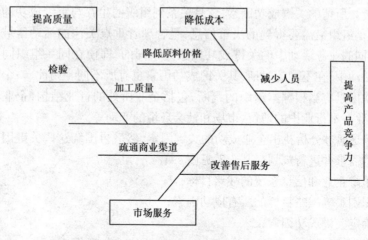

图 4-5　识别成功因素的树枝图

2) 战略目标集转化法(SST)

1978 年,威廉·金(William King)把组织的战略目标看成一个"信息集合",由使命、目标、战略和其他战略变量等组成。战略规划过程是把组织的战略目标转变为 MIS 战略目标的过程。(图 4-6)

图 4-6　战略目标集转化法

这个方法的第一步是识别组织的战略集,先考查一下该组织是否有成文的战略或长期计划,如果没有,就要去构造这种战略集合。

第二步是将组织战略集转化成 MIS 战略,MIS 战略应包括系统目标、系统约束以及设计原则等。这个转化的过程包括组织战略集的每个元素识别对应 MIS 战略约束,然后提出整个 MIS 的结构。最后,选出一个方案呈交给企业负责人。

3) 企业系统规划法(BSP)

企业系统规划法(Business System Plane, 简称 BSP)是由 IBM 公司于 20 世纪 70 年代提出的一种企业管理信息系统规划的结构化的方法论。它与 CSF 法

相似,首先自上而下识别系统目标、识别业务过程、识别数据;然后自下而上设计系统,以支持系统目标的实现。(图4-7)

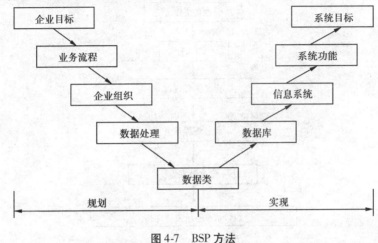

图 4-7　BSP **方法**

(1)主要步骤

BSP法从企业目标入手,逐步将企业目标转化为管理信息系统的目标和结构。它摆脱了管理信息系统对原组织结构的依从性,从企业最基本的活动过程出发,进行数据分析,分析决策所需数据,然后自下而上地设计系统,以支持系统目标的实现。BSP 的主要步骤如图 4-8 所示。

①研究开始阶段。成立规划组,进行系统初步调查,分析企业的现状、了解企业有关决策过程、组织职能和部门的主要活动、存在的主要问题、各类人员对信息系统的看法。要在企业各级管理部门中取得一致看法,使企业的发展方向明确,使信息系统支持这些目标。

②定义业务过程。定义业务过程,又称企业过程或管理功能组,是 BSP 方法的核心。所谓业务过程就是逻辑相关的一组决策或活动的集合,如订货服务、库存控制等业务处理活动或决策活动。业务过程构成了整个企业的管理活动。识别业务过程可对企业如何完成其目标有较深的了解,可以作为建立信息系统的基础。按照业务过程构建的信息系统,其功能与企业的组织机构相对独立,因此,组织结构的变动不会引起管理信息系统结构的变动。

③业务过程重组。在业务过程定义的基础上,分析哪些过程是正确的,哪些过程是低效的,需要在信息技术支持下进行优化处理;哪些过程不适合计算机信息处理,应当取消。检查过程的正确性和完备性后,对过程按功能分组,如经营计划、财务规划、成本会计等。

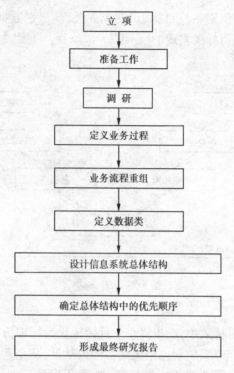

图 4-8　BSP 主要步骤

④定义数据类。定义数据类是 BSP 方法的另一个核心。所谓数据类就是指支持业务过程所必需的逻辑上相关的一组数据。例如,记账凭证数据包括了凭证号、借方科目、贷方科目、金额等。一个系统中存在着许多数据类,如顾客、产品、合同、库存等。数据类是根据业务过程来划分的,即分别从各项业务过程的角度将与它有关的输入/输出数据按逻辑相关性整理出来归纳成数据类。

⑤设计管理信息系统总体结构。功能和数据类都定义好之后,可以得到一张功能/数据类表格,该表格又可称为功能/数据类矩阵或 U/C 矩阵。设计管理信息系统总体结构的主要工作就是可以利用 U/C 矩阵来划分子系统,刻画出新的信息系统的框架和相应的数据类。

⑥确定总体结构中的优先顺序。由于资源的限制,信息的总体结构一般不能同时开发和实施,总有个先后次序。划分子系统之后,根据企业目标和技术约束确定子系统实现的优先顺序。一般来讲,对企业贡献大的、需求迫切的、容易开发的优先开发。

⑦形成最终研究报告。完成 BSP 研究报告,提出建议书和开发计划。

（2）子系统的划分

BSP方法是根据信息的产生和使用来划分子系统的，它尽量把信息产生的企业过程和使用的企业过程划分在一个子系统中，从而减少了子系统之间的信息交换。划分子系统的步骤如下。

①做U/C矩阵。利用定义好的功能和数据类做一张功能/数据类表格，即U/C矩阵。（表4-1）矩阵中的行表示数据类，列表示功能，并用字母U（use）和C（create）表示功能对数据类的使用和产生，交叉点上标处C表示这个数据类由相应的功能产生，标U处表示这个功能使用这个数据类。例如，销售功能需要使用有关产品、客户和订货方面的数据，则在这些数据下面的销售一行对应交点标上U；而销售区域数据产生于销售功能，则在对应交叉点上标C。

表4-1 U/C矩阵（一）

功能或过程（行）	数据类（列）
	☐ 交叉点上的符号C（create）表示这类数据由相应的功能产生
	☐ 交叉点上的符号U（use）表示这类功能使用相应的数据类
	☐ 空着不填表示功能与数据无关

②调整功能/数据类矩阵。开始时数据类和过程是随机排列的，U、C在矩阵中排列也是分散的，必须加以调整。

首先，功能这一列按功能组排列，每一功能组中按资源生命周期的四个阶段排列。功能组指同类型的功能，如"经营计划""财务计划"属计划类型，归入"经营计划"功能组。

其次，排列"数据类"这一行，使得矩阵中C最靠近主对角线。因为功能的分组并不绝对，在不破坏功能成组的逻辑性基础上，可以适当调配功能分组，使U也尽可能靠近主对角线。

③确定子系统。画出功能组对应的方框，并起个名字，这就是子系统。表4-1的功能/数据类矩阵经上述调整后，得到表4-2表示的功能/数据类矩阵。

④确定子系统之间的数据流。用箭头把落在框外的U与子系统联系起来，表示子系统之间的数据流。例如，数据类"计划"，由经营子计划系统产生，而技术准备子系统要用到这一数据类。

4）三种系统规划方法的比较

关键成功因素法（CSF）能抓住主要问题，使目标的识别突出重点。由于高层领导比较熟悉这种方法,所以使用这种方法所确定的目标,高层领导乐于努力去实现。这种方法最有利于确定企业的管理目标。

表4-2　U/C 矩阵(二)

功能＼数据类	客户	产品	订货	成本	操作顺序	材料表	零件规格	材料库存	职工	成品库存	销售区域	财务	机器负荷	计划	工作指令	材料供应
经营计划					U							U		C		
财务计划					U				U			U		C		
资产规模												C				
产品预测	U	U								U				U		
产品设计	U	C				U	C									
产品工艺		U				C	C	U								
库存控制								C		C					U	U
调度		U											U	C		
生产能力计划					U								C			U
材料需求		U				U										C
操作顺序					C								U		U	U
销售区域管理	C	U	U													
销售	U	U	U								C					
订货服务	U	U	U													
发运		U	U							U						
通用会计	U	U							U							
成本会计			U	C												
人员计划									C							
人员考核									U							

战略目标集转化法(SST)从另一个角度识别管理目标,它反映了各种人的要求,而且给出了按这种要求的分层,然后转化为信息系统目标的结构化方法。它能保证目标比较全面,疏漏较少,但它在突出重点方面不如前者。

企业系统规划法(BSP)虽然也首先强调目标,但它没有明显的目标导引过程。它通过识别企业"过程"引出了系统目标,企业目标到系统目标的转化是通过业务过程/数据类等矩阵的分析得到的。由于数据类也是在业务过程基础上归纳出的,所以我们说识别企业过程是企业系统规划法战略规划的中心,而不能把企业系统规划法的中心内容当成 U/G 矩阵。

以上三种规划方法各有优、缺点,可以把它们综合成 CSB 方法来使用。即用 CSF 方法确定企业目标,用 SST 方法补充、完善企业目标,然后将这些目标转化为信息系统目标,再用 BSP 方法校核企业目标和信息系统目标,确定信息系统结构。这种方法可以弥补单个方法的不足,能较好地完成规划,但过于复杂而削弱了单个方法的灵活性。因此,没有一种规划方法是十全十美的,企业在进行规划时应当具体问题、具体分析,灵活运用各种方法。

4.2 会展管理信息系统开发过程

4.2.1 会展管理信息系统开发的步骤

管理信息系统的开发是一项复杂的系统工程,开发工作的一般步骤如图4-9所示。下面对每个步骤的工作作一简要说明。

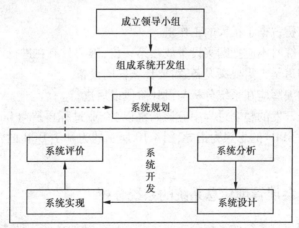

图4-9 管理信息系统的开发步骤

1)成立领导小组

由于信息系统耗资大、历时长,并且涉及管理方式的变革,因而必须由主要领导亲自抓这项工作,才能取得成功。一般应由企业主管领导来负责此项工作,并组成一个信息系统委员会。

2)组成系统开发组

在信息系统委员会的领导下,建立一个系统开发队伍,这个队伍的组成人员应包括各行各业的专家,如计划专家、系统分析员、运筹专家、计算机专家等。这个队伍可以由本单位(具备条件的单位)抽人组成,也可请外单位(如科研单位、大专院校、咨询公司)派出专家与本单位专家联合组成。

3)系统规划

系统规划是系统开发中的一个关键性步骤,系统规划阶段的成果是系统规划文本,它是后续系统开发工作的指南。

4)系统开发

系统开发的主要工作包括系统分析、系统设计、系统实现、系统评价与运行管理这四个阶段。

系统规划、系统分析、系统设计、系统实现、系统评价与运行管理这五个阶段构成系统开发的生命周期。这里需要说明系统开发过程中应注意的几个问题。

①系统分析占据了很大的工作量。

②开发系统时不应把购买设备放在第一位,因为只有在进行了系统分析与设计以后才知道是否需要买设备,需要什么样的设备。

③程序的编写应在系统分析与设计阶段以后进行。

④在系统开发的整个过程中应该始终以“企业过程再造”(Business Process Reengineering,BPR)的思想为指导,图4-10所示的为基于 BPR 的管理系统开发步骤。

4.2.2　会展管理信息系统的系统分析

会展管理信息系统的系统分析的主要工作包括业务流程调查、数据流程分析、构建新系统模型和撰写系统分析报告四个部分。

1)业务流程调查

一般来说,一个新的管理系统的开发,总是建立在现行系统基础上的。因此,为了开发新系统,应对现行系统进行详细的业务流程调查。这一过程要全

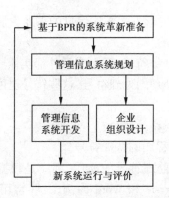

图4-10 基于 BPR 的管理信息系统开发步骤

面、深入、细致地调查和掌握现行系统的运行情况,为下一步数据流程分析提供依据。调查的重点应该围绕人力、物力、财力和设备等资源的管理过程中所涉及的各种信息以及信息的流动情况等进行。具体内容包括如下四点。

(1)用户结构调查

即要弄清楚与完成系统任务有关的部门、个人及相互层次关系,画出用户结构图。

(2)业务流程调查

即对各职能单位的业务管理情况和业务处理流程的调查。

(3)信息流程调查

即对会展企业信息载体(单据、报表、账册等)的种类、格式、用途及流程进行调查弄清楚各个环节需要的信息、信息来源、流经去向、处理方法、计算方法、提供信息的时间和信息形态(报告、报单、屏幕显示等)。

(4)系统中的资源及其利用情况的调查

对系统中的资源情况进行调查,分析资源利用的情况等。

2)数据流程分析

为了会展管理信息系统的开发与应用,还要在业务流程调查和分析的基础上画出物资流,抽象出信息流,绘制出数据流程图,并对各种数据的属性和各项处理功能进行详细的分析。数据流程图是分析阶段所提供的重要技术之一,它反映了系统内部的数据传递关系,是对系统的一种抽象和概念化。它只表示数据、功能之间的关系,不涉及如何实现的问题。

①数据流程图(Data Flow Diagram,DFD)是描述系统数据流程的工具,它将

数据独立抽象出来,通过图形方式描述信息的来龙去脉和实际流程。数据流程图包括以下几个部分。

A. 指明数据存在的数据符号,用于表示外部实体。

B. 指明对数据进行处理的处理符号,这些符号也可指明该处理所用到的机器功能。

C. 数据流走向的流线符号。

D. 便于读、写数据流程图的特殊符号。

画图时需要注意,在处理符号的前后,都应是数据符号。数据流程图以数据符号开始和结束。以 Visio 和 Word 为例,一些常用的数据流程图符号如图 4-11 所示。

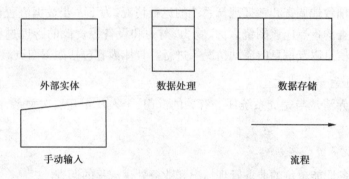

外部实体　　　　　　数据处理　　　　　　数据存储

手动输入　　　　　　　　　　　　流程

图 4-11　一些表示数据流程图的符号

如果数据流程图很复杂,可以采用分层来画。分层 DFD 有顶层、中间层、底层之分。对于复杂的大系统,有时可以分七八层。

②画数据流程图包含以下基本原则。

A. 数据流程图上所有图形符号必须是前面所说的四种元素。

B. 数据流必须封闭在外部实体之间,外部实体可以是一个,也可以是多个。

C. 处理过程至少有一个输入数据流和一个输出数据流。

D. 任何一个数据流子图必须与它的父图上的一个处理过程对应,两者的输入数据流和输出数据流必须一致,即所谓"平衡"。

E. 数据流程图上的每个元素都必须有名字。

3)构建新系统模型

在对原系统的数据流程、数据特性和功能关系等方面有了深入了解的基础上,就可以着手建立新系统模型。这一阶段的任务如下。

①确定新系统的目标和范围。

②进行功能分析,划分子系统的功能模块。

③明确新系统的数据处理方式。

④进行可行性分析和经济效果评价。

4) 系统分析报告

系统分析报告,也称系统说明书,是系统分析阶段工作的总结,也是进行系统设计的依据。系统分析报告要请领导审批和业务人员确认,批准后才可以开始进行系统的设计。系统分析报告的内容主要包括如下四点。

①现行系统概述和分析。包括总况、管理业务流程图、各种输入凭证和输出报表、系统的环境。

②新系统的目标。在这个问题上要尽量详细、具体、准确、定量地进行全面描述。

③新系统的模型。

④新系统的可行性分析及初步评价。

4.2.3　系统设计

系统设计是信息系统开发过程中的第二个重要阶段。在这一阶段中我们将根据前一阶段系统分析的结果,在已经获准的系统分析报告的基础上,进行新系统设计。

系统设计的指导思想是结构化的设计思想,就是用一组标准的准则和图表工具,确定系统由哪些模块、用什么方式联系在一起,从而构成最优的系统结构。在这个基础上再进行各种输入、输出、处理和数据存储等的详细设计。

1) 总体设计

系统的总体设计,又称概要设计,是根据系统分析报告确定的系统目标、功能和逻辑模型,为系统设计一个基本结构,从总体上解决如何在计算机系统上实现新系统的问题。总体设计不涉及物理设计细节,而是把着眼点放在系统结构和业务流程上。总体设计包括如下内容。

①确定系统的输出内容、输出方式以及介质等。

②根据系统输出内容,确定系统数据的发生、采集、介质和输入形式。

③根据系统的规模、数据量、性能要求和技术条件等,确定数据组织和存储形式、存储介质。

④运用结构化的设计方法,对新系统进行划分,即按功能划分子系统,明确

子系统的子目标和子功能,按层次结构划分功能模块,画出系统结构图。

⑤根据系统的要求和资源条件,为信息选择计算机系统的硬件和软件。

⑥制订新系统的引进计划,以确保系统详细设计和系统实施能按计划有条不紊地进行。

2)详细设计

详细设计,就是在系统总体设计的基础上,对系统的各个组成部分进行详细、具体的物理设计,使系统总体设计阶段设计的蓝图逐步具体化,以便付诸实施。详细设计包括的内容如下。

(1)代码设计

对被处理的各种数据进行统一的分类编码,确定代码对象及编码方式,并为代码化对象设置具体代码,编制代码表以及规定代码管理方法等。

(2)输入、输出详细设计

进一步研究和设计输入数据以什么样的形式记录在介质上,以及输入数据的校验,输出信息的输出方式、内容和输出格式的设计。另外,还有人机对话的设计等。

(3)数据存储详细设计

数据存储的设计,就是对文件(或数据库)的设计。对文件的设计,就是文件记录的格式,文件容量计算,物理空间的分配,文件的生成、维护以及管理等的设计。

(4)处理过程设计

就是对系统中各功能模块进行具体的物理设计。包括处理过程的描述.绘制处理流程图,与处理流程图相对应的输入、输出和文件的设计。

(5)编制程序设计说明书

程序设计说明书是程序员编写程序的依据,应当简明扼要、准确、规范化地表达处理过程的内容和要求。

程序设计说明书的内容包括如下内容:①程序说明。程序名称、所属系统名称、子系统名称、计算机硬件和软件配置、使用的计算机语言、程序的功能、处理过程、处理方法等。②输入、输出数据和文件的定义。文件名称、数据项目规定、文件介质、输入/输出设备、输入/输出项目名称以及条件和要求、模块间的接口关系等。③处理概要。绘制概要流程图、写出编号处理的概要说明等。

4.2.4 系统实施

1)系统开发实施

系统开发实施阶段的任务有两个方面,一是系统硬件设备的购置与安装;二是应用软件的程序设计。程序设计是根据系统设计阶段的成果,遵循一定的设计原则来进行的。其最终的阶段性成果是大量的程序清单及系统使用说明书。

2)系统测试

一般在程序调试过程中使用的是一些试验数据。因此,在程序设计结束后,必须选择一些实际管理信息加载到系统中进行测试。系统测试是从总体出发,测试系统应用软件的总体效益即系统各个组成部分的功能完成情况,测试系统的运行效率、系统的可靠性等。

3)系统安装调试

系统测试工作的结束表明信息系统的开发已初具规模,此时必须投入大量的人力从事系统安装、数据加载等系统运行前的一些旧系统的转换工作。转换结束后就可以对计算机硬件和软件系统进行系统的联合调试。

4.2.5 系统运行与维护

1)系统运行

做好管理人员的培训工作,制定一些管理规则和制度,一般还有一段时间用以对新系统的试运行来进一步对系统的各个方面进行测试。保证系统处于可用状态之后就可以进行各项运行操作,如系统的备份、数据库的恢复、运行日志的建立、系统功能的修改与增加、数据库操作权限的更改等。同时要定期对系统进行评审。

2)系统维护

系统维护是在开发的新系统交付使用后和运行过程中,为保持系统能正常工作并达到预期的目标而采取的一切活动,包括系统功能的改进以及解决系统运行期间所发生的一切问题和错误。其主要内容包括如下几点。

①程序的维护。修改程序,以适应新的要求。

②数据的维护。对数据文件、数据库的修改、删除、更新等。

③代码的维护。包括制定新的和修改旧的代码体系。

④硬件的维护。包括硬件设备的日常管理、维护和检修等。

系统维护工作是延长管理信息系统生命周期、尽量使之保持最佳运行状态的重要因素。据统计,世界上有90%的软件人员是在维护现存系统。因此,管理信息系统是在不断维护活动中得以生存的。

3) 系统评价与更新

在系统投入运行之后,为了弄清楚系统是否能达到预期目的,需要对实际达到的性能和取得的经济效益进行鉴定,以便对整个系统的性能作出评价。评价工作应主要从以下几个方面进行考虑。

①达到目标的情况。从小到大逐项检查目标的满足情况,并检查目标分解的合理性,从而为修改目标或系统作好准备。

②系统运用的适应性。主要检查系统是否稳定可靠,使用、维护是否方便,用户和管理人员是否满意等。

③系统的可扩展性。系统是否具有扩展能力,以保证在业务扩大时,能方便地扩展系统的功能。

④系统的经济效果、开发费用和运行费用。包括系统投资回收期的估计,系统经济效益(直接的经济效益和间接的经济效益)的评价。

4.3 会展管理信息系统开发方法

会展管理信息系统的开发,尤其是大型信息系统的开发离不开方法的应用,常见的开发方法有生命周期法、原型法、结构化方法、面向对象的方法等。

4.3.1 生命周期法

1) 生命周期法的概念

任何一个系统都有发生、发展和消亡的过程,新系统是在旧系统的基础上产生、发展、老化、淘汰,最后又被更新的系统所取代的。这就是系统的生命周期。

生命周期法的主要思想将管理信息系统从系统调查开始,经过系统分析、系统设计、系统实施、系统维护与评价,直至要求建立新的系统看成一个生命周期的结束、另一个生命周期的开始。

2) 生命周期法的五个阶段

运用生命周期法进行管理信息系统开发,遵循系统调查与规划、系统分析、系统设计、系统实施、运行测试与系统维护五个阶段。(表4-3)

表4-3　生命周期法开发管理信息系统开发的阶段、工作及文档

开发阶段	主要工作	文档资料
系统调查与规划	初步调查拟订开发计划	可行性研究报告
系统分析	数据流程、数据及处理分析	系统分析说明书
系统设计	模块设计、数据库设计	系统设计说明书
系统实施	编制程序	用户使用手册
运行测试与系统维护	测试、维护	系统测试报告

(1) 系统调查与规划

对用户提出的初始要求进行初步调查,并在技术、经济、组织上作可行性分析、详细调查、在分析的基础上提出可行性研究报告,并拟订开发系统的初步计划。

(2) 系统分析

在这一阶段,开发人员要作详细调查,全面、细致地分析现行系统的工作业务流程、数据流程、数据结构、用户要求、系统目标等,分析研究现行系统的本质,建立新系统的逻辑模型,提出"系统分析说明书"。

(3) 系统设计

第三阶段是系统设计。其主要任务是根据"系统分析说明书"对系统的各个组成部分进行具体的设计,建立新系统的物理模型,主要包括模块设计、代码设计、数据库设计、输出设计和输入设计等。提出"系统设计说明书"。

(4) 系统实施

第四阶段是系统实施。其主要任务是以新系统的物理模型,即系统设计说明书为依据,编制可在计算机上执行的程序代码,建立文件和数据库等,测试整个管理信息系统,使系统设计的物理模型付诸实现。这一阶段的工作结果是一

个可实际运行的程序系统、各种数据库及一系列文档资料。

（5）运行测试与系统维护

第五阶段是运行测试和系统维护。管理信息系统开发成功，就可以正式投入运行，逐步取代现有的系统。在运行期间，由于业务的发展、体制调整，会存在各种错误与不足，可能要对其进行扩充、修改与优化。这些工作统称为系统维护。对系统的维护一直要到该系统被另一个新的管理信息系统取代为止，此时该系统的生命周期就告以结束。

3）生命周期法的优、缺点

生命周期法的优点在于使用其开发一个系统时，对系统的每个微小情况都能给予更多的注意。因为用户参与开发并在系统需求分析阶段让用户确定他们的需求，因此用这种方法开发系统比用其他方法更能满足用户要求。由于系统设计对每个情况都是独立考虑的，因此这种方法常常能产生更高质量的系统。此外，完整的文档也使系统维护工作更为方便。

生命周期法的缺点也很明显，在使用生命周期法开发一个系统时，即使是小系统，也要花很多时间和很高的成本。另外，生命周期法需要用户提供完整的需求，而对建立新的应用领域的新系统，用户也不能完全理解本身的需求。对没有明确需求的系统，生命周期法也是无法使用的。

4）结构化生命周期法

结构化生命周期法是结构化系统分析、结构化系统设计和生命周期法的结合，是系统分析员、软件工程师、程序员以及最终用户按照"用户至上"的原则，自上向下分析与设计和自下向上逐步实施的，建立计算机信息系统的一个过程，是组织、管理和控制信息系统开发过程的一种基本框架。

结构化生命周期法在系统分析与系统设计阶段，用系统的思想、系统工程的方法，按用户至上的原则，结构化、模块化、自上向下地对信息系统进行分析与设计；在系统实施阶段，自下向上逐步实施，然后按照系统设计的结构，将模块一个一个地拼接到一起进行调试，自下向上、逐步地构成整个系统。较传统的生命周期法相比，结构化生命周期法的优势在于：首先它提高编程效率，改进了程序质量；其次，结构化生命周期法采用模块结构，便于修改与扩充。

（1）结构化生命周期法的基本原则

①面向用户。强调用户参与，在系统开发过程中始终同用户保持联系。

②区分工作阶段。在系统开发过程中，区分工作阶段（phases）、活动（activities)、作业(tasks)。

③自上向下地分析、设计；自下向上地实施。

④采用模块结构应对变化。

⑤工作成果规范化、标准化。

(2)结构化生命周期法的优、缺点

①结构化生命周期法的优点。

A.严格区分开发阶段。对每一阶段的任务完成情况进行审查,对于出现的错误或问题及时加以解决,不允许转入下一阶段。错误纠正得越早,所造成的损失就越少。

B.整体性与全局性好。强调开发过程的整体性和全局性,自上向下,逐步求精,在整体优化的前提下考虑具体的分析、设计问题。

②结构化生命周期法的缺点。

A.预先定义用户需求。要求开发人员在调查中充分掌握用户需求、管理状况并预见可能发生的变化,这不符合人们认识事物的客观规律。同时,用户也很难准确地陈述其需求。

B.缺乏灵活性。修改系统分析和系统设计的结果工作量相当大,实施起来相当困难。因此,就要求步步为营,尽量避免需要修改的情况发生。

C.开发阶段间存在鸿沟。各阶段采用不同的、没有严格对应关系的模型作为开发工具,形成阶段间的鸿沟。即不能很好地解决从系统分析到系统设计之间的过渡,如何使物理模型如实反映出逻辑模型的要求。

D.开发工具落后。所使用的工具(主要是手工绘制各种各样的分析设计图表)落后,致使系统开发周期过长而带来了一系列的问题。不能自动生成文档,文档整理工作量太大。

(3)适用范围

结构化生命周期法适合用于开发能够预先定义需求、结构化程度较高的大型系统和复杂系统,不适合用于小型系统的开发。

4.3.2　原型法

1)原型法概述

原型法是20世纪80年代随着计算机软件技术的发展,特别是在关系数据库系统(Relational Data Base System,RDBS)、第四代程序生成语言(4th Generation Language,4GL)和各种系统开发软件的产生与发展的基础上,人们提出的一种从设计思想到工具、手段都是全新的系统开发方法。

原型法的基本思想就是根据用户提出的需求,由用户与开发者共同确定系统的基本要求和主要功能,并在较短时间内建立一个实验性的、简单的小型系统,称作原型,然后将原型交给用户使用。用户在使用原型的过程中会产生新的需求,开发人员依据用户提出的评价意见对简易原型进行不断的修改、补充和完善。如此不断地反复修改(迭代),直至满足用户的需求。这就形成了一个相对稳定、较为理想的管理信息系统。

迭代就是用户对原型系统进行评价后,提出意见,开发人员根据用户的意见进行修改的反复过程。迭代不是简单的反复,每一次迭代都意味着原型系统向着用户需求又前进了一步。迭代是系统开发进展的动力,迭代过程的结束,就是原型的完成。

2)原型化方法的开发过程

原型法的需求定义过程是一个开发人员与用户通力合作的反复过程,即从一个能满足用户基本需求的原型系统开始,允许用户在开发过程中提出更好的要求,根据用户的要求不断对系统进行完善。它实质上是一种迭代的循环型的开发方式。(图4-12)

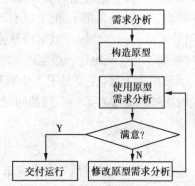

图4-12 原型法开发过程

原型法开发一个管理信息系统的过程分为四个阶段。

(1)明确用户基本需求

在系统开发的初始阶段,用很短时间调查用户的需求,这样的需求也许是不完全、粗糙的,但却是最基本的。原型法在这一阶段主要是为初始模型确定需求,建立简化模型。

（2）开发初始化原型系统

系统开发人员根据用户确定的基本需求,借助软件工具开发一个应用系统的初始原型。这个初始原型只需满足用户的基本需求。它强调的是开发速度。

（3）对原型进行评价

让用户试用原型,根据实际运行情况,找出原型存在的问题,提出修改意见。

（4）对原型系统进行修正和改进

系统开发人员根据用户试用过程提出的需求,与用户共同研究并确定修改原型的方案,经过修改、完善得到一个新的原型。然后试用、评价,再修改、提高,循环多次直到用户满意为止。总之,用原型法开发系统的过程是一个循环、不断修改与完善的过程。

3）原型的种类

根据在系统开发过程中的作用,可分为丢弃式原型（Throw-it-away Prototyping）和进化式原型（Evolutionary Prototyping）。丢弃式原型用于描述和说明系统的需求,作为开发人员和用户之间的通信工具,不作为实际系统运行。进化式原型用于满足用户不断变化的需求,在原型系统基础上不断迭代,作为实际系统运行。

根据原型的应用目的和场合的不同,可分为研究型原型（Exploratory Prototyping）、实验型原型（Experimental Prototyping）和演进型原型（Evolutionary Prototyping）。

4）原型法的优、缺点

①原型法的优点体现在以下几个方面。

A.开发者在正式开发之前就可以得到用户的真正需求,而用户能在较短的时间内看到新系统的模样。

B.改进了用户和系统开发人员的交流方式,有效地避免了开发者和用户的认识差异所产生的失败。

C.开发的系统更加贴近实际,提高了用户的满意程度。

D.降低了系统开发风险,一定程度上减少了开发成本。

E.采用自下向上的开发策略,更易被用户接受。

②原型法的缺点体现在以下几个方面。

A.由于原型法在实施进程中缺乏对 MIS 全面、系统的认识,因此,它不适合用于开发大型或复杂的 MIS。

B. 对用户的管理水平要求较高。原型化方法每次迭代都要花费人力、物力,如果用户合作不好,盲目纠错,就会拖延开发进程,甚至偏离原型的目的。

C. 测试和文档工作常被忽略,使系统运行后很难进行正常的维护。

D. 开发工具要求高。支持原型开发的软件工具大致可分为如下几类:原型化工具、CASE 原型化工具、可用于原型开发的工具。

5)原型法的适用范围

原型法适用于用户需求不清,管理及业务处理不稳定,需求常常变化,规模小、不太复杂,而且不要求集中处理的系统。

4.3.3　面向对象开发方法

1)面向对象开发方法简介

面向对象法(Object Oriented)简称 OO 方法,是一种认识客观世界、从结构组织模拟客观世界的方法。面向对象法产生于 20 世纪 60 年代,在 20 世纪 80 年代后获得广泛应用。它一反那种功能分解方法只能单纯反映管理功能的结构状态、数据流程模型只是侧重反映事物的信息特征和流程、信息模拟只能被动迎合实际问题需要的做法,从面向对象的角度为人们认识事物,进而为开发系统提供了一种全新的方法。这种方法以类、继承等概念描述客观事物及其联系,为管理信息系统的开发提供了全新思路。

2)面向对象法的相关概念

(1)对象

对象是现实世界中具有相同属性、服从相同规则的一系列事物的抽象。任何事物在一定前提下都可以看成对象。从计算机角度看,对象是把数据和对该数据的操作封装在一个计算单位中的运行实体;从程序设计者角度看,对象是一个高内聚的程序模块;从用户角度看,对象为他们提供所希望的行为。对象可以是具体的,如一个人、一张桌子、一辆轿车等;也可以是概念化的,如一种思路、一种方法等。

(2)属性

属性是实体所具有的某个特性的抽象,它反映了对象的信息特征,而实体本身被抽象成对象。

（3）类

类是具有相同属性和相同行为描述的一组对象,它为属于该类的全部对象提供了统一的抽象描述。例如动物、人、高校、管理信息系统都是类。

（4）消息

消息是向对象发出的服务请求。在 OO 方法中,完成一件事情的方法就是向有关对象发送消息。对象间可以通过消息实现交互,模拟现实世界。

（5）行为

行为是指一个对象对于属性改变或消息收到后所进行的行动的反应。一个对象的行为完全取决于它的活动。

（6）操作

操作是指对象行为、动态功能或实现功能的具体方法。每一种操作都会改变对象的一个值或多个值。操作分为两类:一类是对象自身承受的操作,操作结果改变了自身的属性;另一类是施加于其他对象的操作,操作结果作为消息发送出去。

（7）关系

关系是指现实世界中两个对象或多个对象之间的相互作用和影响。例如,师生关系、上下级关系、机器与配件的关系等。

（8）接口

接口是指对象受理外部消息所指定操作的名称或外部通信协议。

（9）继承

继承指一个类承袭另一个类的能力和特征的机制。继承的优点是避免了系统内部类或对象封闭而造成的数据与操作的冗余现象,并保持接口的一致性。

3）面向对象法的开发过程

利用面向对象法开发信息系统的主要步骤如下。

（1）系统调查和需求分析

系统调查和需求分析即对系统要面临的具体管理问题及用户对系统开发的需求进行调查研究,确定系统目标;对所要研究的系统进行系统需求调查分析,搞清楚系统要干什么。

（2）面向对象分析

根据系统目标分析问题和求解问题，在众多的复杂现象中抽象地识别需要的对象，弄清楚对象的行为、结构和属性等；弄清可能施于对象的操作方法，为对象与操作建立接口。

（3）面向对象设计

对分析结果作进一步的抽象、归纳、整理，从而给出对象的实现描述，并最后以范式的形式将它们确定下来。

（4）面向对象编程

此阶段为程序实现阶段，即选用面向对象的程序设计语言，实现设计阶段抽象整理出来的范式形式的对象，形成相应的应用程序软件。面向对象法开发的系统有较强的应变能力，因而具有重用性好、可维护性好等特点。

4）面向对象法的优、缺点

这种方法更接近于现实世界，可以限制由于不同的人对于系统的不同理解所造成的偏差；以对象为中心，利用特定的软件工具直接完成从对象客体的描述到软件结构间的转换，解决了从分析和设计到软件模块结构之间多次转换映射的繁杂过程，缩短了开发周期。在面向对象法中，系统模型的基本单元是对象，是客观事物的抽象，具有相对稳定性。因而，面向对象法开发的系统有较强的应变能力，重用性和维护性较好，并能降低系统开发维护费用和控制软件的复杂性。面向对象方法特别适合于多媒体和复杂系统。

但是面向对象法所面临的问题与存在的不足和原型法一样，它需要有一定的软件基础支持才可应用。另外，对大型系统而言，采用自下向上的面向对象法开发系统，易造成系统结构不合理、各部分关系失调等问题，易使系统整体功能的协调性变差，效率降低。

5）适用范围

面向对象的开发方法是目前比较流行的开发方法，适用面很广。

4.3.4 计算机辅助开发方法

1）计算机辅助开发方法的思想

严格地讲，计算机辅助开发（Computer Aided Software Engineering，CASE）方

法只是一种开发环境而不是一种开发方法。它是 20 世纪 80 年代末从计算机辅助编程工具、第四代语言(4GL)及绘图工具发展而来的。目前,CASE 仍是一个发展中的概念,各种 CASE 软件也较多,没有统一的模式和标准。采用 CASE 工具进行系统开发,必须结合一种具体的开发方法,如结构化系统开发方法、面向对象法或原型法等,CASE 方法只是为具体的开发方法提供了支持每一过程的专门工具。因而 CASE 工具实际上是把原先由手工完成的开发过程转变为以自动化工具和支撑环境支持的自动化开发过程。

2)计算机辅助开发方法的特点

CASE 方法具有下列特点。
①解决了从客观对象到软件系统的映射问题,支持系统开发的全过程。
②提高了软件质量和软件重用性。
③加快了软件开发速度。
④简化了软件开发的管理和维护。
⑤自动生成开发过程中的各种软件文档。

现在,CASE 中集成了多种工具,这些工具既可以单独使用,也可以组合使用。CASE 的概念也由一种具体的工具发展成为开发信息系统的方法学。

3)计算机辅助开发方法的工具

为提高软件开发效率和减轻开发人员的劳动强度而设计的软件称为软件工具。软件工具是为支持计算机软件的开发、维护、模拟、移植或管理而研制的程序系统。软件工具涉及很多方面,种类繁多,目前分类方法也很多,较为流行的分类方法是按生命周期分类,通常分为如下五大类。

(1)软件需求分析工具

它利用形式化语言描述,与自然语言相近,可产生需求分析的文档和相关的图形。例如,问题描述语言(PSL)和问题分析器(PSA)都是需求分析工具。

(2)软件设计工具

它主要包括两种工具,一种是图形、表格、语言的描述工具,如结构图、数据流程图、判定表、判定树等;另一种是转换与变换工具,如程序设计语言,可实现算法描述到接近可执行代码的描述转换。

(3)软件编码工具

如各种高级语言编译器、解释器、编辑连接程序和汇编程序等。软件编码工具是软件开发的主要工具。

(4)软件测试和验收工具

如静态分析程序(DAVE)、程序评测系统(PET)等。

(5)软件维护工具

如 PERT、TSN 和 GANTY 图等。

另外,有些软件工具支持多个软件开发阶段,因此难以明确将其归入上述五类中的某一类。对于依赖数据库技术的 MIS 开发,目前主要采用面向对象的开发工具。很多 DBMS 支持多个软件开发阶段,既作为系统开发平台,又作为系统开发编程工具。

除了这四种常用的方法之外,会展管理信息系统开发可以使用的方法还有软件包法、最终用户开发方法、外部化方法、软件再造工程法等。应当指出,以上对 MIS 开发方法的分类只能说是大致且不严密的分类。由于这些方法间有不少交叉的内容,分类并非在同一维度上进行,所以在概念上有含糊之处。

复习思考题

1. 解释会展管理信息系统战略规划与系统开发的关系。
2. 试述会展管理信息系统战略规划有哪几种方法。
3. 简述会展管理信息系统的开发过程。
4. 简述会展管理信息系统常用的几种开发方法。

第5章
会展管理信息系统分析与设计

【学习目的与要求】

1. 掌握会展信息管理的主要内容。
2. 熟悉会展各业务的数据流程之间的关系。
3. 掌握会展管理信息系统的开发各阶段的任务。
4. 了解各类型会展企业管理信息系统的功能的前沿。

【引导案例】

易览网——中国机电产品网上展览馆

"易览网——中国机电产品网上展览馆"是由中国机械工业联合会主管、机械工业信息研究院主办的,面向机电行业,为机械工业企业提供产品信息服务的数字信息平台。其宗旨是为机械工业企业提供免费的产品信息展示平台,举办永不落幕的产品博览会,帮助企业压缩产品推广、参加行业展会的费用,为广大工业企业用户了解、咨询、采购机电产品提供全面的数据支持,使用户能够一站式采购到工程项目的全部配套产品。

在信息网络化方面的发展方向:围绕装备制造业,提供全方位服务的工具性网络经营平台,使其成为行业的新闻中心、会议中心、展览中心、交流中心、成果中心、产品中心、推广中心、文献中心、知识中心。让装备制造业方方面面的人士到这个虚拟社区来看信息、说看法、做事情。

"易览网——中国机电产品网上展览馆"是机工传媒(机械工业信息研究院)旗下的机电产品展示平台。它依托机械工业信息研究院,利用其信息采集和数据处理的强大优势,秉承多年机械行业图书出版和信息研究领域的优势,着力打造一个全方位为机电产品生产企业和用户服务的免费信息服务平台,为广大装备制造企业用户了解产品、选购产品提供全面的展览展示和数据支持,为企业产品宣传、品牌推广提供综合性服务。该平台将整合现有中国机械工业年鉴系列和中国机电产品报价手册系列图书资源,为广大机电行业用户开发出多种信息服务产品,提供线上、线下的全方位服务,满足机电用户产、销、购和使用中的多种需求。

资料来源:[2013-07-19]http://www.mepfair.com/NavigationBottom1.html.

【问题与思考】

为什么会展行业与信息技术的结合有着天然的适应性?

【分析启示】

会展行业应主要在哪些方面进行信息化建设?

【知识点】

随着计算机技术和网络技术的应用领域越来越广泛,其对信息处理和信息管理领域的发展起到了举足轻重的作用。而会展行业为了适应市场发展和行业发展的需要,大量地使用各种信息处理和信息管理的软、硬件工具,从而产生了各种会展管理信息系统。

5.1　会展现场管理信息系统

5.1.1　会展现场管理信息系统的概述

1) 会展现场进行信息管理的必要性

会展业作为新兴服务业,是21世纪的朝阳产业,有着巨大的发展潜力。而良好的会展现场服务又恰恰是一个展会能够成功的重要原因所在。在展会中,不论是参展商,还是主办者、观众等,都离不开会展现场服务。它不仅可以在当时促使展会取得成功,还可以在很大程度上宣传和延伸展会的影响力和品牌效应,让更多的参展商、客户、观众了解并参加展会,从而使展会取得更大的成功。

会展现场管理,具体体现在对参展商和观众的优质服务上。它是展览计划的具体落实,也是直接反映和衡量办展水平的必要环节,理应备受会展组织活动组织者的重视。然而会展现场管理、控制和协调的内容相当复杂,如若处理不当,突发事件必将会酿成大的问题。所以,要求现场管理的指挥协调成员对展会相关事宜全盘了解,并能及时、果断作出正确的决策。本章将会展活动现场管理分为展览活动现场管理系统、会议活动现场管理系统、节庆活动现场管理系统;主要对会展活动现场管理中的接待系统、会务系统的具体定义以及工作内容进行详细阐述。

2) 会展现场管理的观众信息

(1) 观众信息的分类

可以把观众信息分为基本信息、需求信息和行为信息三大类。

①观众基本信息。这是以观众的名片信息为主的信息,主要是观众的姓名、单位、部门、职务信息和通过邮寄、电话、传真、E-mail、手机五种方式能联系该观众的必要数据。

②需求信息。观众在入口填写的调查表答案大致反映了观众的需求信息。观众的需求信息能清楚定义每个观众的参观目的和个人需求,因此,能从此角度去查找有价值的观众,如我们希望得到"下次意向参展"的观众名单,就可以在调查表查询中选择查找回答了这个问题的观众。

③观众现场行为信息。观众在展览会上进出各场馆、参加研讨会、访问各

展台留下的数据是观众的行为信息。通过这些数据,能得到有用的结果,如希望知道展会第一天上午来的人有哪些,参加了某个会议的观众有哪些,哪些观众在不同的时间单位内多次来参观,参观了那个分场馆或展台的观众是哪些,展览会每天的高峰期情况,展览会的观众滞留率等。

(2)观众信息的作用

①增加现有参展商的满意度。通过观众信息库的积累,邀请更多的专业观众参展。作为一个参展商,当然希望能够在展览会上见到更多的专业买家。如何邀请到更多的专业观众,便成为展会组织者最应关心的问题之一。通过周期展会对专业买家信息进行积累,是解决这个问题的有效方法之一。它为参展商提供更加有效的观众(买家)信息,最大限度地促成会后的交易。如果在展会结束后,能够为您的参展商提供部分有价值的专业观众数据信息,相信一定能获得参展商不一样的评价。怎么提供有价值的观众信息给对应的参展商呢?我们可以通过观众的基本信息和需求信息来鉴别,如某参展商对"电控装备"类的观众感兴趣,就可以为其提供选择了该类调查问题的观众信息。

"从人流最大化,到收益最大化",这是展会品牌持续提升并获得更多市场追捧的真理。组办者必须在展前做好参展商与专业观众参展意图的摸底工作,提前做细工作——帮助参展商与专业观众在现场实现有效沟通并达成交易。

②挖掘潜在参展商客户。除了常规的观点外,在展览会期间,部分专业公司用于参观的费用已经远远超出展览会的展位价格,此类公司即为展览组织者应关注的潜在参展商。调查问题中往往也能够揭示这样的用户。例如在系统安全展览会中,调查问题"标出阁下的参观目的",部分观众选择"评估此展览会以作为明年参展计划"选项,该数据即可作为下届招展对象的重要依据。

③甄别展会的专业观众,提供更为深入的服务。对展会的观众信息进行分析,将其中的部分高级职位和直接用户定义为专业观众,提供更加深入的服务,使之最终成为展会的核心价值。同时,通过他们的带动作用,吸引更多的专业观众参加展览会,从而实现展览会的发展和壮大。如在每次展会开始的前一段时间,直接寄发打印好的观众胸卡给专业观众,免去他在入口排队之苦。这是一种很有效的方式,因为专业观众希望被重视的心理得到了满足。

④提供统计分析报表。依据观众信息得到的各种分析报表,如展览会的规模大小、人员组成情况、反馈情况、参展意向、区域分布、展品分类、外商统计等,都是决策分析的重要依据。

⑤为下届招展作准备。通过对展览会观众信息和调查问卷的统计分析,能为下届展览会的组织提供有益依据。观众组成的比例、观众的地域分配、影响

力组成,可以作为展览会招商重点的重要参考依据。

⑥开发商务配套服务、建立行业的信息库。在酒店预订、票务、组织旅游等方面,为专业观众和参展商制订个性化的商务接待服务,与会展商的旅游服务提供商共享资源,带动周边经济的发展,凸现展会价值。同时,建立行业日趋权威的买家(观众)信息库,直接掌握行业最新、最活跃的客户资源,减少展会对参展商邀请客户的依赖。通过行业信息库,能为行业提供有偿信息服务,如开展直邮服务,有效的客户资源能使用户收到比泛泛的广告宣传更好的效果;为行业提供分析报告,供行业客户购买;为行业提供信息查询服务。

5.1.2　展览会现场信息管理系统分析

展览会现场是执行或实施展示、展出各个环节的操作时段,地点以主办方开始启用后的场馆为主,也包括其他相关涉及的场所,如运输拆卸场地等。

将展览会现场信息管理定义为以"实现展会所有参与者的价值最大化"为中心展开的所有工作,包括高效有序的管理现场,给予展会参与者最优参展体验,现场数据搜集与整理、应用等。

衡量会展企业能否办好一个展会的标准不仅在展览的收益上,更在于展会招展服务的水平上,而在展会现场表现得最为直接和明确。现场信息化管理不仅提升了展会信息化水平和展会形象,更好地为展会参与者服务,更能获得宝贵的展会信息资源并挖掘、利用。

1)展览会现场信息采集

展览会现场的三个主要场所,即信息中心、观众登记大厅和展览大厅(包括会议室),它们在信息采集和应用方面的需求应用到的信息管理系统中,可以把观众登记大厅和展览大厅统称为信息系统应用的前台,这些系统都是直接面向系统用户的,包括观众、展商和展览组织者等;而把信息中心称为信息系统应用的后台。信息中心要有专门的人员进行管理,它是前台系统正常运行的保证,也为展览组织者提供数据报告的依据和方法。同时,也是展览组织者服务展商和观众,以及各方进行信息交流的后台支持。其中对观众信息的采集与管理主要通过以下几种系统方式来实现。

(1)现场信息采集系统

展会现场的信息采集主要包括观众信息的采集和参展商需求信息的采集。观众信息的采集主要集中在观众登记大厅进行,目前国内一般展会的做法都是"即采即录",就是从观众入口处提交的名片和调查表上获得观众信息,立即由现场录入员进行录入。这种模式虽然投入较低，信息及时，但是却不能保证信息的准确性和可用性。为了避免这种弊端，可以采用图像采集后录入处理的方式，可以提高观众信息的准确性和完整性。目前主要的做法是使用名片自动识别系统帮助处理观众信息。

现场信息采集仅依靠现有的名片处理系统无法胜任。根据市场调研，名片信息的采集和处理目前主要是用扫描仪采集到计算机中，并启动识别软件产生初步结果（达到 80% ~ 90% 的准确性），再让人手工调整，从而得到正确的信息。这样的过程需要操作扫描仪扫描、计算机长时间识别和人工参与调整，在调整过程中靠鼠标的移动和点击，速度慢，只适合个人少量名片处理。目前国内比较先进的名片自动识别技术有北京昆仑亿发科技有限公司研发的 East fair CRM 系统，其在应用图像识别与采集信息方面的技术目前国内领先。

（2）现场制卡系统

展览会现场使用先进的现场制卡系统主要是用于对观众和展商的身份认证。一般用于身份认证的卡有很多种，如 IC 卡、磁卡、条码卡、二维条码卡、打孔卡、光电卡等。具体应用到展会现场，要考虑到用于身份认证的卡不易回收，使用量大，并且要求制卡过程简单、效率高。因此，适合的卡种有磁卡、条码卡和二维条码卡三种。展会的主办方可以根据不同的要求具体与产品开发商联系，选择适合展会使用的现场制卡系统。

（3）门禁防伪系统

采用了信息手段来管理的展会，在各个环节上都充分体现出现代化信息管理的手段。门禁防伪技术已在其他行业得到成熟的应用和稳定的发展，在展览会的现场具体使用防伪技术来保证观众和展商信息的准确性，目前也有使用，但并不成熟，它的应用也有赖于前面提到的制卡技术的发展。

（4）中心信息处理与查询系统

信息中心是整个展览会现场信息管理系统的核心，有信息采集系统采集来的所有信息，包括观众信息、展商信息，最终都交由信息中心来管理。中心还要负责对这些信息的规范化处理、管理、查询、统计等工作，用于满足观众和参展商的需求，同时也为主办方提供了准确的信息依据。其中，对观众信息的处理主要有以下几个方面。

①数据处理。信息中心管理数据库系统可以对展览会现场收集的观众信息和观众行为数据进行深入的规范化处理。例如，可以通过邮政编码、电话区号和全国、世界城市数据库的相互校验，确定观众所在城市、省份和大区信息；根据相应行业的特点，对各种不同部门和职位进行归类处理，确定观众的职业

信息;对残缺不全、明显无用的信息进行删除,提高信息的有效性;对基本信息(姓名、身份证号)相同的观众进行辨认,合并相同信息。

②生成展会统计分析报告。利用数据库的管理技术,为主办单位和参展商提供基于数据的多种分析报告。例如,提供各类现场曲线分析图帮助主办者分析现场展览效果,辅助确定未来展览策略;通过对观众填写的调查表进行统计和分析,对组委会关心的每个调查问题(观众感兴趣的产品类别、会前各宣传媒体的效果、观众的行业细分等)提供图表报告。

③展后信息管理。根据数据管理和使用的不同权限,按照主办方各类查询的要求,在会后提供完整的观众信息资料库和展商信息资料库。用户可以按照姓名、单位、职位、行业、学历等不同条件组合对到会的观众进行查询;基于查询结果,可以查看详细信息、查看名片原件图像、下载观众信息等;同时,提供发送邮件和群发邮件等观众联络功能。

提供专业的观众回访服务,方式包括邮寄、E-mail、传真等,内容包括会后满意度调查、下届参观意向等。通过展后回访,可以分别管理观众各种联系方式的有效性,进一步提高信息质量。同时,信息中心数据网站的管理,便于观众展后在访问本次展览会站点时,查看新发布的展览会资料,查询曾经访问过的展商,查看参展商的最新信息,下载参展商的参展资料,并可通过留言簿或电子邮件联络参展商或主办单位。

然而,如何保证展览会现场信息采集的质量,会成为参展观众信息的信息化管理与收集的最大障碍。展会现场需要在很短的时间内收集大量的信息,而展会的工作又是非常忙碌和复杂的,怎样才能做到事半功倍呢? 这也需要我们在信息收集系统的技术上做到突破和保证,以提高工作的效率和收集信息的质量,这项工作除了需要服务提供商突破技术难关外,同时也需要展览各方人员的通力配合才能做好。

2)现场展商服务业务流程与数据流程

(1)现场展商服务业务流程

参展企业到展会参展,组展机构应尽力为展商提供全面周到的服务。现场展商服务是展览会现场信息服务的重点内容之一,主要从参展商角度出发,尽可能为参展商提供所需的客户信息。

组展机构应在展览开幕之前为参展商布置好计算机、读卡器等终端设备,并测试服务器的连接是否正常。展览期间,观众持参观证到展台参观并刷卡,接待人员需记录观众号,及时统计观众信息,以便在当日展会结束后将观众号提交组展机构,参展商只需将结果保存或打印即可。现场展商服务业务流程如图 5-1 所示。

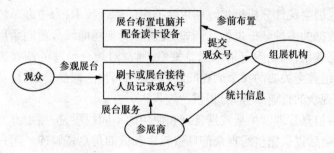

图 5-1　现场展商服务业务流程图

(2)现场展商服务数据流程

观众到感兴趣的参展商展台参观,记录处理过程记录下观众参展证信息和展位号并存入展位参观记录数据存储器。每天展会结束后,把各展位的展位参观观众信息统计出来,并把展位参观观众信息传递给参展商。现场展商服务数据流程如图 5-2 所示。

图 5-2　现场展商服务 0 层图

根据数据流程图分层原理的画法,将图 5-2 进一步分解为图 5-3。

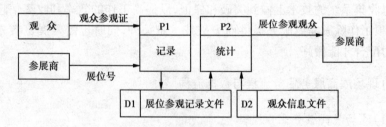

图 5-3　现场展商服务 1 层图

5.1.3　展览会现场信息管理系统的系统设计

1)展览会现场信息管理系统的系统设计概述

经过系统分析,比较深入地了解原会展系统的业务处理过程、数据流程、存在问题等,从而提出系统的逻辑模型。从建立模型的角度来看,系统分析所提供的逻辑模型是解决了"系统要做什么"的问题。系统设计就是实现系统分析所提出的系统逻辑模型所做的"系统怎么做"的问题,即考虑系统的规模与复杂程度等条件,进行若干具体设计。系统设计是开发管理信息系统的第三阶段,主要分为总体设计和详细设计两种。

2)展览会现场信息管理系统的功能设计

展览会现场信息管理系统的主要功能。(图5-4)

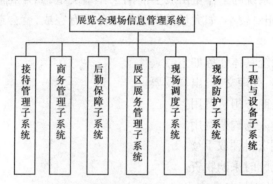

图5-4　展览会现场信息管理系统

(1)接待管理子系统

接待管理是现场管理的第一任务,接待工作安排科学才能保证会展活动现场疏导与管理工作的顺利展开。在有条件的展览场所,可以通过科学技术产品与现代通信设备来提高接待质量与效率;在条件较差的地方,可以在接待方面多安排一些工作人员与志愿者,以人力接待、疏导为主。

展览会接待任务如下。

①识别来者身份。例如参展商、专业观众、非专业观众、开幕嘉宾、参观嘉宾、媒体记者、展位促销服务人员、会场服务人员等。(到会人员识别方法有证件识别法、标识识别法、问询识别法等)

②制订人员流动疏导方案。

③协助办理相关证件。

④协助随身物品托管或寄件。

⑤疏导到会车辆。

⑥介绍展会活动的基本情况。

⑦协助填写参观注册信息。

⑧讲解展会现场相关注意事项。

⑨告知开馆、闭馆时间。

⑩接待现场咨询人员。

⑪协助办理相关商务手续。

⑫其他接待相关事务。

（2）商务管理子系统

商务管理系统分为财务管理系统、手续补办系统、商务租赁系统、证件补办系统。商务管理系统的工作量由展会前期工作量决定，如开展前大量工作已完成，现场工作量相对较小；如大量前期工作任务没有完成，就会造成现场商务管理任务繁重。

商务管理系统具体任务如下。

①验证手续、办理交费、出具发票。

②收取相关商务租赁费用。

③收取临时入场购票费用。

④办理会刊资料领取手续。

⑤验收现场临时采购物资。

⑥审核、发放现场各项支出。

⑦提供打印、传真等现场服务。

⑧编辑管理相关协议文本。

⑨填写各方制订的临时需求表格。

⑩其他商务相关事务。

（3）后勤保障子系统

后勤保障系统是现场主要物资管理与供应中心。如运输设备、仓储、餐饮、车辆调用与配发工作，后勤管理实际上是一系列后勤活动管理的统称。由于后勤总是在有组织与管理的方式下进行，所以后勤与后勤管理不过是一个事物的两个方面。

后勤保障的具体任务如下。

①现场相关餐饮服务商管理与调度。

②现场相关运输设备管理与调度。

③现场相关移动展具、模型的临时管理与调度。

④现场可移动广告载体管理与回收。

⑤现场展示租赁设备管理与回收。

⑥现场绿植管理与回收。

⑦现场非展区装饰材料管理与回收。

⑧现场成型宣传材料管理。

⑨现场摄影、摄像设备管理与协调。

⑩现场各种开幕、闭幕物品的管理与回收。

⑪现场各种工作证件与服装等相关物品领用。

⑫现场各类人员的管理与疏导。

⑬现场各类信息的处理、反馈与收集。

⑭现场各类组织关系的协调与分配。

（4）展区展务管理子系统

展区展务管理又称为现场参展商服务。它指会展组织者在展示场所为参展者提供的服务与协调展出事务的总称。

现场参展商服务主要有以下内容。

①展区测量与展品检查。

②更换与调整展位。

③展位促销管理。

④展位噪声管理。

⑤展位水、电、气、餐饮协调。

⑥展品知识产权保护协助。

⑦展位施工与设备安装协调。

⑧展位门楣检查核实。

⑨展商代表与展出品核实。

⑩展区广告内容核实。

⑪展区参观人员疏导。

⑫展区证件补办协助。

⑬展区桌、椅、垃圾桶位置协调。

⑭设置重要领导参观路线。

⑮展区展位拆卸协调。

⑯展区安全防范。

⑰其他展区相关服务。

（5）现场调度子系统

现场调度系统也被称为现场指挥中心。它指会展活动召开时，会展组织管理者通过现场调度、调节、管制、指挥等方式，保证各系统的正常运行。现场调度中心是现场最高指挥中心，通常各类指示信息均由调度中心完成并发布。现场调度系统负责人统常由会展组织最高管理者、会展活动策划师、会展场馆负责人、会展现场秘书组等相关人员组成。

现场调度的主要职责如下。

①协调各系统的相关任务,特别是交叉性任务的指派。

②控制会展活动现场的进行程序。

③调配现场相关管理人员与服务人员。

④对现场各类突发事件作出处理决定。

⑤下达重要工作内容通知。

⑥接待各系统的咨询意见并作出反馈。

⑦组织重要领导进行参观。

⑧处理其他系统不能决策的事物。

⑨检查各系统实际工作情况。

⑩公布会展现场重大变化情况。

(6)工程与设备子系统

工程与设备系统是会展活动主要建筑建设的核心系统。通常工程系统在现场管理阶段之后,任务较繁重,也是事故隐患最多的一个系统。工程与设备系统包括了会展活动现场所有的大型施工工程管理与设备使用安装过程管理。

工程设备系统的工作范围如下。

①标准展位运输、安装、检修、拆卸管理。

②展场水、电等申请、输送、安装管理。

③特装展位施工管理。

④大型展品物流与安装管理。

⑤展位移动、撤除、检修、管理。

⑥大型表演使用设备的安装、检修、拆卸管理。

⑦工程运输设备使用管理。

⑧协调场馆方、施工方业务关系。

⑨协助办理工程人员证件。

⑩检查会展活动现场使用材料。

⑪人员管理设备与现场大型广告载体的安装与管理。

⑫背板、开幕台、剪彩台的安装与检修。

⑬展场通风、通气设备的检修、安装管理。

(7)现场防护子系统

现场防护系统包括了多个子系统,它是大型会展活动的重要监控与突发事件处理系统。具体有社会安全系统、现场治安系统、医疗服务系统、突发事件应急系统、日常监控系统、法律咨询系统、知识产权保护系统等。

现场防护系统的主要内容如下。

①维护展期社会安全,防止各类事件发生。

②维护展示区域治安。

③排查消防设备设施。

④协助核对进入展区人员身份。

⑤失物报检、领取管理。

⑥人身健康与财产安全保护。

⑦呼叫对讲系统建设。

⑧现场纠纷处理。

⑨现场医疗救助及处理。

⑩知识产权侵权调查、取证及立案。

⑪展区监控设备安装与检修。

⑫夜间巡逻与公共危害防止。

5.1.4 会议现场执行管理系统的系统设计

(1)会议现场接待子系统

会议接待管理系统根据会议性质决定,不同性质的会议对会议接待工作的设定各有偏重。具体工作内容如图5-5所示。

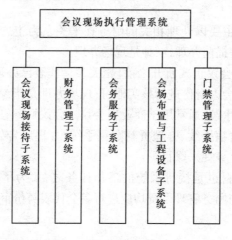

图5-5 会议现场执行管理系统

①根据机票、车票、参会名单、嘉宾的邀请统计情况,确定接待方案与人员分工。

②提前对进出车辆、周边交通要道、会场进出口进行布置设计。

③从机场,车站的接待工作开始,到进入会场的接待管理工作,然后到餐饮、酒店住宿、休闲活动的统一布置。分时段,分地点,责任到人。随时检查酒店、会议室相关的欢迎幅、欢迎牌、签到台、指示牌等是否出现问题。

④通常正式会议需安排治安管理人员,对进入会场及周边区域的车辆、人员、设备等进行监控。

⑤签到人员较少时,可以采用流水作业;签到人员较多时,可以安排团体队伍进行领队核实、集体签到。如人员结构复杂,在至少安排 4~5 个接待位置,将嘉宾、媒体、普通参会者分开接待。

⑥嘉宾签到使用的笔、纸等要选择质量合格品。现场签的字、贺词、签约书等应由专业人员负责妥善保管。

⑦出席人员就座排列方式中西方各有不同,应提前咨询排列方式。

⑧发言过程中,准备好应急稿与应急演讲设备。例如话筒、投影设备、照明设备等。

⑨准备充足的会议用品,会议正式开始前,提醒参会者将手机转为静音状态。

⑩会议开始后,应安排专人负责录音、拍照、摄像等工作。大型会议应提前安排同声传译人员,并对同声传译内容进行核实。

(2)财务管理子系统

财务管理系统主要以处理相关的财务往来关系为主。通常会议财务手续办理有两种,一种是提前办理,一种是现场办理。

提前办理是指会议正式召开之前,相关参会代表已办理了相关手续,会议组织者在现场对参会人身份进行核实即可;现场办理是指参会代表直接在现场办理相关注册交费手续,通常用于商业型会议。会议财务管理系统的工作有办理注册手续、办理食宿手续、办理资料购买手续、办理广告处理手续、核实参会人资料、处理其他财务往来账目等。

核实参会人资料也是接待系统的工作任务之一,为了防止参会人身份错误,通常接待系统与财务管理系统均应进行参会代表身份审核。

(3)会务服务子系统

会务服务系统的主要任务是完成会议期间相关物品配备与会务协调工作。会务服务系统主要工作任务有如下内容。

①邀请(请柬、印刷、邮发)。

②签到(名片盒、签到簿、签字笔、胸牌、胸花)准备。

③仪式、讲话(讲话稿内容、审核、翻译、设备)准备。

④剪彩(立杆、彩带、剪刀、手套、托盘、持彩托盘人、引导)准备。

⑤协助参观(路线、引导、解说)工作。

⑥备餐(人数、标准、酒水、饭菜内容)。

⑦资料(会议介绍、讲话稿、贵宾名单)发放。

⑧礼品准备与发放。

⑨住宿(住宿房间预定、分配、退订)。

⑩旅游(景点考察、线路设计、购物指南、导游安排)。

⑪座位(座位安排、桌面物品摆放、嘉宾席位设计、休息区设计)。

⑫交通(车辆安排、疏导、调用)。

(4)会场布置与工程设备子系统

会场布置与工程设备系统通常使用在中、小型会议上,两者没有明显的系统分区。政府型会议通常对两种系统不再细分,而商业型会议则分工较明确。主要工作任务如下。

①标志、水牌、签到台布置。

②演讲、翻译、同传、播放、投影设备布置。

③会议形象文化品制作、打包。

④会场背景墙、背景音乐、灯光安装布置。

⑤大型舞台设计安装。

⑥视频、音频设备安装与调试。

⑦会议区、产品展示区搭建。

(5)门禁管理子系统

门禁识别系统又称出入口识别控制系统,是一种高度智能化,既可实时控制又可脱机使用的网络进出口监控和报警管理的安全系统。授权的用户每人持有一张唯一身份认证的磁卡,持卡人将根据所获得的授权进入指定区域。系统通过对特定的管理区域设防(报警状态)实现报警与持卡人信息采集功能。系统自动读卡上有效时间、开门信息、持卡人身份、报警信息等资料,供查询和统计处理并生成各种报表。该系统广泛应用于现代化办公大厦、银行、展览场馆、机房、智能化小区等处。

近几年,我国部分大型会展活动场馆均安装了门禁系统,以此来提高展览场馆的科技含量。熟悉使用门禁管理系统,是会展活动现场管理的重要内容之一。

①传统的门禁系统,仅实现了控制、管理、输入/输出确认等功能,其处理速度也较慢。随着技术的不断进步,新型的会展门禁系统在原有功能上,新增了用户信息存储并提高了多点认证的速度。

②有效协助场馆方、组办方、参展商做好现场的统计、管理、控制与宣传工作。由于参观群体鱼龙混杂,很难就参展效果作出准确、有效的评估,而具体展位参观群体的详细数据更是不得而知。门禁系统可以根据参展商需求来采集观众具体数据,及时做出现场数据的统计分析报告。

③异地参观者、参展商可以省去展品宣传材料携带的不便,根据门禁系统的详细记录,进行展品信息的传送。避免现场宣传品、宣传资料的大量浪费。

会展门禁管理是会展信息化的一部分内容。至今为止,我国会展信息化的发展程度还比不上发达国家,这是由我国的基本环境薄弱与会展发展历史短所决定的。会展现场服务在条件具备的情况下,还应注重提升个性化、人性化等顺应顾客特殊需求的服务,使之体现出"以人为本"的经营意识。

经过大量的前期准备工作,才能使会展活动在现场顺利召开。在某一具体时间、地点,聚集大量的人员、物资、财产、信息,这就是会展业的特殊性。更准确地讲,会展现场管理应该是会展现场协调与服务。现场管理是考验会展组织者、承办者以及参与者的一个大考场,每个会展活动现场所产生的事态都会有所不同。这就要求上述相关人员要有良好的基础素质,还要有处理各种突发事件的能力。

5.2 主办商管理信息系统

5.2.1 主办商管理信息系统的业务流程分析

1)展前展览会策划及项目运营管理流程

(1)展览项目立项及报批管理

①市场信息的搜集。

A.产业信息。这包括了产业性质(投入期、成长期、成熟期、衰退期)、产业规模(生产总值、销售总额、进出口总额和从业人员数量等)、产业分布状况(产品的分布、地区的分布)、厂商数量(潜在参展商和专业观众)、产品销售方式

（适合举办展览会的产业一般都是那些"看样成交"为主的行业）。还得考虑产品的销售渠道模式及其成熟度,比如批发市场。是否具有季节性等。搜集这些信息应包括国内外信息。

B.市场信息。从策划举办一个展览会的角度出发,需要搜集的市场信息主要有市场规模、市场竞争态势、经销商数量和分布状况、行业协会状况、市场发展趋势、相关产业状况等。

C.有关法律法规。不管是产业还是市场,它们都不同程度地受到国家现有的法律法规的影响和约束,法律法规对举办展览会存在着重大的影响。我们应主要了解的有产业政策、产业发展规划、海关有关规定、市场准入规定、知识产权保护和其他规定等。

D.相关展会的信息。展览会过多,我们很难进行全面搜集,但至少应该搜集到相关展览会的下述信息:同类展览会的数量和分布情况、同类展览会之间的竞争优势、重点展会的基本情况等。

E.获取信息的方法。一是委托专门的市场调查机构帮助搜集,二是搜集现成的资料,三是市场抽样调查,四是通过网络搜集。

②展览题材的选定。展览题材就是举办一个展览会所计划要展出的展品的范围。

A.确定在哪个行业举办展会。我们需要将市场细分出来:细分市场的规模和发展潜力、细分市场的盈利能力、细分市场的结构吸引力、办展机构自身的办展目标和资源。接下来就得考虑选择这个展览会的具体题材了,主要有新立题材、分列题材、拓展题材和合并题材四种。

B.新立题材。指办展机构将从来没有涉及的产业作为新举办展览会的展览题材。一般来说,办展机构为确定新立题材进行市场调查的产业不止一个,而是有好几个,也就是说,同时对几个题材展开调查,以便经过分析后确定一个或几个可以进入办展的题材。那么办展机构可以从搜集到的信息中选新立题材,也可从国外已经举办的展览会中的有关题材中选择新立题材。

C.分列题材。就是办展机构将已有的展览会的展览题材再进行进一步的细分,从原有的大题材中分列出更小的题材,并将这些小题材办成独立的展览会。当然,这并不说想分就分,一般要满足以下几个条件才可以分列:一是原有的展览会已经发展到一定的规模,某一细分题材达到一定的展览面积;二是由于场地限制等原因,这个细分题材的展览面积受限;三是细分出来的这个题材不会对原有的展会造成太大影响;四是这个细分的题材和原有展览会其他题材之间有相对的独立性;五是搜集的信息表明,可以细分的题材能单独举办展览会。

D. 拓展题材。就是将现有展览会所没有包含的,但与现有展览会的展览题材有密切关联的题材;或者是将现有展览会展览题材中暂时还未包含的某一个题材列入现有展览会展览题材。拓展展览题材是扩大展览会规模的一种常用的有效办法,它一来可以扩大招展展品范围,二来可以扩大参展企业数量和观众来源。当然还须具备以下条件:一是计划拓展的题材与现有展览会的展览题材要有一定的关联性;二是计划拓展的题材的加入与现有展览不会造成操作上的任何不便;三是现有展览会的专业性不会因计划拓展的题材的加入而受到影响。

E. 合并题材。就是将两个或两个以上彼此相同或有一定关联的展览题材的现有展览会合并为一个展览会;或者是将两个或两个以上的展览会中彼此相同或有一定关联的展览题材剔除出来,放在另一个展览会里统一展出。

(2)展览策划及内部项目预算管理

①展会项目立项策划。在确定了展览题材、基本搜集到上述各种信息并对信息进行初步分析后,就可以进行展览项目立项策划了。项目立项策划就是根据掌握的各种信息,对即将举办的展览会的有关事宜进行初步规划,设计出展览会的基本框架。那么展会项目立项策划应注重什么呢?应侧重于从定性的角度来规划即将举办的展览会,而不是详细地对即将举办的展览会进行定量的分析。项目的可行性分析将在后面的章节介绍。展会项目立项策划具体包括如下内容。

A. 展会名称。展览会的名称一般包括三个方面的内容,即基本部分、限定部分和行业标志。如"第96届中国出口商品交易会","交易会"是基本部分,"中国"和"第96届"就是限定部分了,而"出口商品"就是行业标志了。展览会的名称也就确定了展会的基本内容和基本取向。

B. 展会举办的地点。展览会在哪个国家、哪个地方、哪个展馆举办?是在不同的地方轮流举办?还是在一个地方举办?

C. 办展机构。指负责展会的组织、策划、招展和招商等事宜的有关单位,它可以是企业、行业协会、政府部门和新闻媒体等。一般有主办单位、承办单位、协办单位、支持单位等之分。主办单位是指拥有展会并对展会承担主要法律责任的办展单位;承办单位就是直接负责展会的策划、组织、操作与管理,并承担展会主要财务责任的办展单位;协办单位一般既不承担财务责任,也不承担展会的主要招展和招商工作,只对主办或承办单位的工作起协助作用;支持单位有时候也承担一些展会的招商和宣传推广工作,但基本不参与展会的招展工作,也不对展会承担任何财务责任。

D. 办展时间。一是指举办展会的具体开展日期,二是指展会的筹/布展和撤展日期。例如某个展会的办展时间:开展时间为2013年9月20日上午8:30,展览时间为9月20—22日上午9:00—16:30,筹展时间为9月16—19日,每天上午9:00—17:00,撤展时间为9月22日下午13:00—17:00或9月23日。

E. 展品范围。在上面,我们提到了如何选择和确定展览题材的方法,这些对选择和确定展品范围也同样适用。根据展会定位,展品范围一般包括一个或几个产业,或者是一个产业中的一个或几个产品大类。

F. 办展频率。是指展会一年举办几次还是几年举办一次,或者是不定期举行。办展频率的确定受到展览题材所在产业的特征的制约,包括产业的生命周期、产品的生命周期等。

G. 展会规模。一是展会的展览面积是多少,二是参展单位的数量多少,三是参观展会的观众有多少。在策划展会时,我们都要作出预测和规划。

H. 展会定位。通俗点说,就是清晰地告诉人家这个展会是什么和有什么。具体地说,展会定位就是办展机构根据自身的资源条件和市场竞争状况,通过建立和发展展会的差异化竞争,使自己举办的展会在参展企业和观众的心目中形成一个鲜明而独特的印象的过程。展会定位要明确展会的目标参展商和观众、办展目标、展会的主题等。

I. 展会价格和展会初步预算。展会展位的价格往往包括室内展场的价格和室外展场的价格,室内展场的价格又分为空地价格和标准展位的价格。在制订展会的价格时,一般遵循"优地优价"的原则,即那些便于展示和观众流量大的展位的价格往往要高一些。

J. 人员分工、招展招商和宣传推广计划。人员分工计划、招展计划、招商和宣传推广计划是展会的具体实施计划,这四个计划在具体实施时会互相影响。人员分工计划是对展会工作人员的工作进行统筹安排,招展计划主要是为招揽企业参展而制定的各种策略、措施和办法,宣传推广计划则是为建立展会品牌和树立展会形象,并同时为展会的招展和招商服务的。以上各计划涉及的内容较多,也较复杂,在后面将有专门的章节进行介绍。

K. 展会进度和相关活动计划。展会进度计划是在时间上对展会的招展、招商、宣传推广和展位划分等工作进行统筹安排。它明确在展会的筹办过程中,到什么阶段就应该完成哪些工作,直到展会成功举办。展会进度计划安排得好,展会筹备的各项准备工作就能有条不紊地进行。

②展会立项策划书。在完成上述工作后,就可以提出《展会立项策划书》了。该策划书是对上述各项工作的归纳和总结,也是举办这个展览会的办展规划、策略和方法。那么,策划书应该包括以下内容。

A. 举办这个展览会的市场环境分析。这主要是指所举办的这个展览题材（比如新能源、新技术、新设备展览会）当前的行业现状、国家的有关法律法规和新的政策信息、与这个展览会同类的展览会情况以及展览会举办地（比如在沈阳市举办）的市场分析。

B. 提出这个展览会的基本框架。包括展览会的名称和举办地点、办展机构的组成、展品范围、办展时间、办展频率、展会规模和展会定位等。

C. 展会的价格及初步预算方案。

D. 展会的工作人员分工计划。

E. 展会的招展计划。这主要指展览会的展区如何安排、展位如何划分、如何招揽企业参展的计划。

F. 展会招商计划。

G. 展会宣传、推广计划。

H. 展会筹备进度计划。

I. 展会服务商安排计划。

J. 展会开幕和现场管理计划。

K. 展会期间举办的相关活动计划。

L. 展会的结算计划（展览会的收支结算）。

2）展中展览会策划及项目运营管理流程

（1）展台销售合同跟踪及尾款收取管理

通过对展台销售合同（包括订单、要货传真件等要约性文件）执行过程的跟踪，提高合同履行质量，提高公司合同履行信誉，减少公司资金风险。相关部门负责所有销售合同跟踪的组织协调，监督销售合同执行的效果并及时建立销售合同跟踪文档。在销售合同执行过程中对"销售合同跟踪记录文件"上的每一项内容进行记录，并检查每一项业务的执行是否与合同约定一致，如不一致必须及时与相关部门进行协调。同时，进行尾款收取管理。

（2）服务项目承办情况查询

这个是提供服务合同执行情况的管理功能。主要包括服务项目执行情况的登记（从服务合同项目执行情况的录入，到更新与跟踪等）、服务项目收费情况的管理（从服务项目收费情况的登记录入，到更新与跟踪等）。

（3）展品物流管理

现代展品物流管理系统主要流程如图 5-6 所示。

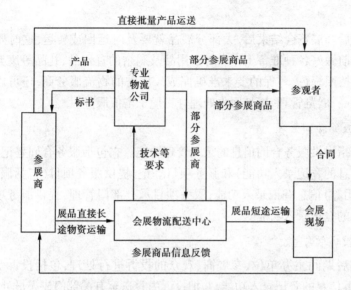

图 5-6　现代展品物流管理系统主要流程

　　会展是一个系统工程,组展、展品运输、展台搭建、展览本身,环环相扣,任何一个环节出现问题,都会影响到展会的顺利进行。作为为会展提供后勤服务的展品物流,其运作流程大致可分为运前、运中、进馆、展后四个阶段。

　　①运前。作为会展物流的服务商,其服务的客户类型是很多的,要运送的货物种类也是很多的。因此,物流服务供应商需要了解不同客户的不同需求,以及所要运输货物的性质和运输要求,在此基础上才能制订物流方案。其中,提供会展物流服务的供应商一般都是由会展主办方指定的。物流服务商根据会展主办方提供的信息与参展商联系,洽谈具体的物流服务需求。在这一阶段,参展商也可以与会展主办方进行沟通,自己选择物流服务商。

　　②运中。根据制订的物流方案,展开方案的具体实施(包括货物装箱、运输),承担会展物流业务的物流服务商根据参展商的要求设计物流服务方案,包括了解展品的运输、保管、布展及回收等内容。如果是国际性会议,还需要涉及国际保险、报关等服务。在这一阶段中,物流服务商需要与参展商充分沟通,才能保证方案符合参展商的需要。

　　③进馆。在展品运抵展览地后到展览会开始之前的这段时间,展品需要暂时储存。根据会展主办方的展会日程安排,物流服务商依据方案进行展品提货、运输、保管等物流作业,活动过程中要与会展主办方及时沟通。交付展品后,要由参展商进行确认,待展览结束后立即启动下一轮物流或展品回程运输。在允许进场后,就开始紧张地布展,将所有的货物按照展场的规定放置到相应

的展位。

④展后。展览会结束后,大部分展品就要及时运回或转运,这时要求物流服务商提前做好各种准备工作。对于用品及剩余的宣传品、礼品等废弃物的处理也必须按照绿色、环保的要求准确完成。优秀的物流服务商,还可以为参展商提供布展、展览管理、展品回收处理等一揽子增值服务。

(4)服务合同管理

这是指提供服务合同信息的录入管理功能。它包括服务合同登记(提供服务合同信息的登记录入功能)和服务项目登记,提供服务项目(包括服务内容、数量、费用等)信息登记录入功能;服务项目承办部门管理(提供服务项目承办单位信息的登记录入功能)。

(5)投诉管理

对会展期间主办单位、参展商、观众的投诉进行处理,包括投诉受理登记(提供投诉信息的登记录入功能,并把投诉内容送至有关部门或人员处理)和投诉处理情况登记。

3)展后展览会策划及项目运营管理流程

展后工作一般分三个阶段进行:展后跟踪阶段、总结阶段和评估阶段。

(1)展后跟踪阶段

展后的跟踪服务主要是针对参展商和重要的参观商而进行的,其目的是加深目标客户的印象,树立展览会品牌形象,为下一届展览会作预告与宣传。

①感谢工作。对象是所有的参展企业、重要的参观商和支持单位、合作单位以及曾给予展览会大力支持的媒体。对于重要的客户,可以采取登门致谢,甚至通过宴请的方式表示谢意。

②媒体跟踪报道。主要是对展览会进行一个回顾性的报道,将有关情况和统计资料数据,提供给新闻界报道,进一步扩大展览会的影响。展览会的各类统计数据包括展览环境,如参观人数、专业含量、平均参观时间等;展览效果,如展位布局、成交额、展商和观众的反馈意见等。

③发布下届展览信息。

④给展商发放展后意见调查表、征询表。

(2)总结阶段

一般展后总结分三部分:从筹备到开展中的各项工作总结;效益分析和成本核算;项目市场调查——本展览会在市场同类项目中所占的市场份额、优劣势比较、竞争情况等。

展会总结主要有效益分析,包括参观流量、有效客户数量,展览对销售的促进效果,客户对该次展览的印象等。同时,信息搜集应作为展会活动的一项重要内容。信息内容包括行业信息、产品发展动态、新技术、竞争对手信息、客户信息、客户质询和建议、展示设计趋势和改进等。可考虑安排专门的信息搜集人员,不参与展台展示活动以起到身份隐蔽作用,主要负责搜集其他竞争对手信息。同时,对参展商服务、观众投诉处理和回复管理进行总结。

(3)评估阶段

评估工作在展览会开展前就已着手进行,主办单位成立专门的评估小组,并指定专人负责操作,搜集展览会各种资料,然后作出预测和统计,进行系统评估。如对成本效益的评估、宣传质量效果的评估、招展代理完成目标任务的评估、主办单位是否具有预计的号召力的评估等。将有利于主办方发现问题、改进工作和提高效率。

5.2.2 主办商管理信息系统的数据流程分析

(1)招展数据流程分析

招展人员首先搜集、整理展商信息,用展商信息文件来存储参展商信息,包括公司名称、国家、城市、公司地址、公司邮政编码、负责人、公司联系电话、公司传真、公司电子邮件、网址、企业性质等详细信息。从展商信息文件中进行分析,筛选出符合展会条件要求的潜在参展商。通过多种招展方式,获得参展展商的详细信息。根据数据库存储参展申请文件(包括公司名称、国家、城市、公司地址、负责人、联系电话、公司注册资金、公司专业方向、人员规模、历年参展情况等)审核拟参展商的参展资格,若不通过,则把不合格的展商信息返还给招展人员;审核通过的则把展商详细信息存入欲参展展商文件中,产生已审展商主要信息。根据展位信息文件中存储的展位详细信息确定已审展商的展位号,同时把展位号写入参展展商文件中。根据展位号查询到欲参展的展商,确定展位价格、签订参展合同。同时,把展商信息存入到正式参展展商文件中,并给出付款通知信息;收款后,把收款信息存入正式参展展商文件中,并把领证通知传送给参展商,参展商凭领证通知领取参展凭证。招展数据流程如图5-7、图5-8所示。

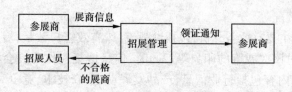

图 5-7　招展数据流程 0 层图

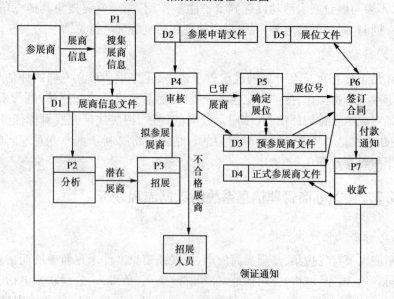

图 5-8　招展数据流程 1 层图

（2）在线展位申请数据流程分析

参展商通过在线注册系统输入基本信息，取得在线账号，通过账号登录，在参展商基本信息的基础上补充展商的详细信息，产生详细的拟参展展商文件。在线填报参展申请表，数据存入参展申请文件中。审核通过，则把展商详细信息存入预参展展商文件中，产生已审展商文件。根据展位信息，选择可选展位，确定已审展商的展位号；同时，把展位号写入欲参展展商文件中。根据展位号查询到欲参展的展商，确定展位价格、签订参展合同；同时，把展商信息存入到正式参展展商文件中，并给出付款通知信息。收款后，把收款信息存入正式参展展商文件中，并把领证通知传送给参展商，参展商凭领证通知领取参展凭证。在线展位申请数据流程如图 5-9、图 5-10 所示。

（3）参展商报到数据流程分析

根据参展商提供的参展凭证，查询、核对正式参展商信息，若展商无服务申请和特装要求，则进入注册处理；如有服务需求，则进入服务处理，给出服务清

图 5-9   在线展位申请数据流程 0 层图

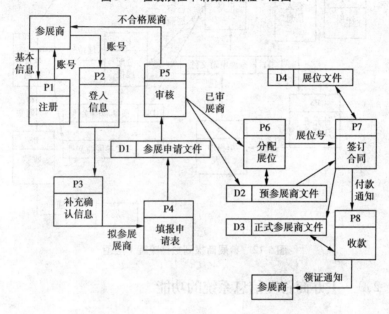

图 5-10   在线展位申请数据流程 1 层图

单数据流。根据服务清单查询服务价目文件,收取相关费用,把展商缴费的详细信息写入展商缴费文件中,并给出收费凭证信息;特装处理根据展商提出的特装申请进行核价,给出特装付款单,进行收款处理,缴费的详细信息写入展商缴费文件。进入报到注册处理过程,产生备展相关证件数据流。最后,把备展相关证件信息发给参展商。参展商报到数据流程如图 5-11、图 5-12 所示。

图 5-11   参展商报到数据流程 0 层图

除上述数据流程以外,还有会议室预定数据流程分析、观众在线预订的数据流程分析等,这里不一一叙述。

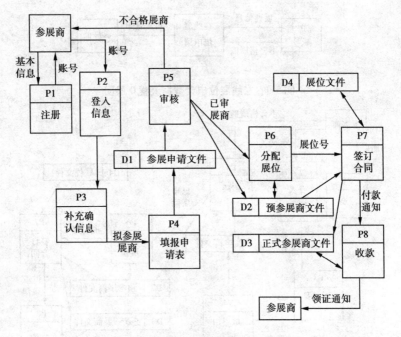

图 5-12　参展商报到数据流程 1 层图

5.2.3　主办商管理信息系统的功能

主办商信息管理可分为前台管理系统和后台管理系统。前台管理子系统是以客户服务为目标,面向客户的信息管理系统,该系统为客户提供全方位的服务,包括参展商信息管理子系统、联络管理子系统、展位管理子系统、在线展位分配子系统、招展代理管理子系统、展览服务管理子系统、展览研讨会管理子系统、参展财务管理子系统及其他管理子系统。主办商后台管理系统主要以财务处理为核心,分为人员管理子系统、财务管理子系统、库存管理子系统及事务管理子系统。(图 5-13)

1)参展商信息管理子系统

(1)参展商的数据主要来源

①已有资料导入。将行业资料、网站信息、电话黄页、以往数据等以 Excel 的形式导入,之后可以进行数据整理。

②可由工作人员逐条导入。

③如果实施了外网模块,可以由厂商外网注册填写。

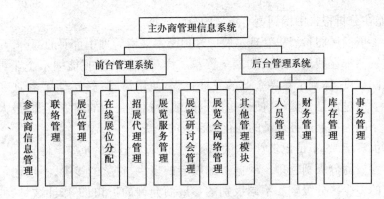

图 5-13　主办商管理信息系统的功能结构图

（2）参展商信息管理系统数据库设计

①厂商公司信息和联系人数据库。厂商公司信息和联系人数据库包括和招展有关的各种信息,如厂商的行业细分、主要业务和产品、发展状况、经营情况、组织机构、联系人联络信息、在公司内部的职位、影响力、喜好、习惯等数据。通过这些数据,招展人员能尽可能地详细了解招展对象的情况,便于在招展过程中采取措施,达成订单。

②客户原始记录。客户原始记录包括统一客户代码、名称(中文、英文、中文简称、英文简称)、地址(国家、省份、城市、中文地址、英文地址)、邮政编码、联系人、电话号码、其他联系方式、银行账号、使用货币、报价记录、优惠条款、税则、付款信用记录、销售限额、交货地、发票寄往地、企业对口销售员、佣金码、客户类型等。

③统计分析资料。顾客对企业的态度和评价、履行合同情况与存在的问题、摩擦、信用情况、与其他竞争者的交易情况、需求特征和潜力等。

④企业投入记录。联系的时间、地点、方式(如访问、打电话)和费用开支、给予哪些优惠(价格、购物券等)、提供产品和服务的记录、合作与支持行动(如共同开发研制为顾客产品配套的零配件、联合广告等)、为争取和保持每个客户所做的其他努力和费用。

⑤潜在参展商数据挖掘。潜在参展商数据的搜集方式包括从展览会观众中通过关键字搜索和分析得到;从网上登记信息和互联网搜索得到;从其他合作单位得到;从行业数据资料中和产品大全中得到;通过以往参展商介绍得到。

⑥参展商分类管理。不同展览会对参展商的分类要求不同,除按产品分类外,还包括按参展商企业资金形式分类、按参展商企业组织形式分类、按参展商企业规模分类、按参展商企业社会性质分类等。通过这些分类,能辅助展览会

招展,能在分析报告中得到更有意义的分析数据。

⑦参展商历届参展史管理。展史管理是参展商管理中重要的部分,几乎所有的组展商都在搜集参展商的展史资料。详尽的展史数据能揭示企业对展览会的认同程度,体现了参展企业的发展过程、使用情况、资金实力、参展和支付习惯等。通过信息化建设,使这些数据能成为招展公司的宝贵资源,最大限度地减少了因为招展业务人员的变化而造成的损失。

⑧优良记录,不良记录管理,大事记(其他未被记录的重要事件)。

⑨参展商分级别管理。根据参加展会的多少,付款的多少,不良记录与优良记录的多少区分级别。不同级别的参展商允许的折扣、工作证数量、可以看到的内部文档和观众资料不同。通过级别管理,达到通过利益规范客户态度、行为的目的。

2)联络管理子系统

主办商信息管理的核心是客户管理,所以在设计理念上以客户关系管理CRM为主,同时借鉴各种信息系统,如呼叫中心(call center)、地理信息系统GIS、办公自动化OA、企业资源管理ERP等的优点。联络管理子系统的功能设计,主要来自呼叫中心和客户关系管理理念。

(1)建立联络一览表

①联系人。在主办商信息管理中一般会设置多个联系人。自从参展商报名参展,主办单位与参展商的合作就开始了。作为主办单位,应向参展商提供一系列专业、周到的服务。参展商面对参展,会遇到许多实际问题,如了解场馆环境,确定展位尺寸及结构,展位设计,展品运输,现场搭建,形象宣传,现场广告,展期活动安排,工作人员的吃、住、行等具体问题。作为主办单位,应向参展商提供尽量细致、周到的服务。对于每一个细小的参展环节,应先做出工作方案并及时提供给参展商,使他们得到大会直接的专业服务。每个展商参展时,可能根据不同的目标选择不同的联系人。

②联络方法。信笺、电话、E-mail、传真、手机短信、外网访问都可以成为联络方式,并且用统一的方式自动或手动地进行管理。

A.电话。需求使用:电话号码管理模块+电话集成系统。

B.信笺。利用系统信息,生成信笺内容或者打印信封,需求使用:文档管理模块+报表生成模块+信封打印模块。

C.E-mail。群发E-mail、催款通知等个性化生成,需求使用:文档管理模块。

D.传真。通过电子传真服务器发送,需求使用:传真集成系统。

E. 电子会议。NET Meeting 集成系统,需求使用:会议记录模块。

F. 手机短信。需求使用:手机短信集成系统。

(2)记录联络过程

记录所有的联络过程,并且可以对每一次联络记录备注文档和类别,查看对方是否有不良记录等信息。根据联络的结果对联系信息进行更新。

A. 会议/电子会议。保留会议记录。如果必要,可以保留相关的声音、图片等信息。

B. 信笺。打印过程中,系统可以记录通过本系统打印了哪些信封和信笺,何时打印,生成了哪些文档。

C. 电话/传真。结合来电显示系统和拨叫记录系统,对通信进行记录。

D. E-mail。通过电子邮件系统地整合记录发送和接收的电子邮件。

E. 手机短信。通过短信记录软件记录发送信息。

F. 外网访问。通过外网的访问日志,可以知道哪些展商什么时间看了哪些网页,停留了多长时间等信息。

(3)联络过程全查询(图5-14)

A. 将以上联络过程按照联络人、文档、对方客户、类别等信息进行查询。

B. 查询不良记录,形成黑名单,确定信用等级。

C. 提供长时间没有联系的客户名单。

D. 形成相关报表,联络全记录。

3)展位管理

(1)场馆租赁

①记录馆号、面积、出入时间、开幕时间、注意事项、备注等。

②展位划分。

③画出展位图,标定展位号,实现展位价格自动计算。

(2)展位分配

①智能展位分配。根据相关条件自动分配。

②连线分配方式。

③GIS 分配。在展位示意图上选择展商。

(3)展位查询与统计

根据展位出售状态、回款状态等相关条件查询展位情况。

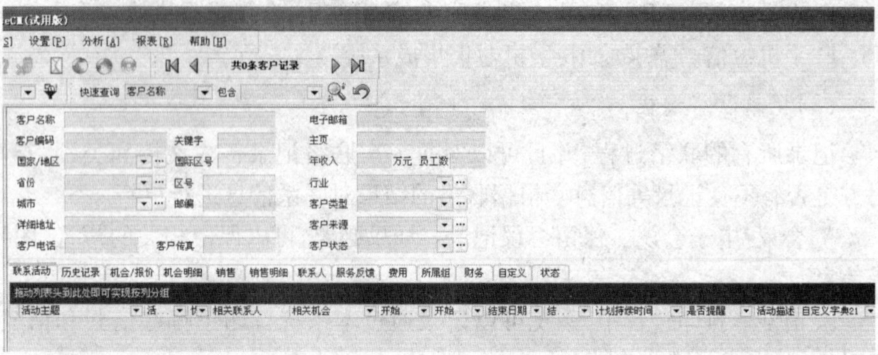

图 5-14　客户联络过程管理

4) 在线展位分配系统

参展商决定参展后,要选择合适的展位就需要和主办商多次交流。交流如通过电话、传真等方式进行,往往费时、低效。因此,很多主办商设立了基于互联网的展位分配系统。通过实时更新的展位图和客户共同探讨展位分配情况,为每个客户制定专门的参展策略。

参展商通过动态展位销售图,选择自己展台的面积和格局,还能够通过实时的展台销售了解自己的邻近展位。所有展台和销售数据均基于后台数据库,将展台的确定、更改自动更新到数据库。

5) 招展代理管理

它指利用合作单位合作招展,以扩大展览会的销售力量,通常主办商会和一些企业合作招展。本功能主要对展会招展代理的选择、指定和管理等作出安排,对代理佣金水平及代理招展的地区范围与权限等作出规定。

(1) 代理付费方式管理

通常有三种付费方式:透明代理、不透明代理和半透明代理。

(2) 招展人员管理

招展人员管理包括对招展人员个人情况管理、登录管理、销售情况查询、当前工作查询等。

(3) 招展过程管理

招展过程管理能详尽记录招展过程的每个细节,包括电话记录、交往过程、当前状态、交费情况、展会服务预订情况等。

6) 参展费用管理

企业性质不同,参展费用也不同。企业性质分为国内企业、国外企业、合资企业、协会会员企业等。

【小资料】

企业分类的费用管理

企业性质	国内企业/人民币	国外企业/美元	合资企业/人民币	协会会员企业/人民币
标准展位	14 800	3 000	18 800	12 800
室内光地	1 300 元/m²	2 800 元/m²	1 680 元/m²	1 100 元/m²

标准展位配置($3\text{ m} \times 3\text{ m} = 9\text{ m}^2$)。

①场地租金、照明费、保安费、清洁及其他管理费。

②每个标准展位配有一张咨询桌、两把椅子、两盏射灯、一个电源插座(5 A)、公司楣板字(参展单位中英文名称)和三面展板(若两个以上连通展台需拆除隔板,请在参展合同中注明)。

③在展览会会刊上免费刊登参展企业及其展品文字简介。

◇租用室内光地不得少于 36 m²,展商将自行设计搭建展台,相关费用自理。

◇其他广告与收费标准。

①参观券广告:(5 万张)每 1 万张收费 10 000 元,独家收费 35 000 元。

②资料袋广告:(2 万个)每 5 000 个收费 15 000 元,独家收费 40 000 元。

③拱门及气球广告:拱门 8 800 元/展期,气球 6 000 元/展期。

④会刊广告:彩色封面 22 000 元,彩色封底 20 000 元,彩色封二 16 000 元,彩色封三 12 000 元,彩色内页 6 000 元,黑白整版 2 000 元。文字简介 1 000 元。

7) 展览服务管理

(1) 统一的服务管理

①所有的工作证、广告、研讨会门票、媒体、PDA 租赁、施工、技术保障等。

②不同的付费方式。付费方式可以是收取服务费(自己提供),或收取服务中介费(他人提供)。

③统一的服务申请。提供统一的服务价目表供展商收取。

该模块是用于管理展览会指定或推荐的服务商,如运输商、搭建商的企业情况、服务情况,将服务报价发布到展览会相关信息中,以方便参展商选择展览服务项目。

(2)展览广告和管理

主办商统一管理展览广告资源,利用广告营销系统进行销售,同时可将户外广告、门楣、拱门、路牌、门票广告等项目发布到网上,供参展商查询相关信息。

(3)参展商手册管理

制作参展商手册是展览会会前与参展商进行信息沟通的重要步骤,里面包括展览会的各种信息、注意事项、联络方式、展会服务等信息。此功能通过互联网进行其内容的交互与管理。

8)展览研讨会管理

包括会议室管理、会议计划、会议服务、会议听众管理、会议票务等功能。在会议召开前,可以对会议进行准备,准备内容包括合理地安排会议的参加人员、时间、场地、内容议题,准备会议文件,发放会议通知等。对已召开的会议可以对出席情况、议题讨论结果、会议决议等内容进行记录并整理会议纪要;同时,该模块还对所有的会议室的规模、设备服务配置和使用时间安排进行管理。

9)展览会网络管理

展览商主办商、服务商、参展商通过共有平台加强沟通、促进交易。主办商通过调用自动主页生成功能发布展览信息,观众、参展商、服务商从不同的角度了解展览信息。不同阶段的功能如表 5-1 所示。

表 5-1　展览会网络管理各阶段功能表

	会　前	会　中	会　后
服务商	信息查询 服务发布 展商联络 网上方案批报 电子商务服务	现场管理 投诉处理	会后客户联络

续表

	会　前	会　中	会　后
参展商	信息查询 网上参展 展品预展 个性化调查问卷发布 观众邀请 会前反馈 会前服务预订与方案审批 电子商务	参展商展台管理系统 研讨会管理 网络接入 展商触摸屏幕系统	观众名片下载 价值观众管理 会后观众联系 会后意见反馈 会议统计分析 参会效果分析 观众成分分析 观众反馈分析 其他分析
观众	信息查询 会前联络参展商 会前查看与会资料 会前注册、会议预订参加		展览资料下载 会后联络组展商和参展商 会后反馈 展会寻踪 网上展会

为提高展会服务质量,减少观众现场排队时间,很多展会特推出"观众网上登记服务",本服务与现场观众登录内容一致。网上预登录步骤如下。(图5-15)

(1)观众网上登记

①准确、翔实地按格式填写观众的个人信息及调查项。

②符合要求的信息将打印"观众登录信息录入表"或给出 ID 号。

③展会期间,观众到指定服务窗口向服务人员出示该表或登录 ID,经身份确认后即可换购展会电子票。

(2)参观商网上参展

组展商、参展商通过查询展览网站,可以在网上进行展会的预订,包括场馆、展位等的租赁以及相关项目的办理。对一些常用的表格,网站将提供电子版,供组展商和参展商下载和填写。

(3)服务平台

网站还可以构建服务交易平台,为组展商、参展商提供展会服务网上的预订功能。组展商、参展商可以通过网络预订展会所需的各种服务,如展位的装修,展品的运输,酒店、机票的预订,展会期间通信设备、展览道具的租用等。

API China
INTERPHEX CHINA

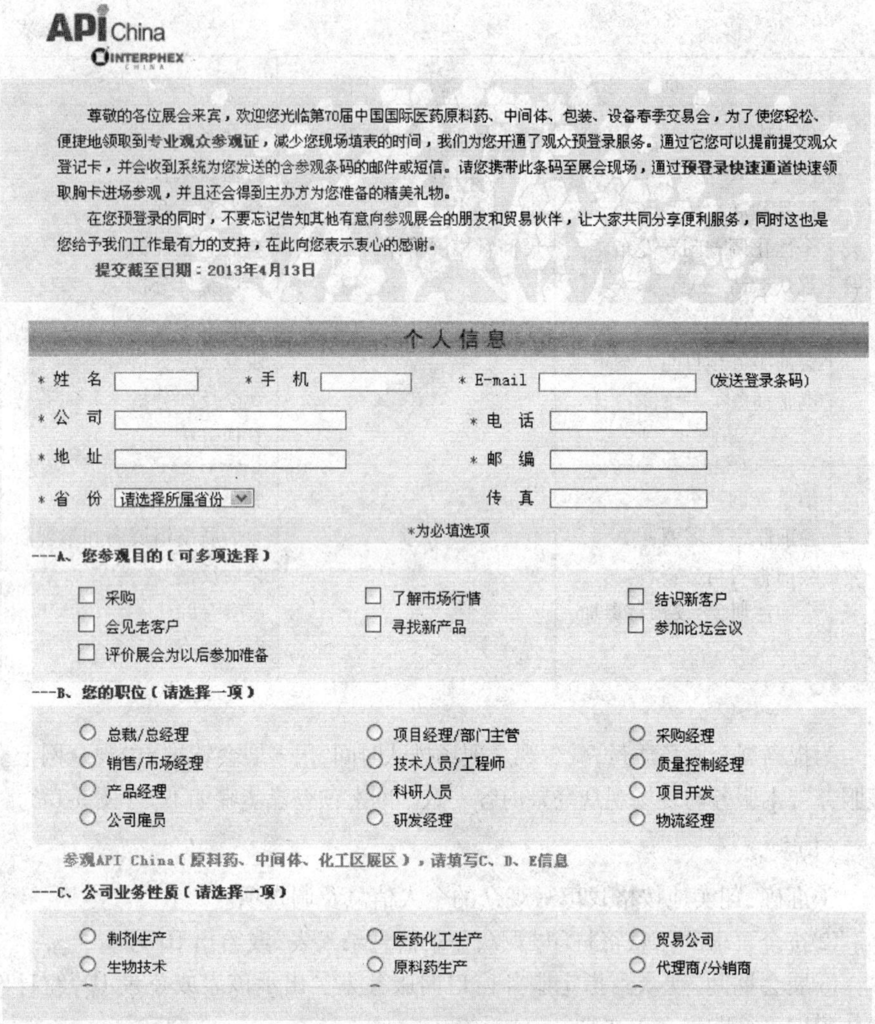

尊敬的各位展会来宾，欢迎您光临第70届中国国际医药原料药、中间体、包装、设备春季交易会，为了使您轻松、便捷地领取到专业观众参观证，减少您现场填表的时间，我们为您开通了观众预登录服务。通过它您可以提前提交观众登记卡，并会收到系统为您发送的含参观条码的邮件或短信。请您携带此条码至展会现场，通过预登录快速通道快速领取胸卡进场参观，并且还会得到主办方为您准备的精美礼物。

在您预登录的同时，不要忘记告知其他有意向参观展会的朋友和贸易伙伴，让大家共同分享便利服务，同时这也是您给予我们工作最有力的支持，在此向您表示衷心的感谢。

提交截至日期：2013年4月13日

个人信息

* 姓 名　* 手 机　* E-mail　(发送登录条码)

* 公 司　* 电 话

* 地 址　* 邮 编

* 省 份 请选择所属省份　传 真

*为必填选项

---A、您参观目的（可多项选择）

☐ 采购　☐ 了解市场行情　☐ 结识新客户

☐ 会见老客户　☐ 寻找新产品　☐ 参加论坛会议

☐ 评价展会为以后参加准备

---B、您的职位（请选择一项）

○ 总裁/总经理　○ 项目经理/部门主管　○ 采购经理

○ 销售/市场经理　○ 技术人员/工程师　○ 质量控制经理

○ 产品经理　○ 科研人员　○ 项目开发

○ 公司雇员　○ 研发经理　○ 物流经理

参观API China（原料药、中间体、化工区展区），请填写C、D、E信息

---C、公司业务性质（请选择一项）

○ 制剂生产　○ 医药化工生产　○ 贸易公司

○ 生物技术　○ 原料药生产　○ 代理商/分销商

图 5-15　观众网上登记示例

5.3　展览馆管理信息系统

5.3.1　展览馆管理信息系统的概述

展览馆的信息化建设分为两个方面，一方面是实体展览馆的信息化建设，另一方面是虚拟展览馆的建设。实体展览馆主要着重点在于利用计算机、通信

等技术,搜集、整理、保存、加工、展示、研究各类展示信息,还包括展览馆建筑本身的各个方面,如安全监控系统、楼宇自控系统和计算机网络系统。虚拟展览馆建设则完全是利用计算机和网络技术而存在的展览馆。

实体展览馆信息化系统建设较为复杂,需要涉及大量的软件、硬件和网络系统的综合集成系统的应用。大部分展览馆经营业务范围广泛,涉及场地租赁、现场管理、自办展览、物业管理、搭建服务、广告设计等。

1)展览馆信息化发展模式

(1)以展览经营为核心

以展馆出租为中心任务,开辟展览主办商市场和为主办商服务是其工作的重心,培养客户、培育自身展览是降低展馆经营风险的保障。这种以展馆为单一核心的经营模式,使得相关部门工作均以场馆经营为主导,以统一的面目为来馆办展的主办商提供服务,观众数据和参展商数据将以展馆为基础来整合,为所有的主办商提供信息基础设施服务。信息系统的开发侧重于场馆服务,围绕场馆层面整合和管理信息。

(2)以发展组展业务为重点

展览馆以发展组展业务为重点,将展会作为其核心业务,将场馆和展览馆下属的展览服务公司作为服务商,将其数据放到展览会管理平台上管理。展览组展部门和担任主办商、协办商的分公司独立管理自身的经营信息,培育展览品牌。

(3)齐头并进方式

将展馆经营、主办商业务、展览服务业务放到同等重要的地位,齐头并进。

由于三项业务是展览服务价值链的不同环节,开发信息系统时数据的流程控制和共享情况控制更加复杂。应将数据集中经营和控制,建立信息管理平台,利用这个平台为整个信息整合提供基础。在不同的组展公司之间,在组展公司和运营部门之间共享信息。

2)展览馆信息化建设的原则

①适用性。展览业务管理复杂、部门繁多、计算机新旧机型混杂,应使系统的设计方案具有良好的适用性。

②先进性。信息技术更新迅速,展览业务竞争激烈,对信息化的要求很高,系统设计应保持相当的先进性,保证系统在较长时间内仍能够在技术层次上不落伍。

③易用性。员工计算机应用水平差别很大,系统设计应该充分考虑易用性,确保具有不同计算机应用水平的所有员工均能够快速掌握。

④安全性。信息系统内存放大量客户信息和业务数据,同时将在系统上进行电子交易,因此系统的信息安全性设计非常关键。

⑤可扩充性。展览业务是一个国际化的业务,系统应具有良好的外接接口和扩充性

5.3.2　展览馆管理信息系统的功能设计

展览馆信息化建设分为六部分。(图5-16)

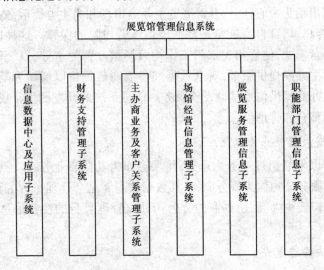

图 5-16　展览馆管理信息系统的功能结构图

(1)信息数据中心及应用子系统

由专门的信息部门组织专门团队进行建设,各部门在集中的平台上搜集、处理信息。信息部门不仅负责组织和整合公司各方面信息,同时还应积极开发包括全国甚至世界范围内的展览信息数据库,帮助各部门掌握市场导向、拓展业务。

信息平台是公司的数据库中心,是各业务功能模块的基础,也是其他各子系统功能模块联系的纽带。它集中各部门需要搜集的展览行业信息,其中不仅包括全国展览场馆的信息、专业展览会信息、参展商和厂商信息、展览观众信息以及展览服务商信息,还是一个展览知识库和数字图书馆。同时,作为底层支持系统给其他模块交互数据提供接口功能。

该平台在数据库结构的表现形式上为数据库的核心,在应用层上表现为企业内部网、外部网和OA部分。该平台作为公司内部各部门各子公司信息交流和共享的平台,在系统设计方面依据不同的权限区别外部人员和内部人员的身份,控制功能模块访问权限和不同层面的数据信息访问权限。

系统作为公司同外界交流的窗口,为参展商、观众、展览合作伙伴提供深入的展览信息服务,包括观众网上登记,参展商网上参展、网上展览和网上展览服务申请、委托、管理等服务。

本平台的重要组成部分就是公司领导查询模块——建设信息系统一个最重要的目的就是使公司领导能够及时了解全集团最新的经营状况,各部门项目运营和盈利情况,为领导提供展馆和展会的市场趋势报告和经营成果报告,使公司领导集中查看公司整体信息,力求做到简单、高效地反映公司的运营情况,为领导提供准确的决策支持数据。

(2) 财务支持管理子系统

财务支持管理子系统是建立在应用信息平台上的核心模块,通过财务支持系统,领导能及时了解每个项目、每种服务、每个部门在任意时间点的收支情况、应收应付情况、付款收款计划,及时发现问题。通过对财务数据的立体式查询(数据仓库),能清晰掌控整个系统的财务状况。

(3) 主办商业务及客户关系管理子系统

主办商业务是高附加值和高利润的业务。利用信息化手段提高项目策划水平、提高预算准确度,加强项目收支管理,加强参展商、观众客户关系管理,扩大招展销售,完善对参展商、观众的信息服务,促进参展商展前及展览过程的沟通和交易,提高展览服务质量,树立展览品牌,开辟更大的利润空间。

本系统为展览馆的组展部门提供组展信息管理服务。这些组展单位在统一的平台上通过各自的权限与公司内部的服务支持部门沟通,同时也利用这一平台同展览市场的其他服务商沟通。从而统一集团主办的各展览会信息管理平台,提升整体的管理和服务水平,提高管理效率。

(4) 场馆经营信息管理子系统

利用信息系统开辟主办商市场,使场馆服务规范化,提高服务质量,客户响应更快速、项目控制更严格。不仅扩大展馆市场份额,提高国际大展在租户中所占的比率,同时利用信息服务平台,为主办商提供信息化系统服务,吸引更多的国际化展览,培育现有的优秀展览。

展览场馆经营模块为场馆销售、运营、技术保障、保卫等部门围绕场馆经营提供信息管理平台,综合管理场馆,包括会议室的出租和提供会务服务。将这些场馆经营过程中的关键信息数字化,并进行集中管理。从而使场馆服务更具有市场竞争力,并高效、快速、协调地为租馆主办商提供服务。不仅为内部的自办展提供服务接口,也为在展览馆办展的其他展览主办商提供服务界面,为主办单位提供观众信息管理的完善解决方案,提高场馆的竞争力。

(5)展览服务管理信息子系统

展览服务管理信息子系统是展馆为展览会提供的附加服务,这种服务和场馆经营服务的区别是前者是可选的,而后者是必需的。比如,主办商不能雇用别的技术保障部门为其展览会服务。

首先,通过展览信息平台,帮助展览馆的相关服务部门挖掘更多的主办商用户和参展商用户,拓展展览服务业务。其次,利用信息化手段规范展览服务业务,减少展览服务部门对展馆的依赖性,提高市场竞争能力,提高管理质量,增强自身竞争能力。

(6)职能部门管理信息子系统

它是为提高职能部门的管理效率,用信息系统整合集团各子公司和各部门资源,综合管理集团资金、信息、人员,从而为展览馆集约化管理提供信息基础。展览馆内部职能部门管理模块部分包括对内部的人事管理、OA 等。这些部分信息化的重点在于建立自动化部门管理流程,提高信息质量,为决策层提供更加快速、有效的数据报告。

复习思考题

1. 简述会展现场信息管理的功能。
2. 论述会展企业信息化的意义。
3. 绘制招展的数据流程图。
4. 简述主办商信息管理的功能结构图。
5. 查询相关资料,说说我国展馆信息化的发展趋势。

第6章
会展管理信息系统开发实务与操作

【学习目的与要求】

1. 了解 WebML 子模型的基本构成及设计过程。
2. 了解会议管理信息系统的生命周期。
3. 掌握会展客户管理系统的类型、目标和功能。

【引导案例】

会展管理信息系统的软件结构

一个完整的会展管理信息系统由多个子系统共同组成,包括技术管理、场馆经营管理、客户关系管理、财务管理、展览服务管理、展会运营管理、物流管理、信息处理、高层管理等。其中,每个子系统会涉及相应的业务处理、运行管理、管理控制、战略计划四个层次的信息管理活动,同时带有自己的专用数据文件和应用程序。对于整个系统而言,多个子系统还可同时共享公用的数据文件、模型数据库和应用程序。图 6-1 是一个会展管理信息系统的软件结构示意图。

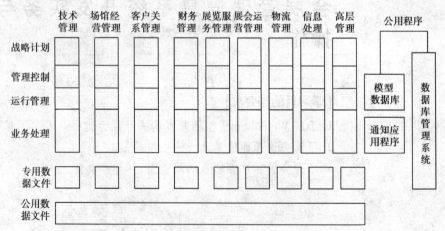

图 6-1　会展管理信息系统软件结构示意图

在实际的工作中,一个会展管理信息系统的开发可能只涉及其中的某几个子系统,某个子系统的开发也可能只涉及某些层次的信息管理活动,这可以根据实际的应用而确定。

资料来源:金蓓.会展信息管理[M].沈阳:东北财经大学出版社,2009.

【问题与思考】

1.会展管理信息系统由哪些子系统构成?

2.会展管理信息系统包括哪些管理信息活动? 想一想这些信息活动同子系统之间的关系。

【分析启示】

了解会展管理信息系统的各个子系统构成,掌握会展管理信息系统子系统同会展管理信息活动之间的关系。

【知识点】

一个完整的会展管理信息系统由多个子系统共同构成,包括技术管理、场馆经营管理、客户关系管理、财务管理、展览服务管理、展会运营管理、物流管理、信息处理、高层管理等。每一个子系统又都有相同的信息管理活动,可以分为业务处理、运行管理、管理控制、战略计划 4 个层次。

6.1 案例 1:基于 WebML 的会议管理信息系统开发实例

6.1.1 系统开发概述

本部分主要介绍一个基于 WebML(The Web Modeling Language)开发的会议管理信息系统(Conference Management System,CMS)。

WebML 是应用于数据密集型网站建模的一种可视化语言,WebML 建模和设计的主要功能有以下几个方面。

①多层次的结构分布,包括信息结构、页面组成、导航和演示。

②为由内容单位组成的页面提供了新颖的视觉效果表达方式,定义了对象的结构模式。

③支持新功能,如导出数据、用户建模和个性化、数据录入和更新操作、多设备输出。

④广泛使用可扩展标记语言(XML)和可扩展样式表语言(XSL)进行网站设计和部署。

在 CMS 中应用 WebML 的优势可以概括为以下几点。

A. 提供丰富的结构模式,包括基本对象的领域概念以及主要的用户角色。

B. 定义了结构模式的一些站点视图,针对特定类别的用户需求提供不同的一组页面和功能的超文本模块,例如,作者或项目委员会。

C. 由项目委员会触发的业务规则,可动态改变的网站视图。指定用户可以修改网站视图,网站功能的改进是由会议管理工作流程的需求来决定的。

6.1.2 WebML 简介

应用 WebML 设计一个数据密集型网站,需要指定大量抽象概念及其特征,这就会应用到 WebML 的子模型。

1) WebML 子模型的基本构成

WebML 由结构模型、推导模型、超文本模型、演示模型四个子模型构成。结构模型描述的是概念数据的组织方式,它与实体——关系模型相兼容。一个典型的结构模型的应用是用户和组的建模,为促进个性化,它将指定的有关用户或用户群组的信息保存在网站上。推导模型是对拥有冗余数据的结构模型的扩展,以使其适应不同的要求。超文本模型是对实际超文本的网页和链接的定义,它构成了应用程序,可以进一步细分为组合模型和导航模型。组合模型涉及网页及其以基本互联内容单元为单位的内部组织的定义;导航模型描述了页面和内容单元之间的联系,它应提供方便的信息位置和浏览功能。演示模型是给出标记语言(例如 HTML 或 XML)来表达呈现页面中的默认规则。演示规则使用 XSL 样式表进行编码。

被打包成模块化结构的 WebML 超文本可以被称为网站视图。每个网站视图代表一个不同的应用,以满足一系列明确的需求,例如,一个特定的设备的访问或一个特定的用户群的需求。

结构、组合、导航和演示模型能够对只读网站进行描述。通过更新操作,它们可以同指定的读取访问相对应,能够嵌入超文本模型。它们调用导航的作用,并允许一个指定的常见的互动模式作为数据录入,进行个人数据管理等应用。

(1)结构模型

WebML 结构模型是一个适于数据设计的概念模型,在其他学科中已经广泛应用,如数据库设计、软件工程和知识表示。它与实体—关系数据模型相兼容,使用 UML 类图,用于概念数据库设计和面向对象的建模。结构模型的基本要素是被定义为数据元素容器的实体和实体之间的语义连接的关系。实体有其自身的特征,被称为属性,它具有关联类型。实体可以用泛化层次结构来表示,而关系可以通过基数约束来限制。

(2)推导模型

推导是向结构模式中增加冗余信息的过程,它用以增强其表现力、定义不同的视图和相同数据的分组。推导使用一种名为 WebML—OQL 的概念语言,以查询的方式表现出来。它适用于结构模式的元素,并构建额外的概念。结构模型中的每一个元素都可以用查询(实体、属性和关系)来导出。一个重要的应用是派生实体,它引入了一组相关的对象,在一些其他的超媒体的设计方法中也称为集合。通过分组到派生实体对象的共同属性,它能够为网站内容提供有意义的访问索引。

（3）超文本模型

超文本模型包括组合模型和导航模型。

①组合模型。组合模型是指定由超文本所构成的页面,它是由内容单元所组成的一个页面。Web站点的页面实际上是信息传送到读者的一个容器。基本的内容单元用来发布结构模型中描述的信息,可以使用六种单元类型组成页面:数据、多数据、索引、过滤器、滚轮和直接单元。数据单元用于发布一个单一的对象的信息(例如文章),而其余类型的单元代表着可相互替代的方式来浏览一组对象(例如会议报道的一系列文章)。组合的单元被定义为网站顶部的结构模式,设计人员根据每个单元的内容决定相关实体或关系。

②导航模型。导航模型是网页间的链接关系拓扑模式,它表示网页和内容单元如何链接而形成超文本。

导航建模的目的是指定链接,以达到如下目的。

A.将焦点的演示从一个网页引导到另一个。

B.将信息从一个单元或页面传递到另一个单元或页面。

C.产生一些其他作用,例如更新操作的执行。

组合模型与导航模型的关系十分紧密,这是因为在一个模型中的功能可能影响到另一个模型,例如,在一个页面中显示一组相关单元,必须建立起正确的链接。总的来说,它们形成了完全定义信息内容,并连接WebML网站拓扑结构的超文本模型。

（4）演示模型

演示模型表示网页的物理外观和感觉,由WebML的页面呈现基准样式表来确定。样式表单指明了页面的布局以及将被插入到该布局中的内容元素,它不依赖于用于页面呈现的具体语言。

2）WebML的设计过程

WebML网站建模过程是一个典型的螺旋式设计过程,每一个设计循环反复以下步骤。

（1）需求搜集

搜集应用需求,包括网站的主要目标,它的目标受众、内容以及网站的风格,需求的个性化以及相关数据的约束条件。

（2）数据设计

WebML沿用实体—关系模型方法进行网站数据设计。

（3）超文本设计

WebML 的主要成分是页面（pages）、单元（units）和链接（links）。超文本设计识别页面和单元，使用链接联系它们，并形成模块化的结构：区域（area）、网站视图（site view）。

（4）布局呈现设计

迭代中，一旦所有的页面十分稳定之后，Web 样式结构设计师为每一个页面增加呈现的样式。

（5）用户和群组设计

基于个性化需求，Web 管理员定义用户配置特性，可能为每一个用户群组创建不同的网站视图。

（6）定制化设计

识别配置驱动的数据派生和保证有效的网站个性化的商业规则。

6.1.3　会议管理信息系统分析

会议管理系统（CMS）旨在为会议论文提交、评价和选择发布过程提供支持。

1）会议管理参与者

在 CMS 中，不同的用户组可能执行不同的活动。

①项目委员会主席负责管理整个会议，建立项目委员会并指定成员。

②项目组成员负责审查由项目委员会主席分派的论文。他们同时也参与论文验收的最后讨论。

③审稿人评审由筹委会指定的论文。

④作者能够提交一个或多个论文。

为了访问系统，除了项目委员会主席外的所有用户都必须进行登记。

2）会议管理的生命周期

会议生命周期可以分为若干阶段，每个阶段的特点是由用户的一些活动来具体划分的。

（1）会议启动

这一阶段，只有项目委员会主席可以访问系统。他/她通过输入基本信息、定义会议议题和主题、组建项目委员会来创立会议——他/她预先指定项目委员会成员。

（2）论文提交

作者可以通过会议网站进行注册，并提交一篇或多篇论文。然后，在此期间，他们还可以进行修改操作。当提交关闭后，作者不再有访问该网站的权限。同时，项目委员会成员可以表达自己对会议议题和主题及所提交上来的论文的看法。

（3）论文投标

项目委员会成员对提交到会议议题的论文表达自己的看法，并且至少保证有一个话题匹配他们的首选主题。

（4）论文分配

考虑到项目委员会成员关于议题、主题的个人评价的偏好，由项目委员会主席分派论文给项目委员会成员进行审查。

（5）论文评审

一旦论文评审过程启动，项目委员会成员可以为其他审稿人进行注册，并分派相关论文来审查。然后，项目委员会成员和任何一个审稿人都能够通过系统对论文进行评论，并且一直可以对评论进行编辑，直到他们确定完成论文的评审。在这一阶段，任何一个项目委员会成员都能够看到其他成员或审稿人对论文所作的评论。

（6）最终讨论

项目委员会成员可以访问所有的评价，以准备在项目委员会会议上进行最终讨论。

（7）录用通知

项目委员会主席宣布论文是录用还是退稿。录用的论文通过电子邮件通知作者。这时，非注册用户和注册用户可以登录到会议网站查看最终会议方案的网站页面。

会议生命周期的演变由项目委员会主席进行明确的安排，通过下达适当的命令和对会议状态的不断推进来管理会议网站。

3）结构模型

WebML设计过程以结构模型的定义为起始，它指定数据的组织方式。它会在启动阶段初步定义一个包括基本信息对象的骨架图，这样能够得到最相关的概念。

（1）识别基本信息对象

下面是会议管理系统中的一组基本信息对象和关系。（图6-2）

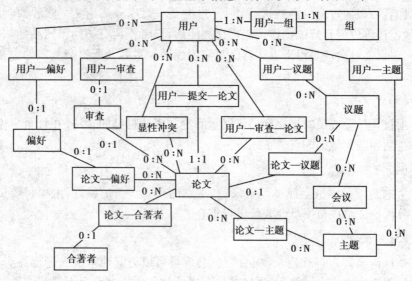

图6-2　初始结构模型骨架图的基本关系

不同角色与不同的用户组相关联，并且属于每个群组的各个用户分别由两个 WebML 实体"组"和"用户"（注意这些实体是默认添加到所有 WebML 项目中的）表示。

会议管理通过"会议（Conference）""议题（Track）"和"主题（Subject）"三个实体来进行描述。实体"会议"用来存储有关会议的基本信息，另外两个实体表达会议的议题和主题。

会议论文通过实体"论文（Paper）"来表示，它存储着作者在提交论文时所输入的数据，同时也存储着有关论文评审结果的导出数据，例如由审稿人给出的优等、中等和差等的评价数据。此外，实体"合著者（Coauthor）"可以代表不同于通信作者的其他作者，而通信作者是唯一需要注册会议网站的作者。

实体"偏好（Preference）"代表所有的项目委员会成员对所提交的论文所作的标记（论文是优秀或者是不优秀），这表示他们对论文的客观评价。

审稿人进行检查、撰写和提交评论，这一过程由实体"审查（Review）"来表示。

图6-3 为每个实体的详细属性。以实体用户为例，用户属性包括用户名称、密码、电子邮件、机构名称等。

下面是会议管理系统的数据字典。（表6-1）

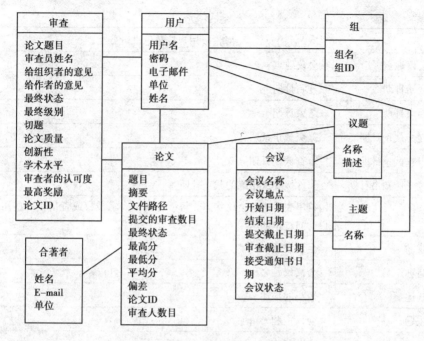

图6-3 结构模型实体的详细属性

表6-1 数据字典

组	对授权用户按角色进行分类
组名	程序管理员,成员,审查员,作者
组 ID	即当前和一个组相对应的标识。在会议管理的不同过渡阶段,程序管理员可通过一个组来授权或禁止访问(评审程序运行,论文提交关闭)
用户	单个授权用户
用户名	登录名
密码	登录密码
电子邮件	用户的电子邮件
单位	用户的单位
名	名
姓	用户姓
会议	表示会议信息(会议日期、地点、期限、会议当前状况)
会议名称	会议名称

续表

组	对授权用户按角色进行分类
会议地点	会议地点
开始日期	开始日期
结束日期	结束日期
提交截止日期	提交截止日期
审查截止日期	审查截止日期
接受通知书日期	稿件接受或拒绝的截止日期
会议状态	符串表示当前会议状态。每一种状态表示授权或者禁止一些用户访问特定的组
议题	会议议题
名称	会议议题名称
描述	短小的描述
主题	会议主题
名称	主题名称
论文	存储数据来描述论文(作者什么时候提交的论文,以及审查结果)
题目	题目最多 256 个字符
摘要	摘要最多 1 000 个字符
文件路径	文件路径
提交的审查数目	衍生出来的特性,表明已经提交的审查数目
最终状态	用字符串表示文章最终接收或者拒绝的状态
最高分	衍生出来的特性,表明论文最高分
最低分	衍生出来的特性,表明论文最低分
平均分	衍生出来的特性,表明论文平均分
偏差	衍生出来的特性,表明论文最高分和最低分的差距
论文 ID	论文参考号码
审查人数目	衍生出来的特性,表明论文的审查人数目
合著者	对于一篇论文,存储相关合著者的数据
名	合著者名

续表

组	对授权用户按角色进行分类
姓	合著者姓
E-mail	合著者的电子邮件
单位	合著者单位
偏好	偏好
标记	对于指定的论文,PC 成员的级别
用户名	用户名
论文 ID	论文标志
审查	论文审查的存储
论文题目	论文题目
审查员姓名	审查员姓名
给组织者的意见	一小段描述(不超过 1 000 字符)
给作者的意见	一小段描述(不超过 1 000 字符)
最终状态	审查的最终状态
最终级别	用 1－5 的整数表示(1＝非常低,2＝低,3＝中等,4＝高,5＝很高)
切题	用 1－5 的整数表示(1＝非常低,2＝低,3＝中等,4＝高,5＝很高)
论文质量	用 1－5 的整数表示(1＝非常低,2＝低,3＝中等,4＝高,5＝很高)
创新性	用 1－5 的整数表示(1＝非常低,2＝低,3＝中等,4＝高,5＝很高)
学术水平	用 1－5 的整数表示(1＝非常低,2＝低,3＝中等,4＝高,5＝很高)
审查者的认可度	用 1－5 的整数表示(1＝非常低,2＝低,3＝中等,4＝高,5＝很高)
最高奖励	论文是否能提名为最佳获奖论文
论文 ID	论文标志

(2)识别关系

①实体"用户(User)"在这一架构中处于核心位置,它几乎同所有的其他实

体相关联,这其中的关系包括如下内容。

A. 用户(User)—群组(Group)关系。它表示的是用户属于一个或多个群组。用户所属的群组决定着这一用户能够获取的网站视图。

B. 用户(User)—议题(Track)和用户(User)—主题(Subject)关系。它表示的是一个项目委员会成员对于一个或多个议题或主题能够表达他/她的客观评价。

C. 用户(User)—论文(Paper)关系。它定义了用户和论文之间的关系,每个作者可以上传一篇或多篇论文。

D. 用户(User)—审查(Review)关系。它将项目委员会成员或者审稿人同一个或多个评论相连接。

E. 用户(User)—偏好(Preference)关系。它关系着项目组成员对不同论文给出的客观评价。

②除了用户(User)与其他实体之间的关系外,由实体论文(Paper)也分离出一些其他的关系。

A. 论文(Paper)—议题(Track)和论文(Paper)—主题(Subject)关系。它表达的是每个论文同一个议题、一个(或多个)主题的关联。

B. 论文(Paper)—审查(Review)关系。它意味着每篇论文同一个或多个(不超过三个)评论(由项目委员会成员或者审查者提交的)的关联。

C. 论文(Paper)—偏好(Preference)关系。它是每个论文与项目组成员对论文给出的客观评价之间的关联。

D. 论文(Paper)—合著者(Coauthor)关系。它是每个论文与合著者之间的关联。

此外,还存在会议(Conference)—议题(Track)和会议(Conference)—主题(Subject)的关系。它是指会议同议题与主题之间的关联。

4)超文本模型

在定义了结构模型后,需要定义网站视图来将流程的设计关联到不同的用户组。

(1)识别用户角色

CMS用户参与到会议管理中,扮演着以下不同的角色。

①项目主席的责任。a. 启动会议。例如,向系统中输入基本信息,包括会议名称、会议场所、会议开始与结束日期、论文提交日期、论文审查与录用的通知。b. 确定会议议题和主题。c. 成立项目委员会,预先指定项目委员会成员。d. 基于项目委员会成员关于议题和主题的安排向审稿人分派论文。e. 基于审

稿人和项目委员会成员的最后讨论确定论文录用和退稿的最终名单。

②项目委员会成员的责任。a. 确定会议议题和主题。b. 在提交论文程序结束后,确定符合议题和主题的论文。c. 审查主席指派的论文。d. 指定来自项目委员会以外的人员作为论文的审稿人。项目委员会成员必须由项目主席在系统中预先注册(之后他们可以修改个人的信息)。

③审稿人的责任是对一篇或多篇论文进行评价和审查。

④作者需要提交一篇或多篇论文,他们必须在提交论文前进行注册。

⑤非注册用户是那些会议中没有涉及的用户,但是他们可以浏览网站信息。

(2)识别网站视图

表6-2 显示了网站视图、用户角色和会议阶段的关系。在会议的每一个阶段,按照用户所扮演的角色不同,用户可以获取不同的网站视图环境的支持。

①项目委员会主席的网站视图是在会议的整个会议生命周期中他/她所配置的视图环境。它配置的权限允许他/她解决不同的问题,包括会议启动、论文分派、论文录用还是退稿等,并拥有管理用户组网站视图归属的权限。

②"所有人—登录"的网站视图可以使用户以项目委员会主席、项目委员会成员、审稿人或作者的身份登录系统。在登录之后,根据用户所属群组和当前会议阶段,每个用户将连接到适当的网站视图。

③"所有人—登录"的网站视图能够使非注册用户注册成为作者。

④登录暂停的网站视图包含一些静态的信息,例如一个警告,并且当用户角色不可用的时候发送给注册的用户(项目委员会成员、作者、审稿人)。

⑤作者提交开放的网站视图允许注册作者提交一篇或多篇论文。

⑥项目委员会成员选择主题和议题的网站视图,允许(项目委员会)的成员确定会议议题和主题。

⑦项目委员会成员投标的网站视图允许项目委员会成员在论文审查过程之前,确定他们对所提交论文的客观评价。

⑧项目委员会成员插入评论的网站视图允许项目委员会成员输入他们的评论,并可以指定其他审稿人。

⑨审稿人插入评论的网站视图允许审稿人输入他们的评论。

⑩项目委员会成员最终讨论的网站视图允许项目委员会成员查阅审查的结果,以参与论文录用与否的最终讨论。

⑪在审查过程结束后,"所有人—会议流程"的网站视图会呈现给所有用户(非注册用户、作者、外聘审稿人和项目委员会成员),它包含了本次会议的最终方案。

表 6-2　网站视图、用户角色、会议阶段的关系图

会议阶段/ 用户角色	项目委员 会主席	项目成员	作　者	审稿人 （非成员）	非注册用户
1. 会议启动	项目委员会主席的网站视图	—	—	—	"所有人—登录"的网站视图
2. 论文提交	项目委员会主席的网站视图	项目委员会成员选择主题和议题的网站视图	作者提交开放的网站视图	—	"所有人—注册"的网站视图
3. 论文投标	项目委员会主席的网站视图	项目委员会成员投标的网站视图	所有人—登录暂停的网站视图	—	"所有人—登录"的网站视图
4. 论文分派	项目委员会主席的网站视图	登录暂停的网站视图	登录暂停的网站视图	—	"所有人—登录"的网站视图
5. 论文审查	项目委员会主席的网站视图	项目委员会成员插入的网站视图	作者提交关闭的网站视图	审稿人插入的网站视图	"所有人—登录"的网站视图
6. 最终讨论	项目委员会主席的网站视图	项目委员会成员最终讨论的网站视图	作者提交关闭的网站视图	登录暂停的网站视图	"所有人—登录"的网站视图
7. 录用通知	项目委员会主席的网站视图	登录暂停的网站视图	登录暂停的网站视图	登录暂停的网站视图	"所有人—会议流程"的网站视图

6.1.4　会议管理信息系统实施

CMS 网站的实现是应用了 WebML 工具套件。它能够将 WebML 自动转换为一组 JSP1.1 的页面模板，可以在任何支持 JSP 的 Web 服务器上运行。页面的呈现通过构造一个简单的 XSL 样式表来呈现，它可以统一地应用于所有页面，以产生所需的外观和感觉。为了优化再现图形，还可以使用商业的 HTML 编辑器来修饰单个页面。

作为站点导航的一个例子，下面我们介绍项目委员会主席启动会议的一系列 HTML 页面。

如图 6-4 所示，登录页面允许项目委员会主席将用户名和密码输入系统。

正如窗口底部所示,这个时候尚未有会议创建。

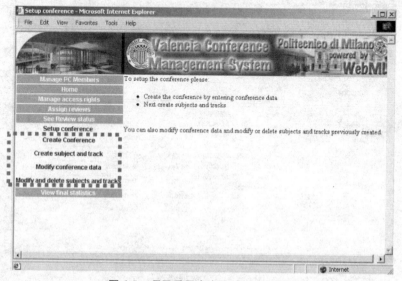

图 6-4 登录页面

项目委员会主席的网站视图中的所有内页包含一个标志性的导航栏,见图 6-5 左侧。通过它,能够移动到不同的页面来实现不同的管理活动。通过选择会议创建的对话框,会出现一个子菜单,见图中虚线框部分,它可以让项目委员会主席调用如下功能:①创建会议;②修改会议;③创建主题和议题;④修改和

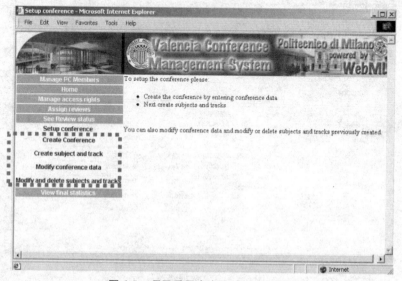

图 6-5 项目委员会主席的网站视图

删除主题与议题。正如图 6-5 中所示,指示建立会议基本步骤的简短文本也会显示出来。

创建会议界面允许主席输入关于会议的相关数据并加以管理。(图 6-6)

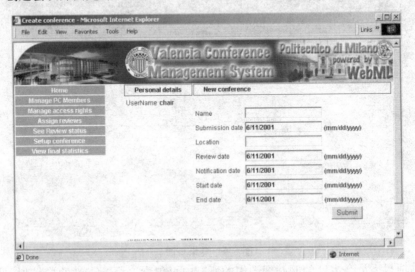

图 6-6　创建会议界面

会议数据修改界面允许主席通过输入新的数据来修改有关会议信息。(图 6-7)

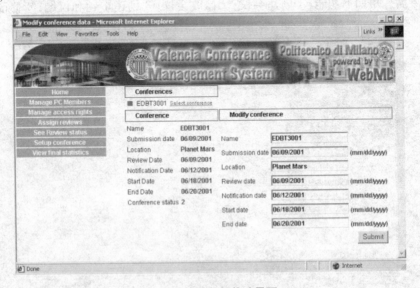

图 6-7　会议数据修改界面

主题和议题的创建界面允许主席创建会议的主题和议题。（图6-8）

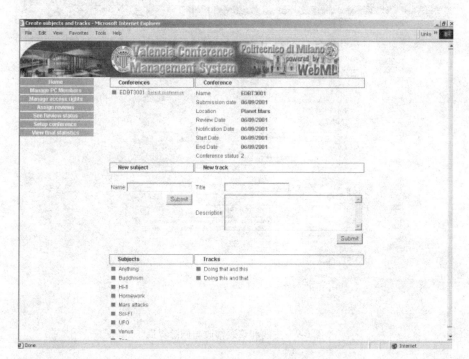

图6-8 主题和议题的创建界面

主题和议题修改与删除界面允许修改或删除某一会议的主题和议题。管理者可以从页面顶端的索引中选择一个主题或议题，然后点击删除键删除所选的主题或议题，或者通过在输入框中插入新的数据来修改它，然后点击提交（Submit）按钮。（图6-9）

WebML语言是带有导航功能的一种正式语言，它能在概念层次上很好地表达数据密集型网站的需求。应用WebML建模的会议管理系统可以很好地支持网站设计的所有活动。在整个设计过程中，WebML提供了图形化、形式化的规范，并且有可视化的设计工具的支持。借助这些，设计者和使用者都能很容易地理解所表示的系统。

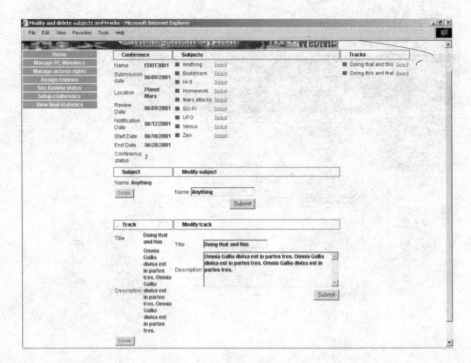

图6-9 主题和议题修改与删除界面

6.2 案例2：会展公司的客户关系管理系统

在日益激烈的市场竞争环境下，企业仅靠产品的质量已经难以留住客户，服务成为企业竞争制胜的另一张王牌。会展企业提供的产品以服务为主，因此很多会展企业都主要在服务方面下足功夫。电子信息的迅速发展，使会展企业开始将其引入企业管理理念中并建立自己的客户关系系统。但是，也有些会展企业由于缺乏对客户关系管理的正确认知，没有更好地与客户沟通，忽视数字时代客户对互动性与个性化的需求，导致了客户资源的逐步流失。因此，会展企业如何利用信息技术，通过对客户的追踪、管理和服务，建立自己的忠诚客户群，吸引新客户的加入，并针对每个客户的不同需求，提供更为人性化的系列服务，已成为会展企业需要引起高度重视的问题。

6.2.1 会展企业客户关系管理概述

1)会展企业客户的类型

客户关系管理的核心是"客户",那么,不同的企业有不同类型的客户。因此,不同类型企业的客户关系管理有很大不同。要了解会展企业的客户关系管理,就必须先知道会展企业客户的类型。如果对会展企业客户的范围没有一个全面的认识,那么也就无法根据不同客户的特殊需求提供有针对性的服务。会展企业客户一般是指与企业在业务上有来往、能为企业带来利润的组织或个人,主要包括组展商、参展商和参观者。

（1）组展商

组展商,即展会的组织者,包括政府相关部门、展览公司和行业协会等。目前,政府已逐渐从企业行为中脱离,其主要职能是进行经济运行制度创新,调控宏观经济运行,引导并约束企业的行为,为企业公平竞争制定行之有效的"游戏规则"。但就现实而言,各类型展览会都必须通过政府相关管理部门的批准,且展览业中的政府展、公益性展等仍占有相当大的比例。因而,政府相关部门、管理职能部门仍是会展企业的主要客户。

（2）参展商

参展商是组展商最直接、最重要的客户。组展商整合种种资源,目的就是希望参展商在展会上能够赢得利益,或是达到直接的销售额;或是达成商务贸易洽谈,寻找到新的合作伙伴;或是推出新的产品等。只有参展商满意了,展会才能进入发展的快车道。

（3）参观者

参观者可以划分为专业观众和公众两类。专业观众是参展商的潜在客户,他们的参观带有一定的商务目的;而公众则主要是最终消费者,还包括一些行业内的媒体、同行组展商等,他们中的大部分人来展览会只是了解展会的基本情况,属于观赏而已。

2)会展企业客户关系管理的定义、目标和功能

（1）会展企业客户关系管理的定义

近年来,国内会展业发展已处于相当严重的展会同质化、竞争白热化的局面,大部分展会平均每年都有高达25%（有些展会更高）的客户流失。这不仅

是由于现阶段我国会展企业客户关系管理混乱,同时也是业界尚未对客户资源流失原因引起充分的重视并着手分析与改善,以致这些缺陷使一些成功展会逐渐丧失竞争优势。因此,不及时有效地解决客户关系管理中存在的问题,不重视客户关系管理系统的建立,客户资源的流失就不会停止,会展企业就很难获得具有品牌忠诚度的客户。对一个成功展会而言,具有满意度的成熟客户为展会带来的价值远远高于新客户的价值,因为新客户产生的价值很难补偿成熟客户资源流失所带来的损失。在同样成本的条件下,科学制定改善客户关系管理的方法,将会直接体现在展会较高的赢利机会上。

客户关系管理(Customer Relationship Management,CRM)研发的重要基础是20世纪90年代盛行的集成直接营销法,并将其与IT技术和网络环境集成、演变而来的。因此,会展企业客户关系管理是指企业利用信息技术和互联网技术搜集客户信息,不断加强与顾客交流,并在分析客户需求的基础上积累和共享客户知识,有针对性地对不同客户提供个性化的服务,以满足顾客需求的连续过程。在会展各项活动中,无论是展前的立项策划、招商招展、宣传推广,展中的各项服务及管理,还是展后的跟进与更新,会展企业都应树立以客户需求为中心的指导思想,来开展会展的各项工作。维护、创造及超越客户的需求,让客户参加会展的各种目标得以实现,让他们在会展上获得效益,让客户对会展感到满意,进而发展成为忠诚客户,以此提高会展效益。

要准确理解会展企业客户关系管理的概念,我们可以从以下三个方面来加深对其含义的理解。

第一,客户关系管理是一种现代会展企业的经营管理理念。客户关系管理起源于西方的市场营销理论,又逐步融合了近年来信息技术为市场营销理念带来的新发展,吸收了多种新管理思想的精华,形成了以客户为中心的管理理念。会展企业作为非物质性生产型的服务性企业,更需要视客户(包括最终客户、分销商和合作伙伴,也包括潜在客户与现实客户)为会展企业的战略资源,通过完善的客户服务和深入地分析客户来满足客户的需求,保证实现客户的终身价值。

第二,客户关系管理是一种专门的管理软件和技术。会展企业客户关系管理集合了很多目前最新的科技发展,包括因特网和电子商务、多媒体技术、数据库和数据挖掘、专家系统等信息技术而形成的CRM应用系统,将办展机构内外部客户的资料数据集成在同一个系统里。会展企业客户关系管理软件将当今先进的信息化技术与企业经营管理模式、营销理论紧密地结合起来,为企业的销售、客户服务以及营销决策提供了一个集成化的解决方案。客户关系管理系统作为会展企业面向客户的信息管理平台,为企业经营活动的开展提供支持和保障。

第三,客户关系管理是以更广泛内容为对象的营销整合。会展企业面对的客户不再是用实物产品就能满足的客户,而是那些想通过展会所提供的服务获得更多市场份额的参展商和贸易商。会展企业满足客户期望的难度更大,因而会展企业客户关系管理是对更广泛对象的整合,主要包括了参展商和贸易商。此外,从营销的角度来看,会展企业客户关系管理打破了西方传统的以4P为核心的营销方式,将营销重点从客户需求进一步转移到客户保持上,保证会展企业把有限的时间、资金和管理资源直接集中在这个关键任务上,实现了对客户的整合营销。

例如,展览的客户关系管理和观众信息管理是展览行业目前越来越重视的课题。我们所说的客户关系管理包括展前组织、展中现场、展后服务全过程。展前的观众组织要利用行业数据库来进行。展中则利用数据库对参展商现场合同及收费管理进行展览观众信息登记,要利用最新的OCR识别技术和PDA等技术为展览观众登记提供最准确的服务,而观众数据的准确率和质量是数据能否实用的根本。展后的观众和参展商回访与反馈分析是至关重要的,应该利用数据库将观众分类,从中挖掘潜在的参展商资源。因此,主办商的信息化建设将在主办商的管理工作中占有越来越重要的地位。

(2)会展企业客户关系管理的目标

20世纪80年代以前,整个全球经济基本上还是以生产制造为主,对产品的重视远远超过了对服务的重视。在现代社会,企业产品质量已经不是使顾客满意的主要因素了,服务质量在其中占据了相当重要的地位。特别是会展行业,它以会展服务为主要内容,因此,会展企业客户关系管理的主要目标是实现会展企业与客户之间的合作共赢、共荣关系。一方面,对会展举办机构来说,实施会展企业客户关系管理,不仅可以为会展企业赢取新客户、赢回流失的客户和识别出新的市场细分群体,从而增加会展企业拥有的客户数量;而且可以通过培育客户对会展企业的忠诚度、挽留和发展有价值的客户以及减少客户流失,发展与客户的长期合作关系,为会展企业赢得更多的长期稳定客户。还可以通过有针对性的个性化服务来提高现有的购买数量,扩大会展企业的展位销售,增加参观观众数量。另一方面,对于客户来说,会展企业的各种个性化服务手段可以满足自己的特殊需求,增强自己的参展(参观)效果,实现贸易成交、搜集信息、产品发布或产品展示等具体目标。只有实现会展与客户的合作共赢、共荣,会展企业与客户的长期合作关系才会牢固,会展企业才能长盛不衰。

(3)会展企业客户关系管理的功能

客户关系管理是一个将客户信息转化为积极的客户关系的循环往复的过程。其功能表现在,它可以帮助企业培养创造出产品和服务,及时反应,以及个性化、大量化定制和维持客户满意度的能力。具体而言,会展企业客户关系管理的功能主要包括以下几个方面。

①降低客户成本。这一功能体现在两个方面。一是通过大量保持现有客户,降低企业获取客户的成本。研究表明,开发一个新客户的成本比保有一个现有客户的成本高出五倍之多。通过实施 CRM,企业将加强与现有客户的联系,大量保持现有客户,从而降低客户成本。二是通过有针对性地获取客户,减少企业在寻找、获取客户时花费的不必要的成本。并非所有的客户都是企业的盈利顾客,客户价值也有高低之分,如果盲目获取客户,结果可能入不敷出。通过实施 CRM,企业将明确自己的盈利客户群,从而有针对性地获取客户,减少不必要的成本投入。

②减少销售成本。这一功能主要体现在通过提高客户的保留度与忠诚度,形成客户对企业产品的消费偏好,从而减少销售成本中的相关营销费用。企业的销售成本中包含大量的产品营销与市场推广费用。通过实施 CRM,一方面,企业将拥有一批忠诚的消费顾客群,企业的产品在市场上占有稳定的份额,从而大大降低了企业在推出新产品时的相关营销费用。另一方面,CRM 借助现代化网络科技,不仅大大提高了员工的工作效率,而且大大降低了营销运行成本。它通过准确地寻找客户、实现在线信息交换、发展一对一营销,集中了人员推广和广告促销的优势,从而为企业减少了大量的销售成本。

③加强客户服务。CRM 还具备强大的客户服务与支持功能(Customer Support System,简称 CSS)。在很多情况下,客户保持和维持获利能力依赖于优质服务的提供。因此,客户服务和支持对企业是极为重要的。CRM 在满足客户的个性化要求方面,速度、准确性和效率都令人满意。客户服务与支持的典型应用包括客户定制、客户关怀;订单跟踪;现场服务;问题及其解决方法的数据库;维修行为安排和调度;服务协议和合同的承诺;服务请求管理等。

④创造客户价值。这一功能突出表现在两个方面。一是通过客户关系营利能力模型,有效评估客户的营利能力。CRM 的实施流程为企业提供了基于客户关系营利能力模型的客户识别方案,不同客户的营利能力将得到有效评估。二是通过关系策略,在保护营利客户的同时,改变非营利客户的购买行为,提高其营利能力,从而创造客户价值。任何客户都存在营利的潜力,通过实施 CRM,企业将针对客户不营利的原因,对不同的客户采取不同的策略,激发其营利潜

能,促使这部分客户向营利的方向转化,创造新的客户价值,从而最终帮助企业增加收入和利润。

⑤增强企业竞争力。CRM 对企业竞争力的作用主要表现在两个方面。一是通过 CRM 及时、高效的客户服务,让所有与客户接触的营销、服务人员都能够按照授权,实施更新和共享这些资源,了解客户的需求和期望,改善企业和客户的关系,从而提高客户对产品或公司的忠诚度。这样,企业不但可以拥有一批稳定的消费顾客群,同时这些客户还会自发地宣传自己喜欢的产品和服务,提高企业的市场占有率和业绩,增强与同类企业竞争的实力。二是通过 CRM,可以让每个业务员逐步有效地分享客户的信息和资源,准确地把握每一个客户的需求,为其定制个性化的服务,关怀客户的成长。反过来,客户也会对企业产生良好的愿望,关心企业的发展,使企业在出现危机或困难的时候,能得到客户的大力支持和关注,这样就大大增强了企业抗拒风险的能力。

3)会展企业客户关系管理的意义

会展企业客户资源是现代会展企业的重要战略资源。当今世界,市场竞争的焦点已经从产品的竞争转向品牌、服务和客户资源的竞争。会展业属于第三产业,它的产品就是对参展商或观众的直接服务,也就是说,会展企业直接面对的是终端客户(参展商或专业观众)。如上所述,吸引一个新客户所耗费的成本大概相当于保持一个现有客户的五倍。这就决定了会展企业要重视客户关系管理,要以客户关系为纽带、以客户关怀为手段、以客户数据为基础,努力提高客户关系和客户满意度,以此增强客户对企业的忠诚度。也就是说,在会展企业中,谁能拥有更多的长期客户,谁能拥有更多的可盈利客户,谁能有效地开发更多的新客户,并能和这些客户建立且保持一种长期、良好的合作关系;谁能赢得客户信任,给客户提供满意服务,谁就能通过客户服务的最优化来实现会展企业利润的最大化。

会展企业客户关系管理能赋予会展企业更多的市场机会。会展企业客户关系管理不仅在于实现管理水平的质变,更重要的是,它赋予企业把握稍纵即逝的市场机会的能力,而这将成为左右会展企业成败的力量。因此,会展企业在维护客户关系的过程中,应根据客户的不同需求,有针对性地开展相关营销活动,以便能为会展企业提供更多的市场机会。在客户导向的市场环境中,新的业务机会可能来自一个体贴的客户关怀,也可能来自苦心孤诣打造的客户数据库的某一个角落。

客户关系的建立使顾客与会展企业实现双赢。通过与顾客建立并发展某种形式的联系,会展企业与顾客之间可以形成长期的互动关系,使会展企业与顾客之间形成双向的沟通。在这样的关系沟通中,会展企业可以更方便地从目标顾客处得到诸如新产品开发市场需求等信息,同时可以减少广告的投入;对顾客而言,由于关系营销中,企业更多的不是考虑一次交易能给企业带来的收益,而是考虑顾客的终身价值(Life Time Value),因此可以在单次的交易中返还顾客更多的财务利益。关系营销更多地强调了会展企业与顾客之间是一种合作而非传统的对立关系,从而实现企业和顾客的双赢。在这一双赢的产生过程中,双方信息的交换扮演了一个重要的角色。正是由于信息的"免费"或"低成本"交换,才使得"双赢"成为可能。

6.2.2　会展企业客户关系管理系统分析

当今时代,客户关系管理已经越来越多地被企业所接受,它强大的功能也逐渐为众多的企业所认可。CRM 对会展企业来讲,首先是一个商业战略,是帮助企业实现管理理念变化的工具。通过这种工具,会展企业可以通过多种渠道(如电话、电子邮件、无线通信、一对一的直销等)为客户提供全方位的服务。所提供的活动既涉及市场与销售部门,又涉及技术支持和服务等部门。同时,CRM 也是一个系统集成工程,实施 CRM 的最终目的是帮助会展企业增加收入、提高利润和客户满意度。

1)会展企业客户关系管理系统的功能

国外研究显示,一个新客户(展商与贸易商)开发的成本要比保有一个现客户的成本高出五倍之多。客户关系管理理论权威佩珀尔斯(Don Peppers)和罗格尔斯(Martha Rogers)博士曾指出:"如果企业能将客户流失率减少5%,利润将会有100%的增长。"在培养和提高用户对品牌展会的忠诚度方面,根据实践证明,仅以传统的经验与做法已很难奏效。因此,客户关系管理开始成为引领全球经济潮流的力量,无论是新经济的代表,如戴尔电脑、亚马孙,还是传统企业,如宝洁、雅芳等,都以巨资引入客户关系管理工程,重新设计产品、重建组织流程,使之成为创新企业价值的核心。

客户关系管理工程的技术核心是利用现代科学技术,有效地分析和建立客户数据集成及互动的信息沟通系统,利用相配套的软件为客户提供在线或24小时的有效服务,完全符合当前因特网技术条件下的企业关系管理(Enterprise Relationship Management)、持续关系管理(Continuous Relationship Management)、科技关系管理(Technology-enabled Relationship Management)及客户亲和度(Customer Intimacy)与即时营销(Real-time Marketing)。

在我国,进入 21 世纪以来,一些行业,如银行、保险、电信、电脑、旅游、民航等,率先开始导入客户关系管理,利用专业化的呼叫中心(Call Center)为顾客提供免费咨询服务,以此提高企业的客户服务质量,强化专业化的售后与咨询服务,吸引和留住客户,提升客户对品牌的忠诚度。在会展业方面,上海优品科技公司的会展业客户关系管理软件的理论与应用研究及开发也进入了一个新的发展阶段,客户关系管理越来越被成功企业视为 21 世纪企业管理的重要武器。

具体到国内的会展企业来说,客户关系管理功能突出体现在提高客户管理功能、客户渠道管理功能和决策支持功能三个方面上。

(1)提高客户管理功能

在国内大多数会展企业内部,客户管理工作一直以来都是各个部门自己负责,没有一个部门可以完全掌握客户信息。例如,营销部只掌握客户的档案信息和销售信息,财务部门只掌握资金信息和财务状况信息,售后部门只负责对企业产品进行维护和更新。这些部门从表面上看十分重视客户管理工作,但实际上各部门信息不能有效沟通与协调,给客户管理带来很多不便。而客户关系管理则可以打破各部门信息的封锁壁垒,整合原本属于各部门分散管理的客户信息,极大地提高客户管理的能力。

(2)客户渠道管理功能

过去,会展企业往往是通过上门推销、电话咨询来获得客户信息。而现在,客户可以进行电话订货和网上订货,会展企业可以通过 Web、自动语言系统、呼叫中心服务等多种渠道和客户进行交流。这些互动渠道,使得企业与客户的信息交流效率得到很大的提高,企业能够利用这些渠道对客户作出即时的反应,提高企业对交流渠道的管理能力。

(3)决策支持功能

完整的 CRM 系统强调客户信息的完整性。CRM 系统利用数据库将客户信息系统地储存与管理,通过对大量客户信息的对比分析,最终将宝贵的客户信息转变为客户知识,实现对客户的分级分类管理,针对不同的客户开展个性化的服务与管理。同时,也可以采用数据挖掘技术和数据库技术,对客户进行更深入的分析和挖掘。

2)会展企业客户关系管理模块的管理对象

现代会展是由若干相互联系的要素有机构成的一个系统,在这个展览系统中存在着五大基本要素:一是展览会的主体,即展览会的服务对象,参展厂商为展览会的客户;二是展览会的经营部门或机构,即专业行业协会和展览公司是展览会的组织者;三是展览会的客体,即展览会的展示场所为展览馆或展览中心;四是展览市场,即参展厂商获取信息和宣传企业形象的渠道;五是参观展览的观众,即最终的用户和消费者。

会展管理软件的客户关系管理模块的管理对象全面涵盖现代展览系统的基本要素,它们是会展软件的主要管理对象,也是系统管理和服务的中心。"提高客户满意度"提及的"客户"主要就是以上五大要素的重中之重。

(1)参展厂商——系统的动力层次

参展厂商也称参展客户,说它是系统的动力层次是基于三个方面的原因:一是参展厂商为系统最基础的要素,没有参展厂商的参与,根本就不存在展览会。参展厂商之所以成为系统的动力层次,主要是由于市场的需求和参展厂商的存在,才产生了展览系统的其他要素。二是参展厂商是系统得以存在和发展的原始动力。如果没有参展厂商的展览行为,就不会产生展览组织者和观众的行为,也就无所谓展览系统了。三是参展厂商是系统活力的前提。事实表明,越是参展厂商群体庞大、行业组织支持度高、展览竞争激烈的地区,展览系统越是活跃。

(2)展览组织者——系统的主体

凡以经营展览业务为盈利手段的单位都属于展览经营部门。目前,我国的展览组织者有专营、兼营和代理三种形式。在成熟的展览系统中,展览组织者这个要素是指专营展览业务的机构和部门,即展览公司和一些行业协会。展览组织者在展览系统中的作用使它成为系统的主体。这是因为在展览系统中,只有展览组织者处于核心和支配地位,它不但决定展览的性质、特点和形式,而且决定展览的最终效果。所以,展览组织者的状况决定展览系统状况。

(3)展会的媒体(展示场所)——系统的神经

展览媒体是指展示场所——展览馆或展览中心。展览项目经过策划出来后,如果不通过一定的方式集中向消费者展现其中的成果,展览的意义也就不存在了。在展览系统中,展览的生命在于展现和传播,展览媒体与展览组织者(主办单位)、市场和观众(消费者)发生着密切的联系。参展厂商与展馆的联系通过展览组织者来实现。在展览系统中,展览场所的主要功能就是通过提供媒介及形象展示,付出智慧,传播信息,其情形恰似系统的神经。

(4)展览市场——系统结构的纽带

展览系统中的市场是指广义的市场,因为展览系统是一个开放的系统,它所涉及的内容和经济关系远远超出了纯粹商品交换的范围。在这个系统中,既有以展览为媒介反映参展厂商和消费者关系的商品交换行为,也有反映参展厂商与展览组织者和展馆之间的分工协作行为。在展览系统中,市场这个要素的重要性随着商品经济的发展日益显著。一方面,它使系统其他要素的功能通过市场发生有机的联系,各要素之间的联系一定要通过市场的商品交换来实现,没有商品交换的展览活动是不可思议的。即使是那种以树立企业形象和创造品牌印象为目的的战略性展览,也是为商品交换的顺利进行所做的一种准备工作。另一方面,市场以它特殊的功能调整着系统各要素之间的关系,因为各要素的行为方式的变化和行为后果,都要从市场中得到反馈。这样,通过市场这个媒介反映出的展览信息,必然会影响各个要素的关系,并以此为据,作出相应的反应和调整。所以,市场是展览系统的纽带。

(5)参观展览的观众(消费者)——系统结构的起点和终止

消费者就是商品的购买者或使用者,包括生产消费者和生活消费者。消费者这个要素在商品经济活跃发展的条件下,其数量是很难确定的。在展览系统结构中,消费者是一切展览行为的起点。从社会再生产过程中看,如果没有消费,便不可能存在有目的的生产,没有生产,便不可能产生参展厂商,也就不可能有其他行为。消费者还是展览行为的终点,因为展览活动的最终目的是为了满足消费者的购买和选择的需要,展览效果的好坏也要由消费者来最后决定。

3)会展企业客户关系管理系统总体框架

客户关系管理涉及会展企业的各个方面,但主要是营销、销售、售后服务等与客户关系密切的部门。在会展企业中,客户关系管理系统处于业务的中心地位,它主要起着信息采集、转换、集成、交互、分析和反馈的作用。通过客户关系管理系统统一的业务平台,会展企业能将各部门的信息有机地集成起来,实现信息共享,并在此基础上加速各部门对客户的响应速度,帮助会展企业改善客户服务、提高工作效率。

会展企业客户关系管理系统主要由市场分析、营销、会展服务、客户信息四个部分组成。只有各子系统协同工作,才能保证信息流在系统间循环流转,使会展企业在对客户详细资料进行深入分析的基础上,采取相应的客户管理措施,提高客户满意度。会展企业客户关系管理系统的总体框架如图6-10所示。

(1)市场分析子系统

会展企业客户关系管理系统的市场分析子系统具有强大的市场分析功能,它以大量的会展消费数据为基础,科学地进行电子化的客户分析和市场研究。其最终目标是帮助会展企业明确市场定位,实现收入最大化和客户关系最优

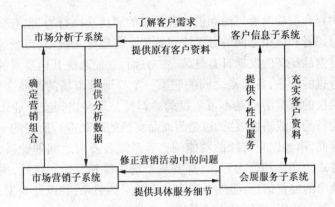

图 6-10　会展企业客户关系管理系统总体框架

化。该系统的客户消费行为分析的目的在于及时掌握客户的动态信息和消费习惯,为客户提供全面、满意的服务,尽可能地延长客户生存期,以获取更大的利润。同时,通过对客户消费行为的分析,实现消费趋势的预测,并为会展企业的决策提供参考。该部分主要分析和回答如下问题:谁是我们的客户? 我们的客户将分为几种类型? 每一种客户有什么样的消费特征? 客户群体将有何种流动趋势? 不同种类的客户有什么样的差异? 等等。客户消费行为分析包括客户分组、客户消费特征分析、客户对比分析、影响客户消费的关键因素分析和客户异常情况分析等内容。

(2)市场营销子系统

该子系统根据市场分析结果和客户具体情况,为会展企业管理层提供会展营销策划和计划实施的依据。该系统的主要功能如下。

①营销策略制定。主要解决电子商务环境下需要采用什么样的营销策略的问题。具体来讲,会展企业通过对会展客户和市场的分析,结合与客户交流的过程,找准客户看重的会展产品的重要属性,并选取合适的促销手段向客户传递会展产品信息。

②市场竞争战略制定。主要是提供行业竞争者分析,包括了解竞争对手的优势和不足,评估竞争对手的未来目标和战略部署,有助于企业深入了解竞争对手。

③销售管理。主要管理订单信息及销售渠道等方面,其系统功能主要包括销售订单及合同管理、销售队伍人员管理、销售政策管理等。其中,销售政策管理可以让会展企业定制和修改已有品牌的产品政策、客户政策、佣金政策、渠道政策。在这个过程中,凭借会展企业资源数据库和统一的业务操作平台,销售人员无论何时何地都能及时获取有关展会资源、产品组合、定价等方面的信息,

从而能轻松应对海量的个性化定制服务需求。同时,有效跟踪众多复杂的销售线路,缩短销售周期,提高销售效率。

(3)会展服务子系统

会展服务子系统主要完成对服务质量的管理过程。会展服务子系统可以提高客户服务代表的服务质量,增强服务能力,从而更加有效地追踪服务中出现的问题。迅速、准确地根据客户需求为客户提供个性化的服务,从而延长客户的生命周期。会展企业可以通过了解客户需求,向客户建议其他的产品或服务,来提高企业的经济效益。该系统模块主要包括以下功能。

①服务信息管理。主要记录会展项目开展前客户对参加会展提出的一些需求,并把客户的不同类型及特点详细记录下来。

②现场服务管理。指会展企业在会展举办期间,对参加会展和观展的参展商、观众提供一系列的会展服务,如场地租赁、场地布置、接送服务等。

③服务支持管理。支持客户以各种方式提出的服务请求。客户提出服务请求后,服务管理负责人对服务工作进行分配;服务任务生成后,由服务人员执行具体的服务工作;系统再根据服务的完成情况,进行相关服务人员的业绩考核。

(4)客户信息子系统

客户信息子系统是详细记录会展前期、中期和结束期三个阶段会展客户的详细资料的模块,主要包括客户基础数据库和客户评价模块两个方面。

①会展客户基础数据库。它是客户关系管理系统的信息心脏,是客户信息集成,也是企业借以决策和快速反应的依据。会展企业客户基础数据库一般包括客户的基本信息、联系人信息和产品信息等,这些信息都是会展企业在与客户认识、交流过程中逐步建立起来的信息库。

②客户评价模块。该模块通过与营销信息和企业其他与客户接触部门的数据连接,完成客户资料查询,以便于会展企业其他员工在与客户再次接触时能改善服务质量。同时,也能调整一定的营销策略。进一步通过该模块的客户交易管理功能实现对客户资料的控制,真实地评价客户的价值,从而建立企业的忠诚客户群。

4)会展企业实施客户关系管理系统应注意的问题

目前,我国许多会展企业并没有运用客户关系管理应用软件系统,他们大多认为根本没必要建立客户关系管理系统,认为目前的管理手段完全适用;有的会展企业虽然正在应用,但却没有达到预期的效果。其实,客户关系管理应用软件系统对于会展企业开展客户关系管理来说,是非常必要的。会展企业在建立自己的客户关系管理系统时,还应认真考虑诸多问题。

(1)树立"以客户为中心"的服务理念

会展客户关系管理需要"以客户为中心"的理念作为行动的指导思想。目前,许多会展企业中的各部门仍然分头行动,并没有有效地转变观念,没有建立起"成果共享"的团队意识。同时,会展企业"以客户为中心"的客户关系管理理念是否真正贯彻到了工作流程中,又是否真正提高了用户满意度,还有待进一步确定。比如,销售人员往往从完成销售额的角度出发进行推销,客户在购买之后才发现服务和产品性能并不像当初销售人员所描述的那样,因而感到不满。这些常见的问题都是由于公司的运作流程没有按照"以客户为中心"的宗旨去设计实施,而是各部门从自身的利益出发、多头出击的结果。在短期内虽可以赢得订单,但却损害了与客户的长期合作关系。由此可见,"客户服务"并不仅仅只是停留在口头上。

(2)使用之前应实行系统可行性评估

会展企业实行客户关系管理系统的可行性评估不只是一种技术评估,更是一种文化评估。从许多企业实施客户关系管理的经验来看,成败的原因主要在于企业文化的变革上面。需要实施客户关系管理的会展企业,其首要问题不是去购买软件,而是应聘请有丰富经验的专业咨询管理公司对企业进行诊断,明确问题的关键所在:哪些问题可以通过技术来解决?哪些问题需要通过战略调整来解决?哪些问题需要通过观念转变、文化重造来解决?只有这些看似"软件"方面的问题解决了,会展企业实施客户关系管理系统才能水到渠成。经过可行性评估之后,可能得出以下几个结论:不必实施客户关系管理系统的会展企业;不适宜实施客户关系管理系统的会展企业;不能实施客户关系管理系统的会展企业;宜暂缓实施客户关系管理系统的会展企业;亟需实施客户关系管理系统的会展企业等。会展企业应根据评估结果正确对待客户关系管理系统,明白并不是所有的问题都可以通过客户关系管理系统来解决,也并不是所有的会展企业都适应实施客户关系管理系统,只有企业实际情况与客户关系管理系统相匹配时,才能发挥出它最大的效用。

(3)明确客户关系管理战略目标

会展企业在实施客户关系管理系统之前,首先,应明确目标。其次,应规划好目标,因为实施客户关系管理系统的真正目标应该是通过客户建立适当的关系,整合会展企业和社会的优势资源,提高会展竞争力,从而提高会展的盈利。在真正明确实施客户关系管理系统的目标之前,必须经过慎重考虑,才能确定是否要实施客户关系管理系统。会展企业应与专家、顾问仔细研究,提出会展企业短期、中期、远期目标和直接、根本目标,目标的不确定性会导致客户关系管理系统实施的失败。另外,目标也不应定得太高,因为目标越高,工程越大,不确定性因素越多;同时,客户关系管理系统现在也还处于开发阶段,技术还有待完善。

(4)会展企业组织机构的重整

会展企业实施客户关系管理系统之后,其会展产品营销模式将从"产品中心论"向"客户中心论"转变,随着其转变,会展企业的组织结构也将始终围绕客户需要而进行重组。其中,为保证客户关系管理系统的正常运行,会展企业需要投入大量人力,并将其理念贯穿于会展企业业务的每一个细小的环节中。一般来讲,一个客户关系管理系统实施小组包括一个项目经理、某个问题的专家、功能及技术小组领导、功能及技术分析师、开发员、技术设计师、数据库管理者、培训者以及支持人员。在实施过程的不同阶段,这些人物将纷纷登场,每个职位投入的物力取决于项目实施的规模。这也将给会展企业的组织带来许多改变,可能会出现一个重建的过程。而成功的客户关系管理系统实施小组应该把注意力首先放在流程上,根据流程再重新设计组织结构,而不是过分关注技术。因为技术只是促进因素,本身不是解决方案。因此,会展企业在客户关系管理系统实施过程中,应首先要研究现有的营销、销售和服务策略,并找出改进方法。等业务流程确定之后,会展企业再根据业务流程调整组织结构,使会展企业的组织结构具有足够的弹性,增强对会展市场和客户的反应能力,避免会展企业行为与市场行为脱节。

6.2.3 VIPER 客户关系管理系统

本部分将介绍一个会议和活动管理平台 VIPER 的客户关系管理系统。VIPER 的客户关系管理软件(CRM)为用户提供了强大的状态跟踪和信息沟通的能力,并可以同组织内部的销售人员保持通信和联系。

1)联系人管理

CRM 的最基本功能是非常简单的:存储客户名称、关键数据或者期望合作的客户及其相关数据。(图 6-11)

2)集中存储管理

客户数据的输入仅是客户关系管理的第一步。与普通的联系人管理工具

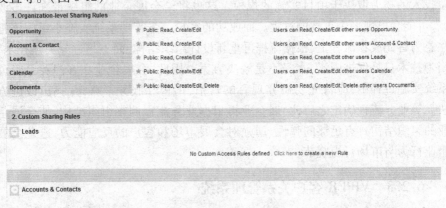

图 6-11 客户关系创建界面

不同，CRM 系统中所有的客户数据集中存储在网络上的一个中央资料库中，而不是散落在通讯录，笔记本电脑和手机上。会展企业的每一个成员都可以访问这些数据，数据是同步更新的，并且对所有人开放。这样数据不会因为通讯录丢失，或者笔记本电脑损坏，或者某个员工的离职而造成丢失。集中存储的数据可以设置一些规则来进行访问控制，包括数据开放的范围、读取、编辑权限的设置等。（图 6-12）

图 6-12 集中存储数据的访问规则设置界面

3）电话与邮件管理

当同客户通话联系的时候，你可以将通话输入到 VIPER 客户关系管理的"快速呼叫历史记录"界面中，这些记录会被系统记录并自动地统计。（图 6-13）可以在日程中添加会议，这样在会议日期可以获得提醒。当会议结束后，在会议的字段中添加注释并存储起来，将其与联系人的记录关联起来。当向客户发送邮件的时候，也可以将关键信件同客户记录关联起来。

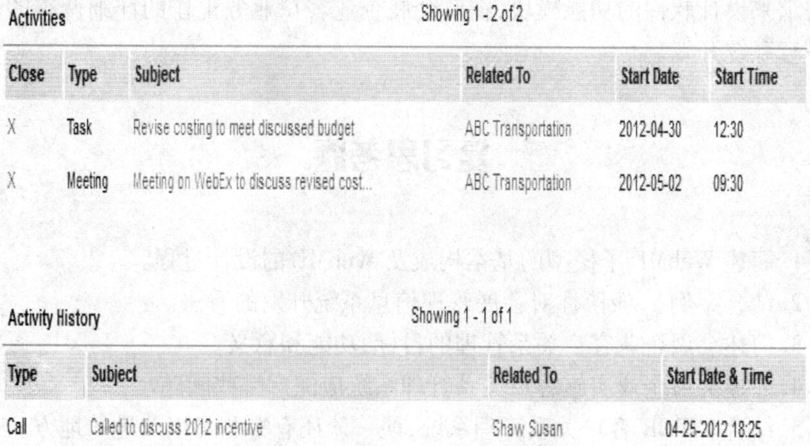

Activities			Showing 1 - 2 of 2		
Close	**Type**	**Subject**	**Related To**	**Start Date**	**Start Time**
X	Task	Revise costing to meet discussed budget	ABC Transportation	2012-04-30	12:30
X	Meeting	Meeting on WebEx to discuss revised cost...	ABC Transportation	2012-05-02	09:30

Activity History		Showing 1 - 1 of 1	
Type	**Subject**	**Related To**	**Start Date & Time**
Call	Called to discuss 2012 incentive	Shaw Susan	04-25-2012 18:25

图 6-13 **快速呼叫历史记录界面**

4）筛选与查找

VIPER 客户关系管理系统为用户提供了查找客户信息的功能,同时还支持客户数据挖掘的功能以识别潜在的机会。可以通过相关字段筛选所需信息,例如筛选参加会议人员中某一特定领域参会的所有负责人的信息。此外,还可以创建类似于一个永久搜索装置的过滤器,可以根据需求显示联系人记录,甚至可以将过滤器设置为默认的视图,相关功能见图 6-14。

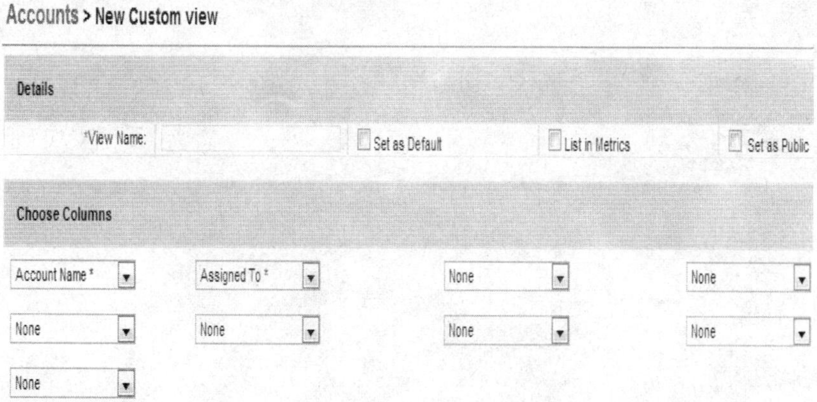

Accounts > **New Custom view**

Details

*View Name:		☐ Set as Default	☐ List in Metrics	☐ Set as Public

Choose Columns

Account Name * ▼	Assigned To * ▼	None ▼	None ▼
None ▼	None ▼	None ▼	None ▼
None ▼			

图 6-14 **客户信息界面**

VIPER 的客户关系管理软件实现了联系人管理、集中存储管理、电话邮件管理和筛选查找管理等功能。而实际客户关系管理软件的开发需要根据用户的需求来设计软件的功能模块,在对会展企业客户业务工作的详细调查的基础上进行系统开发。

复习思考题

1. 简述 WebML 子模型的基本构成及 WebML 的设计过程。
2. 结合案例1,谈谈你对会展管理信息系统开发的看法。
3. 简述会展企业客户关系管理的目标、功能和意义。
4. 简述会展企业实施客户关系管理系统应注意哪些问题。
5. 结合 VIPER 客户关系管理系统,谈一谈还有哪些可以改进的地方。

第7章
电子商务在会展行业中的应用

【学习目的与要求】

1. 了解网络及网络技术对会展的影响。

2. 掌握电子商务的基本知识。

3. 熟悉电子商务在会展中的应用。

【引导案例】

会展业与电子商务

全球最大的化工展——"2009 中国国际精细化工展"于 2009 年 12 月 1—3 日在上海举办,这是网盛生意宝近月来举办的第三个大型会展,此举也表明了生意宝深耕会展业的决心。本次展览受到了国内、外化工企业的热烈欢迎,所有展位已经被抢购一空,由此带来的海内、外采购订单预计将达百亿元人民币之多。无疑,这就是会展业与电子商务深度结合的一大成功案例。

从一定程度上来说,会展业与电子商务是一种"竞合关系",双方都是通过搭建一个平台供企业在上面交流、交易。电子商务主要是在网络平台上完成,有着人脉广泛、不受场地限制、不限人数和商品数量、不限时间约束的优点;会展则是通过在特定的时间,提供实际场地,让买家看到实物商品,使企业可以进行面对面的细谈,增加成功率。无疑,双方各有优劣。

专家指出,其实双方的优势都是对方的劣势所在,如果我们把电子商务注入会展业,就可以达到优势互补。如电子商务提供会展最需要的人脉和资源,就是对会展业的极大加强和补充,是真正实现线上线下相结合的最佳商业模式。

电子商务向会展渗透,巨头深耕会展业。近来,网盛生意宝、阿里巴巴等电子商务巨头纷纷涉足线下会展业,利用自身在行业、企业、资源的整合力等优势,为会展也带去急需的人脉和企业资源,帮助传统企业拓展新的发展空间,以线上"虚拟展会"加线下"面对面交易会"的虚实互补组合方式,进行快速发展渗透。

近日,网盛生意宝又传出其日前推出的"中国行业会展网"启用新的独立域名,域名由原来的 expo. toocle. com 生意宝二级域名,全部统一换为 31expo. com。这表明,生意宝通过投资千万元组建的"网盛会展"这家新型"线上＋线下"模式的会展公司,目前,已在会展业率先完成了"专业公司＋线上平台＋线下展会"的战略布局,会展项目也有望成为网盛的另一全新"战略级"项目与新的盈利点。目前,五家 B2B 电子商务上市公司,在线上内外贸交易平台、线下展览或买家见面会和认证服务中均有提供,其中以线上线下互动办展办会的形式,提供贸易撮合、招商引资等服务,无疑成了我国近年来电子商务产业发展的一大趋势。

资料来源:[2013-07-19] http://www. chinanews. com/it/it-itxw/news/2009/11-30/1992049. shtml.

【问题与思考】

分析一下电子商务对会展行业的主要影响。

【分析启示】

电子商务之所以能够顺利介入现代会展产业,完全取决于二者各自的特点以及优、劣势。

【知识点】

随着竞争日趋激烈,各举办机构已不再满足吸引本地区、本国的参与者,而是力争提高会展的国际参与程度,实现参与者的国际化。另外,电子商务被广泛应用,网上的虚拟展览悄然兴起。对展览企业来说,要么实施电子商务,要么将很快无商可务,信息技术、网络技术的快速发展促进了全球会展经济的发展。

7.1 电子商务的概述

7.1.1 电子商务的产生及其发展

(1)电子商务的含义

电子商务通常是指是在全球各地广泛的商业贸易活动中,在因特网开放的网络环境下,基于浏览器/服务器应用方式,买卖双方不见面地进行各种商贸活动,实现消费者的网上购物、商户之间的网上交易、在线电子支付以及各种商务活动、交易活动、金融活动和相关的综合服务活动的一种新型的商业运营模式。

电子商务还有广义电子业务 Electronic Business(简称 EB)和狭义电子贸易 Electronic Commerce(简称 EC)之分。无论企业界还是学术界,更多接受的是广义的电子业务。这种广义的电子业务涵盖了传统业务模式的信息化问题,体现了基于网络技术的各种创新业务模式,图 7-1 给出了广义电子业务和狭义电子贸易之间的关系。

(2)电子商务的产生与发展

电子商务作为一种新的商务运作模式。它的诞生和发展是在一定的社会和技术条件下。首先,电子商务是与信息技术紧密相连的,电子商务是运行在信息系统基础之上的。其次,电子商务需要企业、消费者以及政府的参与,这就需要对各个利益相关者的权利和义务作出相应的规定,才能使电子商务有效地运作与发展。

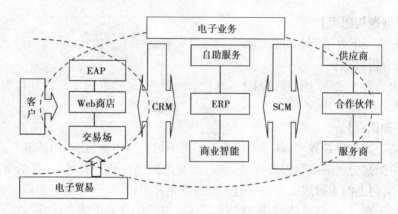

图 7-1 广义电子业务和狭义电子贸易的关系

电子商务最早产生于 20 世纪 60 年代,发展于 20 世纪 90 年代,其产生和发展的重要条件主要有如下几条。

①计算机的广泛应用。近 30 年来,计算机的处理速度越来越快,处理能力越来越强,价格越来越低,应用越来越广泛,这为电子商务的应用提供了基础。

②网络的普及和成熟。由于因特网逐渐成为全球通信与交易的媒体,全球上网用户呈级数增长趋势,快捷、安全、低成本的特点为电子商务的发展提供了应用条件。

③信用卡的普及应用。信用卡以其方便、快捷、安全等优点而成为人们消费支付的重要手段,并由此形成了完善的全球性信用卡计算机网络支付与结算系统,使"一卡在手、走遍全球"成为可能。同时,也为电子商务中的网上支付提供了重要的手段。

④电子安全交易协议的制订。1997 年 5 月 31 日,由美国 VISA 和 Master-Card 国际组织等联合指定的 SET(Secure Electronic Transfer Protocol),即电子安全交易协议的出台,以及该协议得到大多数厂商的认可和支持,为在开发网络上的电子商务提供了一个关键的安全环境。

⑤政府的支持与推动。自 1997 年欧盟发布了欧洲电子商务协议、美国随后发布《全球电子商务纲要》以后,电子商务受到世界各国政府的重视,许多国家的政府开始尝试"网上采购",这为电子商务的发展提供了有力的支持。

(3)电子商务在全球的发展

从全球范围来看,电子商务的产生和发展经历了两个阶段。

①20 世纪 60 年代—20 世纪 90 年代:基于 EDI 的电子商务,准电子商务时期。EDI(Electronic Data Interchange)于 20 世纪 60 年代末期产生于美国,是指将业务文件按一个公认的标准从一台计算机传输到另一台计算机上去的电子

传输方法。由于 EDI 大大减少了纸张票据,因此,人们也形象地称之为"无纸贸易"或"无纸交易"。

②20 世纪 90 年代以来:基于国际互联网的电子商务。因为计算机的广泛应用、网络的普及和成熟、信用卡的普及应用、电子安全交易协议的制订和政府的支持与推动,电子商务的发展进入了国际互联网时代。与基于 EDI 的电子商务相比,基于互联网的电子商务具有费用低廉、覆盖面广、功能更全面、使用更灵活等明显的优势。

7.1.2　电子商务的特征

从电子商务的含义及发展历程可以看出,电子商务具有如下基本特征。

(1)普遍性

电子商务作为一种新型的交易方式,将生产企业、流通企业以及消费者和政府带入了一个网络经济、数字化生存的新天地。

(2)方便性

在电子商务环境中,人们不再受地域的限制,客户能以非常简捷的方式完成过去较为繁杂的商业活动。如通过网络银行能够全天候地存取账户资金、查询信息等;同时,使企业对客户的服务质量得以大大提高。在电子商务商业活动中,有大量的人脉资源开发和沟通,从业时间灵活,完成公司要求后,可谓有钱有闲。

(3)整体性

电子商务能够规范事务处理的工作流程,将人工操作和电子信息处理集成为一个不可分割的整体。这样,不仅能提高人力和物力的利用率,也可以提高系统运行的严密性。

(4)安全性

在电子商务中,安全性是一个至关重要的核心问题。它要求网络能提供一种端到端的安全解决方案,如加密机制、签名机制、安全管理、存取控制、防火墙、防病毒保护等,这与传统的商务活动有着很大的不同。

(5)协调性

商业活动本身是一种协调过程,它需要客户与公司内部、生产商、批发商、零售商间的协调。在电子商务环境中,它更要求银行、配送中心、通信部门、技术服务等多个部门的通力协作。电子商务的全过程往往是一气呵成的。

(6)集成性

电子商务以计算机网络为主线,对商务活动的各种功能进行了高度的集成;同时,也对参加商务活动的商务主体各方进行了高度的集成。高度的集成性使电子商务进一步提高了效率。

7.1.3 电子商务的分类

1)根据使用网络的类型分类

根据使用网络类型的不同,电子商务目前主要有三种形式:第一种形式是EDI(Electronic Data Interchange,电子数据交换)商务;第二种形式是互联网(Internet)商务;第三种形式是 Intranet(内联网)商务。

(1)EDI 商务

按照国际标准化组织的定义,EDI 商务是"将商务或行政事务按照一个公认的标准,形成结构化的事务处理或文档数据格式,从计算机到计算机的电子传输方法"。简单地说,EDI 就是按照商定的协议,将商业文件标准化和格式化,并通过计算机网络,在贸易伙伴的计算机网络系统之间进行数据交换和自动处理。

EDI 主要应用于企业与企业、企业与批发商、批发商与零售商之间的批发业务。相对于传统的订货和付款方式,EDI 大大节约了时间和费用。相对于因特网,EDI 较好地解决了安全保障问题。这是因为,使用者均有较可靠的信用保证,并有严格的登记手续和准入制度,加之多级权限的安全防范措施,从而实现了包括付款在内的全部交易工作电脑化。

但是,由于 EDI 必须租用 EDI 网络上的专线,即通过购买增值网(VAN,Value Added Network)服务才能实现,费用较高;需要有专业的 EDI 操作人员,并且也需要贸易伙伴使用 EDI,因此阻碍了中、小企业使用 EDI。加之早期计算机昂贵,调制解调器(Modem)只有 300 bps,商品软件少,许多应用程序需要自行开发,因此只有大公司才有能力使用 EDI。这种状况使 EDI 虽然已经存在了20 多年,但至今仍未广泛普及。近年来,随着计算机降价、互联网的迅速普及,基于互联网、使用可扩展标识语言(Extensible Markup Language,XML)的 EDI,即 Web-EDI,或称 Open-EDI 正在逐步取代传统的 EDI。

(2)互联网商务

按照美国互联网协会的定义,互联网是一种"组织松散、国际合作的互联网络"。该网络"通过自主遵守计算的协议和过程",支持主机对主机的通信。具体来说,互联网就是让一大批电脑采用一种叫作 TCP/IP 的协议来即时交换信息。

互联网商务是国际现代商业的最新形式。它以计算机、通信、多媒体、数据库技术为基础,通过互联网络,在网上实现营销、购物服务。它突破了传统商业生产、批发、零售及进、销、存、调的流转程序与营销模式,真正实现了少投入、低成本、零库存、高效率,避免了商品的无效搬运,从而实现了社会资源的高效运转和最大节余。消费者可以不受时间、空间、厂商的限制,广泛浏览,充分比较,模拟使用,力求以最低的价格获得最为满意的商品和服务。

(3)内联网商务

内联网是在互联网基础上发展起来的企业内部网。它在原有的局域网上附加一些特定的软件,将局域网与互联网连接起来,从而形成企业内部的虚拟网络。内联网与互联网之间最主要的区别在于内联网内的敏感或享有产权的信息受到企业防火墙安全网点的保护,它只允许有授权者介入内部 Web 网点,外部人员只有在许可条件下才可进入企业的内联网。内联网将大、中型企业分布在各地的分支机构及企业内部有关部门和各种信息通过网络予以联通,使企业各级管理人员能够通过网络读取自己所需的信息,利用在线业务的申请和注册代替纸张贸易和内部流通的形式,从而有效地降低了交易成本、提高了经营效益。

2)根据电子商务活动参与者分类

(1)企业—企业(B2B)

企业之间的电子商务指的是供求企业或协作企业之间,利用因特网和其他网络交换信息,完成从订货到结算的全部交易过程。包括采购商与供应商的谈判、订货、签约、接收发票和付款,以及索赔处理,商品运输管理等。包括电子贸易、电子采购、网上招标等。它采用电子数据交换、电子邮件、电子公告牌、电子传真、电子资金调拨(EFT)、网上签合同等手段,进行电子化商业活动。

(2)企业—消费者(B2C)

企业与消费者之间的电子商务基本上就是网上销售,这是人们最熟悉的一种电子商务形式。如通常所说的电子购物或网上购物,这里的"物"不仅指具体、有形的实物,如邮票、书、花等,也指无形的"信息"和"服务"。

(3)消费者—消费者(C2C)

消费者之间的电子商务基本等同于电子拍卖,它利用互联网的特性,将参加竞拍的消费者聚集起来。各竞价者通过网络自由出价,在最后的时间底限出价最高者即为该商品的最终竞买成功者。

(4)企业—政府(B2G)

企业对政府的电子商务指通过因特网处理企业与政府两者间的各项事务。

7.2　电子商务在会展行业中的应用

7.2.1　会展电子商务的概述

(1)电子商务介入会展的背景

从本质上看,电子商务之所以能够顺利介入现代会展产业,完全取决于二者各自的特点以及优劣势。电子商务可以提供网上交易和管理等全过程服务,它具有广告宣传、咨询洽谈、网上订购、网上支付、电子账户、服务传递、意见征询、交易管理等功能。会展业则是集商品展示交易、经济技术合作、科学文化交流于一体,兼具信息咨询、招商引资、交通运输、城市建设、商业贸易、旅游服务等多功能,整个过程也是一个信息流的过程。

不难看出,双方的优势恰是对方的劣势所在,将电子商务注入会展业,无疑能够取长补短、优势互补。具体来讲,电子商务提供会展最需要的人脉和资源,是对会展业的极大加强和补充,也是真正实现线上线下结合的一种最佳商业模式。从另一个层面看,会展业与电子商务又是一种"竞合关系",双方均通过搭建平台供企业交流与交易:电子商务是在网络平台上完成,有着人脉的广泛和不受场地限制、不限人数和商品数量、不限时间约束等优点;会展则是通过在特定时间、提供实际场地、让买家看到实物、使企业可以面对面细谈等,增加成功率。事实上,以线上线下互动办展办会的形式,提供贸易撮合、招商引资等服务,已经成为我国近年来电子商务产业发展的大趋势。

(2)会展电子商务的特点

会展电子商务主要是指网上会展,即利用网络技术手段,在互联网上举行会议或展览会,它是传统会展利用网络和电子手段的虚拟表现。网上会展突破现场会展时间、空间的局限性,被誉为"永不落幕的会展"。网上会展包括网上展览会(简称网展)、网上会议、视频会议。网络会展和传统会展相比,在很多领域有差别。(表7-1)

表7-1 网络会展和传统会展的区别

<table>
<tr><td colspan="2"></td><td>网上会展</td><td>传统会展</td></tr>
<tr><td colspan="2">组织手段</td><td>以网上发布信息为主</td><td>以文件、传真、电话等为主</td></tr>
<tr><td colspan="2">展出场所</td><td>网络虚拟空间</td><td>展馆实地</td></tr>
<tr><td rowspan="7">针对展会</td><td>展出手段、内容</td><td>展示文字、图片、声音、动画等</td><td>展示实实在在的产品,以直观形象对外宣传</td></tr>
<tr><td>参展费用</td><td>网上参展费</td><td>费用较高,呈逐年上升趋势</td></tr>
<tr><td>展期</td><td>可以固定展期,也可无限期</td><td>固定展期</td></tr>
<tr><td>观众范围</td><td>世界各地网民</td><td>一定区域的专业人士</td></tr>
<tr><td>交流方式</td><td>利用电子邮件、网上聊天室进行磋商</td><td>提供面对面交流空间和机会</td></tr>
<tr><td>签约方式</td><td>电子邮件或数据传递方式</td><td>书面契约方式</td></tr>
</table>

网展相对于实物展的优势:成本低、效率高,展出空间无限,经营规模不受场地限制,展出时间长,观众面广泛,贸易机会增多,反馈及时,统计和评估电子化。网展相对于实物展的缺陷:电脑视窗有限,展出信息的不完整性,观众的不确定性,信息统计偏差。

(3)网上会展与实物会展的关系

①网上会展对实物会展市场形成一定冲击。如 IT 传统展会从辉煌走向困境。德国汉诺威"CeBIT"是国际上规模最盛大的信息通信科技博览会。2003年,CeBIT 参展厂商为 8 000 家左右,比 2002 年减少 20%。展场面积也从去年397 008 平方米降至 354 119 平方米。展会场面冷清,观众比去年减少 7 万人次,而且潜在买主在展场询问产品、搜集资料的时间也缩短。参展企业赠品明显减少或缩水、展场中几乎不见 Show Girl 辣妹表演,甚至过去总是难求一位的展馆外海报看板,也只两家厂商支持赞助,足见厂商广告预算的严格控制。

一些知识型行业的传统实地会展趋于滑坡。在网上会展的销售中,卖得最好的是书。因为图书没有过多的质地、尺寸的要求,在网上看到的这本书和书店买到的书几乎没有差别。而时装、机械等就很难用网络交易方式来取代。教育界的高校招生咨询会主要是各高校向广大考生宣传、介绍自身的办学方向、校园文化、学术水平、专业设置、往年录取考生录取情况,帮助考生正确填报志愿,选择适合自己的高校。将来,"高咨会"完全可以放在网上,大可不必让全国高校老师在各城市之间奔波,进行实地咨询。

②网上会展不能替代实物会展的会展主角角色。网展的缺陷很难用技术手段加以弥补,注定了网展不可能替代实物展在展览业中唱主角。正如同网上销售兴起之后,传统以商场、批发市场为媒介的实物销售仍然存在一样,网上虚拟展览会也不能代替实物展览会。实物会展仍是国内会展业的主流,仍然大有发展前途,网上会展不可能也没有必要替代传统的展览方式。消费者或商家"眼见为实"的心理需求和思维定式不会轻易改变,传统实物展览除了了解产品和信息的功能之外,还有人际交流、实物触摸、面对面地讨论这些"会展艺术",这是网上会展无法取代的。

③网络技术支撑现代实物会展。网络技术与实物会展具有互补的前提。首先,展览在其本质意义上说,其首要功能是传播信息,网络技术对信息和数据的传递、交换和处理等提供极大方便。其次,经贸展览会在展览会中占据重要地位,这些展览本身就是商务活动,而网上会展属于电子商务,即商务活动的电子化。最后,展览活动大多是以盈利为目的,展览组织者在运作过程中采用网络技术,具有节约、高效、快捷、方便等优点,有助于实现利润最大化。

网上会展对实物会展的积极影响。展览会的营销人员必须处处留意业界的变化,时时保持与客户的联系。对展览会项目开发的周期和持续的时间也都将大大压缩,不能再像过去那样用 18 个月或两年的时间去进行市场调研,开发新展览会项目。实物会展应大量应用网络技术寻求发展空间,而网络技术也将应用于展览活动的各个环节。在展览项目的宣传、展出项目的选择、参展商与组展者之间的多种契约和业务往来、发运人与承运人之间的联系和约定、参展商与海关的联络中,互联网承担了大量数据和信息的传播功能;在展出过程中,运用智能卡搜集观众和客户资料,对来访客户和观众进行统计和分析。可以说,展览活动中凡是涉及展出、展品和展出活动参与人的信息和数据的搜集、传递、处理的环节,都是网络技术的用武之地。

网上会展迅速形成丰富的行业业务资源和聚集专业用户群,对政府部门、行业组织、展馆、会展公司来说,合作举办网展,有效服务于实物展,会展业向电子商务延伸,大量与展会、行业服务相关的电子商务应用将获得丰厚的回报。对于展出单位来说,提供网上展位出租、展示内容制作和网络广告营销服务,发展传统企业的 IT 外包业务,拓宽展商的数据增值业务空间。对于参展者来说,通过权威性强的当地和其他区域传统展上网,吸引参会企业现场或远程进行网上查询、与展商互动,发展参会企业的数据增值业务及电子商务。网上会展对于会展业而言,凸显了重大应用价值——抵御风险、保持展商和参展专业人士的畅通商贸渠道、维护客户关系、延伸会展业的电子商务增值服务等。越来越多的政府和行业组织把工作重心进行了调整,选择将网上招商、网上会展、网上会议作为工作重心,网上会展业务面临着一个难得的发展机遇并进入了快速增长期。

7.2.2 会展电子商务的优势

(1)提高了会展信息交流速度

信息技术提高了政府、会展行业协会、会展企业、参展企业四者之间信息的交流速度。政府可以通过网络向公众发布最新的政策和法规,并为行业协会、会展公司、参展企业提供快速的政府服务,提高政府效率;会展行业协会可以及时将行业动态和行业规定传递到相关部门和企业;会展公司可以实时报道会展信息,让不能来参加会展的组织和个人随时了解会展进展,或者提供网上参展报名服务,方便参展企业进行各种活动。

(2)拓宽了会展信息交流的广度

会展的整个运作过程包括了政府、行业协会、会展公司、参展企业、媒体和会展观众等,涉及面广,需要多方共同合作。而电子商务等信息技术在会展中的应用,为会展信息在不同主体之间的交流创造了条件,促进了信息的共享,扩大了信息交流的广度。比如,会展公司可以通过政府的在线服务进行国际会展的申报工作。当会展项目被批准后,通过信息技术的支持,相应的信息将被行业协会、会展企业、媒体和参展商、观众共享,使会展的开展更加通畅。同时,当会展各个主体都利用网络交流信息时,依据网络效应理论,则会给每个主体带来最大的价值。

(3)降低了会展企业成本

ERP、CRM、SCM、EB 等先进管理信息技术的运用,一方面使得展览项目宣传更为广泛,组展者、参展商和观众可获得比以往更为丰富、深入的信息资料;另一方面,会展组织企业可以通过该平台更加快捷地获取来自各方的实时信息,动态地调整相关政策,更好地适应瞬息万变的市场,获得市场先机。另外,会展信息化将促使展览活动操作走向规范化,这是会展信息化发展的客观要求。

(4)提高了会展活动的工作效率

在组织、参加展览的各个环节上,信息搜集、传递、处理的电子化和自动化都使展览业务的处理效率得以空前提高。大多数展览会组织者可以网上招展、网上预订旅行机票和旅馆、通过电子邮件及时回复客户的咨询以及网上下载客户需要的有关展览会的各种资料(展馆展位平面图、展览日程安排、展览会服务手册)等。

(5)增强了会展活动的经济效益

网络的应用使组展者、参展商、观众之间的联络手段从传统的高收费的电话、传真、信件中解放出来,使得业务费用降低。网络应用使得展览项目宣传更为广泛,组展者、参展商和观众可获得比以往更为丰富、深入的信息资料,从而避免选择项目时的盲目性及由此带来的经济损失。办公自动化提高了工作效率,经济效益自然提高。

(6)加强了会展业的协调管理

展览业的协调管理机构是在掌握大量信息和数据、在多个组展单位及其项目中选优汰劣的基础上开展工作的。展览业流程的标准化和展览运作规范化都将使展览协调管理机构有据可依,从而为其进行科学化管理奠定基础。

(7)促进了展览业的全球化发展

网络使得展览项目、组织机构的对外宣传得以面向全世界进行,展览信息从定向发布走向非定向发布,对展览会的宣传挣脱了地理位置的束缚。通过网络平台,可以拓展会展企业的招展网络,尤其是海外招展网络。能增强企业自身的招展、组展能力,提高企业的核心竞争力。会展信息化使得会展产品参与国际范围内的展览业竞争成为可能。

7.2.3 中国会展业电子商务推广实施的思考

(1)推动软、硬件设施建设,促进传统展会电子商务的应用

要想现代会展中心能够利用电子商务技术简化业务办理手续、优化管理流程、缩短办理时间、降低运作成本,大大提高展会的管理效率,首先必须大力推动展会涉及的各类软、硬件基础设施建设。比如展馆内部采用局域网,运行统一的办公自动化系统、项目管理、流程管理和数据库管理软件,以便为参展商和观众们提供高效、便捷的管理服务与营销。网络展会的系统安全、保密、认证、支付等关键技术问题都需要建立在软、硬件基础设施的建设上。

(2)创建面向参展商的一站式信息服务平台

参展商是展会的基本元素,素有"中国第一展"美誉的广交会在展会电子商务方面已取得了领先优势。广交会承办方——"中国对外贸易中心"不仅完成了网络硬件服务平台建设,实现内部办公信息网络化,提高了经营管理效率;摊位分配、证件管理等业务软件也已经开发应用,并以面向参展商和采购商的管理信息系统提供一站式全程贸易服务。以广交会网站为基础,面向参展企业推

出参展易捷通平台,提供摊位配置及收费管理系统、证件管理系统、成交统计系统等。

(3)搭建第三方支付安全的会展电子商务网络平台

电子商务运作模型和业务流程中三个环节——信息流、资金流和物流是促进电子商务发展的关键。作为中间环节的网络(在线)支付,是电子商务流程中交易双方最关心的问题。如果这个环节不能解决,真正实现电子商务就将成为空谈。没有电子商务得以顺利发展的基础条件,电子商务快捷、便利的优势也就大打折扣。展会可通过搭建网络交易结算平台,将信息和数据交互处理、网上商品交易、电子支付、网络身份安全认证等电子商务技术全面引入展会,为参展商与采购商提供优越的网络交易环境。

(4)完善展会电子商务的物流配送体系

会展物流直接关系展会成功,合格的物流公司要顺利完成样品的包装、运输、装卸搬运等环节,提供优质、安全、高效的物流运输服务。为保证展会整体服务质量,可以将物流公司吸纳为展览主办机构的物流服务协助商,以提升会展企业的核心服务价值。

(5)加强展会电子商务法律法规的研究和制定

建立完备的法律体系和权威认证机构,维护整个展会电子商务网络营销的秩序。如针对电子商务在会展业应用的相关网络管理、信息安全、金融结算、知识产权保护等问题,制定相关的电子商务法律和电子支付制度、网络营销规约,依法解决网络营销中的各种纠纷。

复习思考题

1.网上会展与传统会展的区别有哪些?

2.会展电子商务的优势有哪些?

3.浏览会展电子商务网站,你认为目前电子商务应用于会展业还有哪些问题?

4.谈谈会展电子商务的未来发展趋势。

第8章
会展管理信息系统安全

【学习目的与要求】

1. 了解会展管理信息系统安全的挑战。

2. 掌握会展管理信息系统安全的管理与控制措施。

【引导案例】

某管理信息系统的安全设计

某开发小组正在为某公司开发一个销售管理信息系统。对于这个系统来说,如果因为偶然或人为因素导致数据丢失或信息泄露,将带来难以估量的损失。因此,系统的安全性和可靠性设计是非常重要的。

开发小组针对如下两种类型的隐患采取了不同的措施。

第一种措施是突发性物理破坏的应急处理。主机以及核心设备采用双机热备份,一套为生产机,另一套为备份机。每隔一小段时间,生产机就自检一次,若出现异常,系统将立刻切换到备份机继续工作,而不会影响系统运行。

第二种措施是防范人为的作弊与蓄意破坏。要求采用多种方法防范蓄意破坏,主要利用操作系统的安全性,防止对数据库进行非法访问。对于数据库的安全,在前、后台都有日志记载,使得系统发生故障后能够提供数据动态恢复或向前恢复的功能,确保主机数据的正确性;对于通信安全,采用通信加密的方式;对于前台安全,采用终端进行控制,对各前台登录终端均给予记录,只有经过授权的终端才能访问数据库,以达到在地域上限制用户操作的目的;对于系统安全,采用加强用户授权控制及口令管理等措施。

资料来源:周贺来.管理信息系统[M].北京:机械工业出版社,2011.

【问题与思考】

1. 试分析上述系统安全设计的特点?

2. 系统安全性主要体现在哪些方面?你对上面的设计还有什么补充?

【分析启示】

了解会展管理信息系统安全的重要性,掌握会展管理信息系统安全设计的方法。

【知识点】

随着互联网的迅速发展,会展管理信息系统面临的安全挑战日益严峻。因此,会展管理信息系统安全的管理与控制的重要性凸显。一些管理信息系统安全策略和良好的管理信息系统的安全设计可以起到预防、控制的作用。

8.1 会展管理信息系统安全概述

会展管理信息系统的安全威胁有些来自于企业内部,而有些来自于企业外部。如何避免会展管理信息系统受到内、外部威胁？如何避免计算机病毒、防范黑客入侵、预防计算机犯罪等，都是会展管理信息系统安全要关注的重要问题。

8.1.1 会展管理信息系统安全的基本问题

1) 会展管理信息系统安全的概念

会展管理信息系统安全指的是通过阻止未经授权的使用和访问，来保证会展管理信息系统各个方面(例如所有的硬件、软件、网络设备以及数据)的安全。

2) 会展管理信息系统安全的主要内容

会展管理信息系统安全包含以下几个方面。

(1) 物理安全

物理安全主要包括环境安全、设备安全、媒体安全等方面。处理秘密信息的系统中心机房应采用有效的技术防范措施，重要的系统还应配备警卫人员进行区域保护。

(2) 运行安全

运行安全主要包括备份与恢复、病毒的检测与消除、电磁兼容等。涉密系统的主要设备、软件、数据、电源等应有备份，并具有在较短时间内恢复系统运行的能力。应采用国家有关主管部门批准的查毒杀毒软件适时查毒杀毒，包括服务器和客户端的查毒杀毒。

(3) 信息安全

确保信息的保密性、完整性、可用性是信息安全保密的中心任务。

(4) 安全保密管理

涉密计算机信息系统的安全保密管理包括各级管理组织机构、管理制度和管理技术三个方面。要通过组建完整的安全管理组织机构，设置安全保密管理人员，制定严格的安全保密管理制度，利用先进的安全保密管理技术对整个涉密计算机信息系统进行管理。

8.1.2 会展管理信息系统安全的挑战

信息系统的安全性是指为了防范意外或人为地破坏信息系统的运行，或非法使用信息资源，而对信息系统采取的安全保护措施。与信息系统安全性相关的因素主要有以下七种。

①自然及不可抗拒因素。指地震、火灾、水灾、风暴、社会暴力或战争等。这些因素将直接地危害信息系统实体的安全。

②硬件及物理因素。指系统硬件及环境的安全可靠,包括机房设施、计算机主体、存储系统、辅助设备、数据通信设施以及信息存储介质的安全性。

③电磁波因素。计算机系统及其控制的信息和数据传输通道,在工作过程中都会产生电磁波辐射,在一定地理范围内用无线电接收机很容易检测并接收到,这就有可能造成信息通过电磁辐射而泄漏。另外,空间电磁波也可能对系统产生电磁干扰,影响系统的正常运行。

④软件因素。软件的非法删改、复制与窃取将使系统的软件受到损失,并可能造成泄密。计算机网络病毒也是以软件为手段侵入系统进行破坏的。

⑤数据因素。指数据信息在存储和传递过程中的安全性,这是计算机犯罪的主攻核心,是必须加以安全防范和保密的重点。

⑥人为及管理因素。涉及工作人员的素质、责任心以及严密的行政管理制度和法律法规,以防范人为的主动因素直接对系统安全所造成的威胁。

⑦其他因素。指系统安全一旦出现问题,能将损失降到最小,把产生的影响限制在许可的范围内,保证迅速有效地恢复系统运行的一切因素。

1)网络安全的挑战

先进的通信网络和软件使信息系统更容易受到攻击。未经授权的数据访问、滥用和伪造、欺骗可能在网络的任何地方发生,而不是局限在某个地方。

(1)因特网的弱点

大型公众网络(如因特网)比内部网络更容易受到攻击,因为公众网络对于任何用户都是开放的。因特网的规模非常大,一旦受到攻击,将会带来大范围的影响。一旦企业网络连接了因特网,企业的信息系统也就更容易受到外部的攻击。

永久连接在因特网上的计算机比拨号上网的计算机更容易受到攻击,因为永久连接的计算机有固定的 IP 地址,而拨号上网的计算机每次上网会获得一个临时 IP 地址。固定的 IP 地址提供了一个固定的目标,也就更容易被外部攻击者识别和锁定。

电子邮件和即时消息也增加了系统的易损性。电子邮件的附件经常成为恶意软件或非法侵入的跳板。即时消息软件在传输文本消息时,没有进行安全加密,因此,在传输过程中很容易从外部被截获。

（2）无线网络的安全挑战

因为无线网络使用的无线频率波段很容易被扫描到，因此，无线网络更容易受到攻击。虽然使用 WiFi（Wireless Fidelity，无线保真）的无线网络只有大约100 米左右，但通过外部天线可以传输到更远的距离。黑客可能通过泄漏的无线信号来寻找未受安全保护的网络，监控网络流量，进入因特网或企业网络。无线网络在很多地方不能防御驾驶攻击。驾驶攻击指有人驾车经过建筑物或停车在建筑物外，截听无线网络流量。

无线网络使用的 802.11 通信标准把服务集标识符（Service Set Identifier，SSID）作为用户进入无线网络的计算机无线网卡密码。SSID 是无线客户端识别不同无线网络的字符串，原理与手机识别不同的移动运营商的机制一样，该标识符由设备制造商设定。用户的无线网卡必须获得无线接入点的 SSID 才能从该接入点访问无线网络。许多无线接入点会以每秒数次的频率向外广播 SSID。如果黑客利用 802.11 分析工具识别了 SSID，就可以获得一个合法的 IP 地址进入该无线网络，甚至访问该无线网络中的资源。

早期的 WiFi 安全标准是有线等效加密（Wired Equivalent Privacy，WEP）并不令人满意。虽然 WEP 被集成在所有 802.11 标准的产品中，但用户可以选择关闭 WEP。在 WEP 规范中，所有用户使用同样的 40 位加密密码，很容易被破解。无线网络设备生产商正在努力通过更强大的加密和认证系统来加强无线系统的安全性。

2）恶意软件：病毒、蠕虫、特洛伊木马、间谍软件

恶意软件（Malware）包括计算机病毒、蠕虫、特洛伊木马、间谍软件等。计算机病毒（Computer Virus）是指编制或者在计算机程序中插入的破坏计算机功能或者毁坏数据、影响计算机使用并能自我复制的一组计算机指令或者程序代码，通常用户并不知道。有些计算机病毒是相对良性的，比如，在屏幕上显示一句话或一张图片；有些计算机病毒有很强的破坏性，如破坏程序或数据、格式化计算机硬盘等。当人们发送电子邮件附件或复制受病毒感染的文件时，病毒会在不同计算机之间传播。

与病毒不同的是，蠕虫（Worm）不需要依赖其他程序而可以独立存在，并能够自我复制和传播。这就使蠕虫比计算机病毒传播更快、更广。蠕虫可以破坏数据和程序，甚至消耗网络资源使网络不能正常运行。

特洛伊木马（Trojan Horse）看起来没有什么破坏性，但会做一些我们意想不到的事情。特洛伊木马不会复制自身，从这个意义上说，它不是病毒，但特洛伊

木马经常会把病毒和其他恶意程序带入计算机。特洛伊木马的实质只是一个网络客户机/服务器程序,一旦不小心安装了隐蔽的木马程序,该计算机就会成为被控制端。被控制端相当于一台服务器,黑客所在的控制端则相当于一台客户机,被控制端为控制端提供服务,如盗窃账号和密码、发动拒绝服务攻击等。

一些间谍软件(Spy Ware)也表现为恶意软件。间谍软件一旦安装后,会监控计算机用户的上网记录并用于广告用途。一些网络广告商使用间谍软件获得用户的购买习惯,然后为用户定制广告。用户可能会对间谍软件产生反感,也有人批评间谍软件侵犯了用户的隐私权。

3) 黑客和网络破坏行为

黑客(Hacker)是指试图未经授权进入计算机系统的人,而骇客(Cracker)是指有犯罪意图的黑客。人们通常把黑客和骇客看成同样的意思,因为他们都是利用系统安全保护的漏洞未经授权进入计算机系统。黑客不满足于进入系统,他们还会偷盗有用的信息,破坏系统等。

(1)欺骗和嗅探

黑客通常通过欺骗手段(如假的电子邮件地址或伪装成其他人)隐瞒自己的真实身份。把 Web 链接引导至非法站点也是一种欺骗(Spoofing)。嗅探器(Sniffer)是一种窃听程序,可以监控网络中传输的信息。嗅探器可以帮助发现潜在的网络故障点或网络犯罪,但一旦使用不当,会带来很大的危害并难以发现。

(2)拒绝服务攻击

拒绝服务(Denial of Service,DoS)攻击是指黑客计算机向网络服务器发送大量请求,使服务器来不及响应,从而无法正常工作。分布式拒绝服务(Distributed Denial of Service,DDoS)攻击的原理和传统拒绝服务攻击一样,只是危害更大。因为黑客可以通过所操纵的成千上万台计算机集中进行 DoS 攻击,导致服务器的瘫痪。

4) 计算机犯罪

美国司法部把计算机犯罪定义为"在导致成功起诉的非法行为中,计算机技术和知识起了基本作用的非法行为"。计算机可以成为犯罪的目标,也可以作为犯罪的工具。

没有人知道计算机犯罪的数量究竟有多大,究竟有多少系统被入侵,究竟有多少人受到了计算机犯罪的影响,计算机犯罪究竟导致了多大的经济损失?

这些问题都很难有准确的答案。需要注意的是,随着因特网的发展,越来越多的计算机犯罪来自企业外部。但来自内部员工的计算机犯罪通常是危害最大的,因为他们对企业的情况更加了解和熟悉。

(1)身份盗窃

身份盗窃(Identity Theft)是指冒名者利用获得的他人的个人信息(如身份证号、信用卡号等)冒充他人的身份。在因特网上进行购物时,容易发生身份盗窃,因为人们不会面对面地进行交易。

(2)网络钓鱼

网络钓鱼(Fishing)也是一种网络假冒行为。网络钓鱼也称为网页仿冒,通过假冒真实网站的网页来欺骗用户,从而获得用户的重要个人信息。

5)来自员工的内部威胁

人们认为,系统安全威胁总是来自于企业外部,其实内部员工的计算机犯罪造成的损失远超过来自外部的威胁。由于员工熟悉内部的工作流程,有可能神不知鬼不觉地在内部非法搜集机密的客户个人信息。

研究发现,用户缺乏相关知识是导致网络安全缺陷的最主要原因。许多员工忘记设置密码或更改初始密码,有些人密码设置过于简单,有些人共用相同的密码,这些都会威胁到系统的安全。有些恶意的入侵者冒充企业内部员工,以工作需要为由让真实员工提供密码等相关资料,从而进入企业网络。这种欺诈方式被称为社会工程(Social Engineering)。

不管是普通用户还是信息系统专家,都有可能犯错误从而威胁到系统的安全。用户可能输入错误的数据,或不当地操作数据;信息系统专家可能在设计、开发或维护过程中犯错误。这些都是对系统安全的威胁。

6)软件缺陷

研究发现,对于大型软件,实际上不可能完全消除所有程序错误(Bug),这也是人们常说的"没有不存在缺陷的软件",而软件缺陷也就成了信息系统无法避免的威胁。由于大型软件通常有数万行甚至数百万行代码,即使经过了非常严格的测试,也无法检测所有的逻辑路径。因此,也就无法发现所有的潜在错误。一旦发现了软件缺陷,软件发行商通常会发行补丁程序来弥补缺陷。

8.2　会展管理信息系统安全的管理与控制

虽然人们也许并不情愿,但安全和控制已经成了信息系统投资的重要部分。越来越多的企业离不开计算机系统的支持,因此,如果一旦系统出现问题,就会带来严重的损失。系统死机的时间越长,带来的损失也就越大。而由于现在企业的许多业务都建立在网络和因特网技术基础上,变得更容易受到攻击,因此,信息系统安全事件每年都以很高的比例在增加。

会展企业的系统中可能存储了诸如员工纳税记录、医疗记录、工作表现、财务状况等重要的个人信息,以及运营数据、市场战略等重要的商业机密。这些数据一旦被破坏、丢失或失窃,都会带来巨大的损失。不当的安全和控制也会带来严重的法律责任。企业不但要保护好自己的信息,还需要保护好员工、客户和商业伙伴的信息。如果一旦出现失窃、泄露等问题,就会导致代价高昂的法律纠纷。从以上角度来说,投资信息系统的安全与控制、保护企业的信息资产,会带来很高的投资回报。

8.2.1　管理信息系统安全管理与控制的主要内容

1) 安全管理

安全管理(Security Management)的目标是让所有信息系统的处理准确、完整和安全。有效的安全管理可以将企业及其客户、供应商和利益相关者相互连接的信息系统中的错误、欺诈和损失降到最低。安全管理是一项复杂的工作,为保护公司的信息系统资源,安全管理人员必须使用和集成各种安全工具和方法。

现今,IT管理人员努力为快速变化的网络基础结构制定互联网安全策略,这是一个巨大的挑战。他们需要思量如何平衡互联网安全和互联网访问之间的矛盾、是否拥有充足的互联网安全预算,以及内部网、外联网和Web应用的开发对安全架构的影响等复杂的问题,才能提出制定互联网安全策略的最佳方法。保护现代联网企业的安全是一个重大的管理挑战。

现在,很多企业仍处于实现与互联网全面联通的阶段,以期通过内部网、电子化企业软件以及客户、供应商和其他业务伙伴间的外联网连接实现电子商务并再造企业内部业务流程。企业需要保护关键的网络连接和业务流程,以免受到外部计算机犯罪和内部不负责任员工的攻击和破坏。这需要各种安全工具和防御措施,需要协调一致的安全管理计划。

2)信息系统控制

信息系统控制(Information System Control)是确保信息系统活动的准确性、有效性和规范性的方法和设备。开展信息系统控制的目的是确保数据录入、处理技术、存储方法和信息输出的正确性。因此,信息系统控制应能监控和维护信息系统输入、处理、输出和存储活动的质量和安全。

8.2.2　管理信息系统安全管理与控制的体系框架

1)信息系统控制的类型

有效保护信息资源需要一整套严密规划的控制措施。现在可以通过通用控制(General Control)和应用控制(Application Control)对系统进行控制。

(1)通用控制

通用控制是指对系统的设计、安全、使用程序以及整个公司数据安全的控制。一般而言,通用控制可应用于所有的计算机应用程序,由硬件、软件和手工程序组成,创造一个整体的控制环境。通用控制包括软件控制、硬件控制、计算机操作控制、数据安全控制、系统应用过程控制和管理控制等。

软件控制、监控系统软件用于防止对系统程序、系统软件和应用程序的未经授权的访问;硬件控制用来确保计算机硬件安全及检查设备是否有故障;计算机操作控制、规范部门的工作,确保对数据存储和处理的一致性与正确性;数据安全控制保证所存储的重要商业数据文件未经授权不会被存取、破坏和改变。

(2)应用控制

应用控制是指针对系统开发过程的不同阶段进行审计,确保开发过程得到适当的控制和管理。管理控制是指用来确保组织的通用控制和应用控制,可以正确执行的一些正式标准、规则、程序和控制原则。应用控制则针对特定的计算机应用程序,如工资程序、订单处理程序等进行特别的控制。应用控制包括自动程序和手工程序,确保只有经过授权的数据才能被应用程序完整和正确地处理。应用控制分为输入控制、处理控制和输出控制三种。

输入控制检查数据输入系统时的正确性和完整性,可以分为数据输入的授权、数据转换、数据编辑和错误控制。处理控制用以确保数据在更新过程中的完整性和正确性。输出控制用以确保计算机处理结果的正确性和完整性,并恰当地传输处理结果。

2) 风险评估

企业在投入资源实施控制之前,应该了解哪些资产需要保护? 需要什么程度的保护? 风险评估可以帮助回答这些问题,协助企业找到安全控制最具有成本效益、最合算的方法。

一般应由管理者和信息系统专家一起确定信息资产的价值、易受攻击点、可能出现故障的频率以及潜在的损失。举例来说,如果某个故障差不多一年发生一次,每次会带来最多 1 000 元的损失,那就不值得花上 2 万元去预防这个故障的发生;而如果这样的故障每天都可能发生,每年带来的损失就会超过 30 万元,那么花上 10 万元去预防这个故障就是非常值得的。

风险评估遇到的一个问题是,系统发生故障或遇到威胁的概率很难准确确定,且有些影响很难量化。但是,对于直接安全成本和间接安全成本的预估、拨款和控制还是应该要做的。风险评估的最终成果是一份使成本最小化和保护最大化的安全控制计划。

3) 安全政策

企业必须制定一个一致的安全政策,在政策中考虑风险的性质、需要保护的信息资产、解决风险所需的程序与技术、应用和审核机制。

越来越多的企业设立了一个正式的企业安全职能部门,由首席安全官(Chief Security Officer,CSO)负责。安全管理部门负责对员工进行安全培训,让管理层了解网络安全威胁,并维护所选择的安全控制工具。CSO 负责执行公司的安全政策。

安全政策由信息风险排序表、可接受的安全目标和实现安全目标的机制组成。企业最重要的信息资产是什么? 企业中由谁生成和控制这个信息? 对信息资产要采取什么风险管理水平? 发生安全故障的频率如何? 需要花巨资对偶发安全故障采取非常严格的安全控制措施吗? 企业必须评估达到可接受的风险水平所需的成本。

一个安全的组织通常有可接受使用政策(Acceptable Use Policy,AUP)和授权政策(Authorization Policy)。可接受使用政策确定了对企业信息资源和计算设备(包括计算机、无线设备、电话和因特网等)的可接受的使用方法。AUP 需要明确企业在隐私保护、用户责任、个人对计算机和网络使用等方面的政策。一个好的 AUP 明确规定了每个用户可接受和不可接受的使用行为,并明确了一且违反规定的后果。授权政策规定了不同层次的用户对信息资产的不同应用水平。授权管理系统规定,用户在何时何地可以访问网站或企业数据库的某个部分。根据事先设定的访问规则,用户只能访问得到授权进入的系统部分。

4)确保企业的连续性

既然企业运作越来越依赖于信息系统,就需要采取措施保证系统连续、可靠地运行。容错计算机系统(Fault-Tolerant Computer System)包括了冗余的软、硬件设备和电源系统,可以提供连续不间断的服务。容错计算机包含了额外的内存、处理器和存储空间,对系统进行备份,防止出现系统故障。容错系统通过专用软件程序或集成在电路中的自检逻辑,侦测硬件故障。一旦发生故障,将自动切换到备份设备上。

容错系统与高可用性计算(High-Availability Computing)不同。它们虽然都是用来提高系统的可用性和可靠性,都需要备份硬件资源,但是,高可用性计算是帮助企业迅速从系统崩溃中进行恢复,而容错系统则是保证系统不间断运行(不需要系统恢复时间)。高可用性计算环境是高度依赖网络和信息系统的企业的最低要求。

高可用性计算环境需要冗余服务器、镜像(Mirroring)、负载均衡(Load balancing)、集群(Clustering)、大容量存储、灾难恢复和企业连续计划等工具与技术。企业的计算平台要十分强健,处理能力、存储容量和带宽具有很好的可扩展性。

5)审核

作为在安全控制中的重要角色,企业管理者怎样才能知道信息系统的安全和控制是有效的? 要回答这个问题,企业需要进行全面和系统的安全审核。管理信息系统审核(MIS audit)评估管理信息系统的所有控制措施和它们的有效性。审核人员通常与信息系统的关键用户进行访谈,了解他们的活动和工作程序,检查安全性、应用控制、整体性控制和控制原则。必要时,审核人员可以跟踪某项企务在系统中的操作流程,还可以使用自动审核软件进行测试。安全审核还应该考察技术、程序、文件、员工培训和人员配置,最终出具审核报告,列出安全控制的缺陷和可能带来的后果。

8.2.3 管理信息系统安全管理与控制的技术和工具

企业可以应用许多技术和工具来防止或尽可能减少非法侵入,包括认证工具、防火墙、侵入侦测系统、防病毒软件、加密等。此外，还有一些工具和技术可以使企业的软件更加可靠。

1）访问控制

访问控制锏（Access Control）包括企业用来防止非授权的内部访问与外部访问的所有政策和程序。要访问系统中的信息，用户必须得到授权和认证。认证（Authentication）是指确认用户真实身份的能力。访问控制软件只允许经过认证的授权用户使用系统或访问数据。

通常，可以通过只有用户自己知道的密码来认证用户的身份。但用户有时候会忘记密码，或者所设密码过于简单，从而影响系统的安全性。生物认证技术（Biometric Authentication）可以克服密码认证的缺点。通过指纹识别、视网膜识别、面部识别等生物认证技术，可以有效地确认用户的真实身份。生物认证技术成本较高，也是刚开始得到应用。

2）防火墙、侵入侦测系统和防病毒软件

随着越来越多的企业网络连接上了因特网，防火墙已经成了一种必需的安全设备。防火墙是用于控制进入和流出网络的数据流的硬件与软件。通常防火墙放置在内部网络和外部网络之间，也可以用于内部网络，把某个部分与其他部分分隔开来。（图8-1）

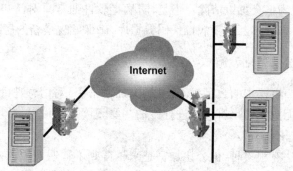

图8-1 企业防火墙

防火墙过滤技术包括静态分组过滤（Packet Filtering）、状态检测（State Inspection）、网络地址转换（Network Address Translation，NAT）和应用代理过滤（Application Proxy Filtering）等。

分组过滤用于检查在安全的内联网和不安全的外联网之间传输的数据包的某些头字段，过滤非法数据，从而避免多种类型的攻击。状态检测通过检测数据包是否是正在进行合法对话的发送方和接收方之间的数据的一部分,进一步加强安全检测。

在分组过滤和状态检测的基础上,网络地址转换可以更进一步地加强安全防护。NAT 通过隐藏企业内部主机的 IP 地址,防止防火墙外部的嗅探器程序探知和攻击内部计算机系统。

应用代理过滤用于检查应用程序内容的分组数据包。外部数据进入内部目的计算机之前,先经过代理服务器进行检查,通过后再传给内部目的计算机。不管是外部向内部发送信息,还是内部向外部发送信息,都必须先经过中间的应用代理服务器。

要建立一个好的防火墙,系统管理员必须制订详细、合理的过滤规则。需要确定哪些人、哪些应用或哪些地址可以得到允许,或必须拒绝。防火墙可以阻止外部的非法侵入,但不能做到完全避免。

(1)侵入侦测系统

侵入侦测系统(Intrusion Detection System)在网络最容易受到攻击的地方实施不间断的实时监控,防止可能的入侵。扫描程序用于查找可疑或不正常的行为,一旦发现会发出警报进行提醒。

(2)防病毒软件

每一台计算机都应该安装防病毒软件,检查计算机系统和驱动器是否存在病毒,一旦发现病毒会加以清除。但是,防病毒软件通常只对已知病毒有效,因此,防病毒软件必须不断更新病毒代码数据库,确保发现最新的病毒。

3)加密和公钥基础设施

可以通过一组秘密的数字代码(被称为加密密钥)对信息进行加密,使传输的数据以混乱无意义的字符形式进行传输。要阅读加密信息,必须用与加密密钥匹配的密钥进行解密。

加密的方法有很多种,但公钥加密越来越得到了普遍使用。公钥加密如图8-2 所示,采用了两把不同的密钥:一把是公钥,另一把是私钥。数据经过公钥加密后,只有经过私钥解密才能够阅读。公钥公布在公钥列表中,私钥要妥善、秘密地保存。

公钥加密技术可以用于解决消息的完整性和认证问题。消息完整性(Message Integrity)是指保证传输的消息未经复制和修改到达正确目的地的能力。数字签名和数字证书可以用于认证过程。数字签名是附加在传输消息上的一串数字代码,用来验证消息来源和内容。通过数字签名,可以验证消息的发送

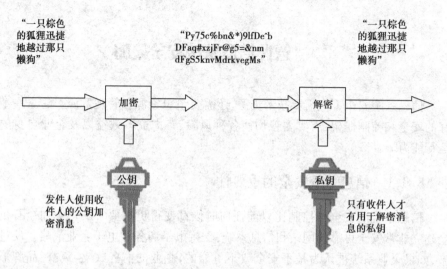

"一只棕色的狐狸迅捷地越过那只懒狗"

"Py75c%bn&*)9lfDeˆb DFaq#xzjFr@g5=&nm dFgS5knvMdrkvegMs"

"一只棕色的狐狸迅捷地越过那只懒狗"

加密

解密

公钥

发件人使用收件人的公钥加密消息

私钥

只有收件人才有用于解密消息的私钥

图 8-2　公钥加密

方(认证)以及消息是否被修改过(消息完整性)。

数字证书是用来建立用户身份和电子资产的数据文件。数字证书系统通过一个具有公信力的第三方认证授权机构(Certificate Authority,CA)来验证用户的身份。CA 认证机构首先搜集数字证书用户的个人身份信息,然后储存到 CA 服务器中,生成一份加密的数字证书,其中包括用户的身份信息和公钥。CA 认证机构可以通过因特网公布用户的公钥。当用户把加密消息发送给接收方时,接收方可以使用 CA 公布的发送方公钥来解密附加的数字证书,验证发送方的身份。接收方也可以用同样的方式回复发送方。这种使用公钥密码系统和数字证书认证的架构,被称为公钥基础设施(Public Key Infrastructure,PKI),已经成为最主要的安全认证方式。

在 Web 上对数据进行加密的两种主要方法是安全套接字层(Secure Socket Layer,SSL)协议和安全超文本传输协议(Secure Hypertext Transfer Protocol, S-HTTP)。SSL 和随后的传输层安全(Transport Layer Security,TLS)协议用于在因特网上传输安全信息。SSL 和 TLS 指定一种在应用程序协议(如 http、telnet、ftp)和 TCP/IP 之间提供数据安全性分层的机制,它为 TCP/IP 连接提供数据加密、服务器认证、消息完整性以及可选的客户机认证。SSL 和 TLS 之间的主要差别在于加密算法不同。S-HTTP 是 Web 上的另一种数据加密协议,但仅限于 Web 文件的加密,而 SSL 和 TLS 是对客户机和服务器之间传递的所有数据进行加密。

8.3 管理信息系统安全策略

信息系统安全不但需要技术资源,还需要组织资源和管理资源。建立一个好的安全和控制框架,需要妥善均衡各种风险、考虑成本效益以及企业自身的运行能力。

8.3.1 信息系统安全的重要性

信息系统的安全与控制比以前任何时候都变得更重要了。企业如今有机会建立非常安全可靠的网站和信息系统,支持电子商务和电子企业战略。反过来,如果企业系统被认为是不安全或不可靠的,企业的财务收支、声誉、品牌形象,甚至企业的生存能力都会受到影响和怀疑。这种风险从未如此之高。

8.3.2 管理策略

有许多技术可以帮助企业实现安全控制,但为了有效利用这些技术,企业必须建立组织规范,从管理上加以重视。

1) 设计控制恰当的系统

失去控制的系统是危险的,而如果系统控制过严,到处需要密码验证、身份确认,访问任何数据都需要复杂的安全措施,用户必然不会愿意使用这样的系统。系统是安全了,却相当于向用户关上了大门,失去了建立信息系统的本意。因此,设计一个控制水平恰当而有效的系统是非常困难的。

2) 采用有效的安全政策

尽管系统面临的威胁越来越多,但还是有非常多的企业没有给予系统安全以足够的重视,安全和控制程序并没有集成到关键的企业过程和系统中。研究发现,75%制定了安全政策的企业没有对安全政策进行及时更新,只有9%的员工能理解安全政策。许多企业仍没有制订灾难恢复计划和企业连续计划。除非管理者对安全建立了正确的认识,否则企业系统安全无法得到有效保证。

3) 安全培训的重要性

指引系统安全和其他职能部门一样,对企业的成功起着至关重要的作用。

要实现可靠的安全和控制,人们需要改变自己过去的工作方式,得到来自最高管理层的支持,了解安全和控制对于企业所有业务的重要性。安全和控制应该成为企业每一个员工的责任。应当对用户进行适当的培训,例如,培训如何保护密码和设备,如何使用防病毒软件等。管理层应当建立系统安全性和可靠性的标准,确定适当的控制水平。

8.3.3　管理信息系统安全设计

管理信息系统的安全设计是指采取技术和非技术的各种手段,通过对信息系统建设中的安全设计和运行中的安全管理,使运行在计算机网络中的信息系统获得保护,不因自然和人为因素而遭到破坏、更改或泄漏系统中的信息资源,确保系统的连续正常运行。

管理信息系统的安全性设计不仅表现在信息系统的运行过程中,而且在系统规划、设计与实施阶段就应进行。设计的内容主要包括硬件系统与通信网络物理安全、软件与数据安全等方面。

1)物理环境的安全性设计

管理信息系统的物理环境安全设计主要为将若干计算机设备、通信网络及其相关软件等相对集中地放置在计算机机房,同时配备若干专业技术人员和机房工作人员,从事管理信息系统的运行管理及系统维护工作。因此,物理环境安全性设计的内容通常包括各种系统设备的安放位置(机房)的合理规划、对机房进行的出入控制、各种防灾、防干扰措施的设置、其他辅助设置和材料的选择与配置等。物理环境一般都要考虑如下的安全技术要求。

①合理规划中心机房与各部门机房的位置。机房的位置应力求减少无关人员进入的机会,限制外来人员的进入。

②机房应进行一定的内部装修。所使用的材料必须是难燃或不燃材料,应能防潮、吸音、防尘、抗静电等,活动地板应光洁、防潮、防尘、防震、防火。

③选择合适的其他设备和辅助材料。机房内使用的磁盘柜、终端桌、工作台、隔板、窗帘、屏风等应当是非易燃材料制品。

④安装空调系统。空调系统用于调节机房的温度、湿度和洁净度,它应具有通风、加热、冷却、减湿、除尘的能力。

⑤防火、防水。机房所在建筑物的耐火等级必须达到当地消防规定的安全等级,在机房内设置火警装置。

⑥防磁。由于永久磁铁产生的磁场会改变存储介质上的数据,因此,机房

内的磁场干扰强度必须在允许的范围内,一般不超过 800 A/m。

⑦防静电。接地是防静电的最基本措施。

⑧防电磁波干扰和泄漏。电磁场的干扰可使计算机等设备的工作可靠性下降。一般来说,防电磁波的措施主要有接地和屏蔽两种。

⑨电源。为确保计算机不间断地运行,可根据需要选用维持不同工作时间的不间断电源(UPS)。

2)软件和数据安全的设计

软件是保证信息系统正常运行的主要因素和手段,数据是信息系统的中心,数据的安全管理是信息系统安全的核心。一般来说,软件和数据安全性设计的基本思想如下。

(1)选择安全可靠的操作系统和数据库管理系统

选择一个安全可靠的正版操作系统,是软件安全中最基本的要求。操作系统是其他软件的运行基础,只有在保证操作系统安全可靠的前提条件下,信息系统软件的安全才有意义。大多数的信息系统都运行在某个数据库管理系统之上,数据库管理系统的安全直接制约了信息系统中的应用程序及数据文件的安全防护能力。为此,在选择数据库管理系统时,一定要考虑它自身的安全策略和安全能力。

(2)设计、开发安全可靠的应用程序

利用计算机和网络进行的信息犯罪活动,往往是通过篡改应用程序的方式得手的。由于大多数的应用程序开发人员缺乏必要的安全意识,程序中又没有有力的安全保护措施,从而使犯罪人员容易得手,轻而易举地改变程序的部分代码,删除、修改及复制某些数据信息,使程序在"正确的运行"中产生一些错误的结果,从而达到其破坏或窃取信息的目的。因此,在设计和开发应用程序时,可以考虑如下一些安全策略和措施。

①设立安全保护子程序或存取控制子程序,充分运用操作系统和数据库管理系统提供的安全手段,加强对用户的识别检查及控制用户的存取权限。

②不断提高软件产品标准化、工程化、系列化的水平,使软件产品的开发可测、可控、可管理。对所有的程序都进行安全检查测试,及时发现不安全因素,及时逐步进行完善。

③尽量采用面向对象的开发方法和模块化的思想,将某个功能或某类功能封装起来,使模块之间、子系统之间能较好地实现隔离,避免错误发生后的连锁扩大。

④采用成熟的软件安全技术是从根本上提高系统安全防护能力、抵御外来侵袭的主要途径。软件安全技术包括软件加密技术、软件固化技术、安装高性能的防毒卡和防毒软件等。软件的安全除了在设计、实现阶段予以考虑外,软件运行中的安全管理也是保障信息系统安全的重要措施之一,例如,加强软件的维护、妥善管理软件以及正确运行软件等。这里要强调的是,必须严格按照操作规程运行软件,否则,不但可能产生不应有的错误,而且还可能使系统遭到意外的损坏。

3) 信息系统中数据安全的设计

信息系统中数据安全的设计包括数据存取的控制、防止数据信息泄漏、防止计算机病毒感染和破坏、数据备份的方法等。此外,还应考虑系统容错的问题,为了保证系统能处理由于环境干扰、磁盘读写等造成的错误,应采用磁盘镜像、双工及服务器双工等工作方式,以确保系统和数据的安全。

复习思考题

1. 简述会展管理信息系统面临的安全挑战。
2. 如何进行会展管理信息系统的安全管理与控制?
3. 请你设计一套管理信息系统安全制度,以确保信息系统正确、安全地运行。
4. 如何进行管理信息系统的安全设计?

HUIZHAN
会展经济与管理

第9章
信息系统的典型应用

【学习目的与要求】

1. 了解 ERP 的发展过程。
2. 熟悉 ERP 与 MRP、MRP Ⅱ 的关系。
3. 掌握供应链管理的概念。
4. 了解客户关系管理的基本功能。

【引导案例】

CRM 成为会展业未来服务商前进的推动力

从会展到会展业,CRM 加速企业信息化进程。八百客,作为中国企业云计算、软件市场和技术领导者,是全球领先的下一代企业管理软件供应商,致力于向客户提供以管理自动化平台为核心的产品、服务和解决方案,为客户创造长期的价值和潜在的增长。

八百客所推出的基于互联网的在线客户关系管理系统正好满足了展会服务企业的需要。借助 800APP PaaS 平台,企业无需编写代码就能实现任何需求,且无需自行维护,就可实现与任何企业应用程序或系统集成。它利用灵活的国际流行的 SOA 架构下标准 Web Service 方式,一切操作在网上进行,不存在任何破坏性、技术依赖或厂商锁定等问题。

八百客通过对整个行业发展方向的分析与预测,并对艾科宝饰业务流程及系统需求的深入了解,针对企业自身特点及发展情况,迅速为其量身订制了一套全新的 CRM 信息化解决方案。此套系统在市场管理、销售管理、客服管理的基础上,又添加了财务管理、进销存管理及人事办公管理等多种管理项目,将艾科宝饰各个部门的工作流程全部融入其中。

通过使用 800APP 自定制功能,艾科宝饰通过对各部门工作流程审批进行灵活的设置与调整,就能轻松满足公司全部人员的工作需求。此外,800APP 系统还集合了多种数据统计功能,可根据需求轻松定制出库存报表、财务报表、销售漏斗等,为企业发展决策提供准确的、有力的数据,依此可以作出精确的决策。要进一步促进中国会展经济持续、健康发展,在线 CRM 将成为企业的不二选择。

资料来源:[2013-07-19]http://www.sootoo.com/content/180132.shtml.

【问题与思考】

CRM 在会展相关企业中有哪些方面的应用?

【分析启示】

掌握 CRM 的主要功能。

【知识点】

会展客户关系管理是指会展主承办方以会展客户为中心,不断探究客户需求和行为偏好,有针对性地对不同客户提供个性化会展专业服务,以培养客户满意度和忠诚度的一种新的管理理念。

9.1 企业资源计划

对企业来说,信息的意义十分重要,因为当代企业管理的方方面面都依赖于信息的获得和利用,特别是任何企业决策都需要信息。信息是一种资源,利用好信息资源可更好地开发和利用其他资源。主要用于开发和利用企业信息资源的管理信息系统的发展和广泛应用表明,人们普遍认可有效地利用企业信息可帮助企业更好地制定企业规划、作好企业决策并改善企业的效益。现代信息系统发展主要表现在集成范围越来越大,紧密性越来越高,出现了组织内部一体化的企业资源计划(ERP)、组织间集成的供应链管理(SCM)和客户关系管理系统(CRM)。

9.1.1 企业资源计划发展历程

企业资源计划(Enterprise Resource Planning,ERP)是一种综合管理企业资源的现代管理理论。依据该理论,应用先进的信息技术手段,已研究与开发出了相应的企业资源计划系统。ERP系统是当今企业界中涉及面最广、最为复杂和最为热门的一类信息系统。目前ERP系统已在各类企业得到了广泛的采用,对企业的管理产生了深刻的影响。但总体上,ERP系统的实施与应用效果尚不尽如人意,另一方面,ERP思想及其系统仍在继续拓展,其前景依然开阔和深远。

20世纪90年代初,美国的IT分析公司Gartner Group根据当时企业对供应链管理的需要和对制造业管理信息系统的发展趋势所作的预测,在早期MRPⅡ的基础上,提出了ERP的概念。ERP的核心思想是把企业的人力、资金、物资、技术、时间、信息以及外部的客户和供应商等合作伙伴看作企业的资源,要对这些资源进行综合的平衡管理,通过科学的技术和方法,高度集成企业的信息,制订一系列递推的计划,使企业各管理部门围绕市场的导向和客户的需求,开展紧密的协同管理,提高整体绩效和竞争能力,实现企业的战略目标。

ERP概念的提出有其必然的起因。从20世纪90年代开始,现代信息技术得到空前的发展,数字通信和计算机网络开始进入普及阶段,为信息系统的再创新提供了必要的技术基础。在市场和客户方面,需求多样化,竞争越加激烈。面对新的环境挑战,企业不得不重新审视过去的管理模式和组织模式,发现其存在的缺陷,进而寻求新的应对策略和解决方案。这一时期,企业为生存与发展,经营理念从"产品"为中心转向以"客户"为中心,纵向一体化的组织模式向横向一体化模式转变,臃肿和反应迟缓的业务流程重组为精练和响应敏捷的业务流程。现在,这些新的管理模式和组织模式已从理论走向实践。企业通过管理和组织的变革,在内部,以期提高业务流程的效用和效率,加强各职能部门之间的协作,降低生产经营的成本,加快对客户需求的响应速度;在外部,与供应商、销售商和客户等建立多赢机制的供应链。

在此背景下,产生了适应企业变革需求的 ERP 概念,并在信息技术的支撑下,开发出了 ERP 系统。"综合""集成""整体"是 ERP 的基本特征,根据 ERP产生的起因及其核心思想和基本特征,可以给出 ERP 系统的定义:"ERP 是现代市场环境下全新的企业经营理念,包含着一系列管理思想和方法的变革。据此实现的 ERP 系统是一类企业级的管理类信息系统,集成了企业范围内所有有关业务流程的资源的信息,提供了系统地处理信息、全面地管理和控制企业业务的成套功能,对企业管理水平的提高能产生显著的作用。"

ERP 思想和 ERP 系统不是从一片空白中走来的,而是从当时已进入企业实际应用的 MRP Ⅱ系统的基础上发展起来的。早期为解决多品种的物料库存控制问题,提出了物料需求计划(Material Requirements Planning,MRP)的概念,产生了 MRP 软件。此后,针对制造企业整个制造流程业务的集成管理,又发展出制造资源计划(Manufacturing Resource Planning,MRP Ⅱ)系统。20 世纪 90 年代初,呼应企业应对环境挑战和内部变革的需要,以及 MRP Ⅱ的进一步发展,形成了将企业所有的资源都集中起来加以管理的企业资源计划思想,推出了相应的 ERP 系统。

ERP 是在 MRP Ⅱ的基础上发展起来的新一代管理思想和方法,其基本架构和基本逻辑与 MRP Ⅱ没有本质上的不同。因此我们对 ERP 系统原理的了解可以从了解 MRP 和 MRP Ⅱ入手。

(1)物料需求计划(MRP)(图 9-1)

物资需求计划是指根据产品结构各层次物品的从属和数量关系,以每个物品为计划对象,以完工时期为时间基准倒排计划,按提前期长短区别各个物品下达计划时间的先后顺序,是一种工业制造企业内物资计划管理模式。MRP 是根据市场需求预测和顾客订单制订产品的生产计划,然后基于产品生成进度计划,组成产品的材料结构表和库存状况。通过计算机计算所需物资的需求量和需求时间,从而确定材料的加工进度和订货日程的一种实用技术。

①物料需求计划的基本数据。制订物料需求计划前就必须具备以下的基本数据。

第一项数据是主生产计划,它指明在某一计划时间段内应生产出的各种产品和备件,它是物料需求计划制订的一个最重要的数据来源。

第二项数据是物料清单,它指明了物料之间的结构关系以及每种物料需求的数量,它是物料需求计划系统中最为基础的数据。

第三项数据是库存记录,它把每个物料品目的现有库存量和计划接受量的实际状态反映出来。

第四项数据是提前期,决定着每种物料何时开工、何时完工。

应该说,这四项数据都是至关重要、缺一不可的。缺少其中任何一项或任何一项中的数据不完整,物料需求计划的制订都将是不准确的。因此,在制订物料需求计划之前,这四项数据都必须先完整地建立好,而且保证是绝对可靠的、可执行的数据。

②物料需求计划的基本原理。MRP 为了避免在生产管理中可能出现一边是库存积压,另一边是物料缺件的情况,主要解决在间歇生产情况下如何保证生产计划高效运行,保证及时供应物料以满足生产需要。MRP 系统包含以下模块:主生产计划、物料需求计划、物料清单、库存控制、采购订单和加工订单。

MRP 主要解决以下几个问题:要生产什么? 生产多少? 要用到什么? 已经有了什么? 还缺什么? 何时安排? MRP 的计算依据:物料清单、主生产计划、物料的独立需求等。

A. 物料清单。物料清单是描述产品构成的原材料和零部件数量及其相互关系的技术文件,一般由构成数量的明细表和构成关系的结构树图表示,有的还包括原材料和零部件的成本数据和工艺数据。物料清单是安排生产计划时计算所需原材料和零部件的数量和费用、采购或自制所需时间的基础数据。

B. 物料的独立需求与相关需求。产品由组件构成,组件由零部件构成,零部件又由原材料构成。将产品、组件、零部件和原材料都看作物料,那么生产中对物料的需求就有必要进行区分。依据客户订单和市场预测算出的直接的物料需求称为物料的独立需求,依据独立需求物料的构成推算出的其他物料的需求称为相对需求。例如,客户订购和市场趋势预测的台式计算机需求是独立需求,为制造这些计算机所需的内存条、显示器、插件等组件的需求是相对需求。

C. 主生产计划和物料需求计划。根据独立需求制订的一段时期(如月度)的生产计划为主生产计划(Master Production Schedule, MPS),主生产计划是经过生产能力平衡后的可行的生产计划。物料需求计划是根据主生产计划计算出的相对需求,明确这些物料需求是采购还是自制,明确需求数量和时间的安排。

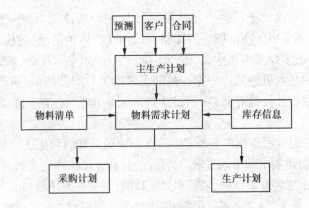

图 9-1　MRP 的基本逻辑流程图

（2）制造资源计划

制造资源计划简称为 MRP Ⅱ，它是 Manufacturing Resource Planning 的英文缩写，是在物料需求计划上发展出的一种规划方法和辅助软件。它是以物料需求计划为核心，覆盖企业生产活动所有领域、有效利用资源的生产管理思想和方法的人机应用系统。

20 世纪 60 年代，人们在计算机上实现了"物料需求计划"，它主要用于库存控制，可在数周内拟定零件需求的详细报告，可用来补充订货及调整原有的订货，以满足生产变化的需求。到了 20 世纪 70 年代，为了及时调整需求和计划，出现了具有反馈功能的闭环 MRP（Close MRP），把财务子系统和生产子系统结合为一体，采用计划—执行—反馈的管理逻辑，有效地对生产中的各项资源进行规划和控制。20 世纪 80 年代末，人们又将生产活动中的主要环节——销售、财务、成本、工程技术等与闭环 MRP 集成为一个系统，成为管理整个企业的一种综合性的制订计划的工具。美国的威特（Oliver Wight）把这种综合的管理技术称为制造资源计划（MRP Ⅱ）。

MRP Ⅱ 可在周密的计划下有效地利用各种制造资源，控制资金占用，缩短生产周期，降低成本，实现企业整体优化，以最佳的产品和服务占领市场。采用 MRP Ⅱ 之后，一般可在以下方面取得明显的效果：库存资金降低 15% ～40%；资金周转次数提高 50% ～200%；库存盘点误差率降低到 1% ～2%；短缺件减少 60% ～80%；劳动生产率提高 5% ～15%；加班工作量减少 10% ～30%；按期交货率达 90% ～98%；成本下降 7% ～12%；采购费用降低 5% 左右；利润增加 5% ～10% 等。此外，可使管理人员从复杂的事务中解脱出来，真正把精力放在提高管理水平上，去解决管理中的实质性问题。

MRP、MRP Ⅱ 和 ERP 都起源于制造业，而制造企业过去最主要的管理活动是产、供、销。在供大于需的市场环境中或计划经济体制下,生产处于重要地位,销售地位不突出。在市场经济体制下,企业以"以销定产"的模式运作,客户需求什么、需求多少就生产什么、生产多少,然后决定采购什么、采购多少。

MRPⅡ的基本思想是:"根据产品的需求情况和产品结构,确定原材料和零部件的需求数量及订购时间,在满足生产需要的前提下,有效降低库存和生产成本。"

MRPⅡ的逻辑可以用图9-2表示。在企业经营计划和生产计划大纲的指导下,依据客户订单需求和市场需求趋势预测,并在保证按期供货的前提下,制订主生产计划,提出最终产品品种、数量和完成日期;在主生产计划和生产能力(设备、人力、原材料、资金等)之间进行平衡,使主生产计划可行。在生产能力不足时,还要制订能力需求计划。对于生产日常消费品的企业,也有客户订单,但依据历史数据所作的市场需求趋势预测生产数据是制订主生产计划的重要依据。

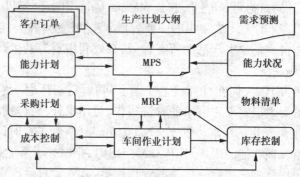

图9-2　MRPⅡ的基本原理

根据主生产计划、物料清单以及工艺流程等数据,制订零部件和材料在品种、数量和时间上的需求计划——物料需求计划,以保证主生产计划的完成。根据物料需求计划确定哪些物料要采购、哪些零部件要自制,制订出物料采购计划和车间作业计划。物料需求计划的安排还要考虑物料库存情况,如果库存已有一定数量的物料,那么可以减少采购数量或生产数量。

MRPⅡ还有库存和成本的管理环节。库存管理采用经济订购量和上下限控制等管理方法,使库存在满足生产需要的前提下,尽可能减少资金占用。成本管理测算整个生产过程和采购的开销,为财务系统提供基础信息。

MRPⅡ的核心是有机关联和依推的各级计划,主要的计划依次是经营计划、生产计划大纲、主生产计划、能力需求计划、物料需求计划、物料采购计划和车间作业计划等。通过精细的计划安排,将生产制造管理过程的各环节与营销、销售、成本的部分管理过程紧密联系起来,实现MRPⅡ的目标。

MRPⅡ还只限于企业内部的制造资源管理,决策支持主要针对结构化的问题。随着市场的国际化、客户需求的个性化和多样化,MRPⅡ已不能满足先进企业的需要。因此又发展出了涉及面更广的 ERP。ERP 仍以 MRPⅡ为核心,在管理内容上基于 MRPⅡ向企业内部和外部两个方向有许多延伸。

9.1.2 ERP 系统

(1)ERP 系统的管理思想

全球最大的企业管理软件公司 SAP 给出了:"ERP 就是管理 + IT"的定义。这个概念从管理思想、软件产品和管理系统三个方面可作出如下详细阐述。

①ERP 首先是一个管理思想,这个管理思想的应用范围从制造企业扩展到了其他不同的行业。它使企业的管理核心从"在正确的时间制造和销售正确的产品",转移到"在最佳的时间和地点,获得企业最大的利润"。其实质是在MRPⅡ的基础上进一步面向供应链的管理思想。

②ERP 是一个综合应用了客户/服务器体系、关系数据库结构、面向对象技术、图形用户界面、网络通信技术等信息产业结果,以 ERP 管理思想为灵魂的软件产品。

③ERP 不仅是一个软件系统,而是一个集合了组织模型、企业规范和信息技术、实施方法为一体的企业综合管理系统,特别是商务智能的引入,使其真正成为具有智能化控制的管理系统。

所谓 ERP 就是指企业要对所拥有的人力、资金、材料、设备、方法、信息和时间等资源进行综合平衡化管理,并协调企业各部门围绕市场开展业务活动,以便充分发挥企业的生产能力,取得最佳的经济效益。MRP、MRPⅡ和 ERP 在信息集成范围、解决问题和管理思想上有着概念关系。(表9-1)

表 9-1 MRP、MRPⅡ和 ERP 的概念关系

层面 / 应用系统	信息集成范围	解决问题	管理思想
MRP	产、供、销各部门物料信息的集成	既不出现短缺,又不积压库存	优先级计划/供需平衡原理
MRPⅡ	物料信息与资金信息的集成	财务账与实物账的同步生成	管理会计/模拟法支持决策
ERP	客户、供应商、制造商信息的集成	优化供需链——协同运营/合作竞争	供需链管理/敏捷制造/精益生产/约束理论/价值链

（2）ERP 的主要功能模块

ERP 超越了传统 MRP Ⅱ 的概念，吸收了准时生产、全面质量管理等新的管理思想，扩展了管理信息系统的范围，除财务、分销、生产制造、人力资源外，还集成了质量管理、决策支持等多个系统，是企业管理的整体解决方案。ERP 系统是以市场拉动的思想为核心，最优地发挥企业资源与生产能力，有效地控制和降低库存与生产成本。ERP 系统的主功能子系统由以下几方面组成。

①支持企业整体发展战略的战略经营系统。该系统的目标是在多变的市场环境中建立与企业整体发展战略相适应的战略经营系统。具体地说，就是实现内联网与互联网相连接的战略信息系统；完善决策支持服务体系，为决策者提供企业全方位的信息支持；完善人力资源开发与管理系统，做到既面向市场又注重培训企业内部的现有人员。

②实现全球大市场营销战略的市场营销系统。这是对市场营销战略的一个扩展。目标是实现在市场规划、广告策略、价格策略、服务、销售、分销、预测等方面进行信息集成和管理集成，以顺利推行基于"顾客永远满意"的经营方针；建立和完善企业商业风险预警机制和风险管理系统；进行经常性的市场营销与产品开发、生产集成性评价工作；优化企业的物流系统，实现集成化的销售链管理。

③全面成本管理（Total Cost Management）系统。由于在一个不完全竞争的市场环境中，价格在竞争中仍旧占据着重要的地位。ERP 中的全面成本管理系统的作用和目标就是建立和保持企业的成本优势，并由企业成本领先战略体系和全面成本管理系统予以保障。

④敏捷后勤管理系统。ERP 的核心是 MRP Ⅱ，而 MRP Ⅱ 的核心是 MRP。很多企业存在着供应链影响企业生产柔性的情况。ERP 的一个重要目标就是在 MRP 的基础上建立敏捷后勤管理系统（Agile Logistics），以解决制约新产品推出的瓶颈——供应柔性差，缩短生产准备周期；增加与外部协作单位技术和生产信息的及时交互；改进现场管理方法，缩短关键物料供应周期。

以上就是 ERP 的主要功能子系统，其在功能上与 MRP Ⅱ 主要的区别表现在如表 9-2 所示的资源管理范围、生产方式管理、管理功能和事务处理控制等方面。

（3）ERP 的发展趋势

ERP 的发展将从深度上和广度上两个方面进行。在深度上，ERP 将扩展对内部供应链的支持；在广度上，ERP 将面向外部全球供应链。具体发展趋势表现在以下几个方面。

表9-2　ERP与MRPⅡ主要功能的区别

应用系统 功能	MRPⅡ	ERP
资源管理范围	注重企业内部人、财、物等资源的管理	注重企业完整的供应链(客户需求、企业内部的制造活动、供应商的制造资源的整合)管理
生产方式管理	把企业归类为几种典型的生产方式来进行管理,如重复制造、批量生产、按订单生产、按订单装配、按库存生产等	
管理功能	注重企业内部的制造、分销、财务等管理功能	除了MRPⅡ管理功能外,增加了支持整个供应链上物料流通体系中供、产、需各个环节之间的运输管理和仓库管理;支持生产保障体系的质量管理、实验室管理、设备维修和备品备件管理;支持对工作流(业务处理流程)的管理
事务处理控制	通过计划的及时滚动来控制整个生产过程,它的实时性较差,一般只能实现事中控制	支持在线分析处理、售后服务及质量反馈,强调企业的事前控制能力,为企业提供了对质量、适应变化、客户满意、绩效等关键问题的实时分析能力

①管理功能上的发展趋势。工作流、决策支持系统、电子数据交换以及商业智能等新功能,使得ERP管理的对象从企业内部和外部的物料、物理和生产力的资源管理扩大到信息管理。

②处理功能上的发展趋势。ERP将原先的生产计划与控制的联机事务处理(OLTP),向下扩展到覆盖办公自动化、无纸化处理,向上扩展到决策支持的联机分析处理(OLAP),横向扩展到设计和工程领域。

③软件结构上的发展趋势。ERP系统的软件正朝着更大范围、更先进的方向发展,已有的功能模块逐步成为标准的配置。新的扩展将主要表现在向其他信息系统的蔓延或融合,如加入决策支持、办公自动化、客户关系管理等信息系统的功能;融合计算机辅助设计(CAD)、计算机辅助制造(CAM)等系统的功能;继续向供应链管理延伸,向知识管理和智能系统拓展等。

9.2　供应链管理

9.2.1　供应链管理理论的产生背景

20世纪90年代以来,由于科学技术不断进步和经济的不断发展、全球化信息网络和全球化市场的形成,围绕新产品的市场竞争日趋激烈。技术进步和需求多样化使得产品生命周期不断缩短,企业面临着开发新产品、缩短交货期、提高产品质量、降低生产成本和改进客户服务的压力。这些压力归根到底是要求企业对市场作出快速反应,源源不断地开发出满足消费者个性需要的"个性化产品",去占领市场、赢得竞争。

(1)企业面临的挑战

①缩短产品研发周期。随着消费者需求的多样化发展,要求企业不断提高产品的开发能力。

②降低库存水平。因为消费者需求的多样化越来越突出,企业为了更好地满足其需求,不断推出新的品种,产品品种数成倍增长,这就使得制造商和销售商背上了沉重的库存负担,严重影响了企业的资金周转速度,进而影响了企业的竞争力。

③缩短交货期。企业不仅要有很强的开发能力,还要能完善产品种类和对供应链成本的控制,更为重要的是缩短产品的上市时间,即尽可能提高对客户需求的响应速度。

④提供定制化产品和服务。传统的"一对全"的规模经济生产模式已不能使顾客满意了,企业必须根据每个客户的特殊要求定制产品和服务。因此,企业必须具有"一对一"的定制化服务。

(2)新的竞争环境对企业管理模式的影响

①传统管理模式。企业出于对制造资源的占有要求和对生产过程直接控制的需要,传统上常采用的策略或是扩大自身规模,或参股到供应商企业。它与为其提供原材料、半成品或零部件的企业是一种所有关系,这就是人们所说的"纵向一体化"管理模式。

这种管理模式考虑的只是企业内部的资源利用问题,其管理优化工作均着眼于本企业资源的最优应用。这种指导思想在21世纪的市场环境中显得有些不适应,因为当前这种市场环境要求企业能够快速响应用户需求,而要达到这一目的,仅靠一个企业所拥有的资源是不够的。在这种情况下,人们自然会将资源延伸到企业以外的其他地方,借助其他企业的资源达到快速响应市场需求的目的。

②传统管理模式的缺陷。

A.增加企业投资负担。

B.承担丧失市场时机的风险。

C.迫使企业从事不擅长的业务活动。

D.在每个业务领域都直接面临众多竞争对手。

E.增大企业的行业风险。

(3)供应链管理模式的产生

鉴于"纵向一体化"管理模式的种种弊端,从20世纪80年代后期开始,首先在美国的一些企业,其后国际上的很多企业都放弃了这种经营模式。随之而来的是"横向一体化"思想的兴起,即利用企业外部资源快速响应市场需求,本企业只抓自己具有核心竞争力的业务,而将非核心业务委托或外包给合作伙伴企业。

"横向一体化"形成了一条从供应商到制造商再到分销商、零售商的贯穿所有企业的"链"。由于相邻节点企业表现出一种需求与供应的关系,当把所有相邻企业彼此连接起来,便形成了供应链。这条链上的节点企业必须达到同步、协调运行,才有可能使链上的所有企业都能受益。于是便产生了供应链管理这一新的经营与运作模式。

供应链管理的概念是把企业资源的范畴从过去的单个企业扩大到了整个社会,是企业之间为了共同的市场利益而结成战略联盟。21世纪的竞争不是企业与企业之间的竞争,而是供应链与供应链之间的竞争。

(4)供应链管理思想产生的必然性

归纳起来,供应链管理思想的产生有如下三点必然性。

①市场需求的变化。市场需求已经从过去满足基本生理需求发展为追求更高层次的生活,主要特征是需求的个性化、多样化。

②传统管理模式在生产和管理两方面都不能适应需求和迅速变化的新环境。

③"纵向一体化"管理模式的种种弊端在新的竞争环境下逐渐显现出来,使得企业已经不能适应市场需求瞬息万变的新环境。在这样的外部压力下,企业必然会寻求彼此之间的合作,以整合各自的核心竞争力,供应链管理思想便应运而生。

9.2.2　供应链管理的基本概念

（1）供应链管理的概念

供应链管理就是使供应链运作达到最优化，以最少的成本，让供应链从采购开始，到满足最终顾客的所有过程。它包括工作流、实物流、资金流和信息流等均能高效率地操作，把合适的产品，以合理的价格，及时、准确地送到消费者手中。

从这个定义中不难看出，供应链管理就是要对传统的、自发运行的供应链进行人为的干预，使其能够按照企业（核心企业）的意愿，对相关合作伙伴的工作流程进行整合，从而达到供应链整体运作绩效最佳的效果。因此，供应链管理所反映的是一种集成的管理思想和方法。

（2）供应链管理与传统管理模式的区别

①供应链管理把供应链中的所有节点企业看作一个整体，是涵盖整个物流、从供应商到最终用户的采购、制造、分销、零售等职能领域的过程。

②供应链管理强调和依赖战略管理。

③供应链管理的关键之处是采用集成的思想和方法，而不是单个企业的各自为政或者简单的业务衔接。

④供应链管理的本质是通过与合作企业建立战略合作伙伴关系，去实现高水平的客户服务，而不是仅仅通过传统的业务合同实现企业之间的连接。

（3）供应链管理的基本思想

①"横向一体化"的管理思想。

②非核心业务一般应采取外包的方式分散给业务伙伴，并与业务伙伴结成战略联盟关系。

③供应链企业间形成的是一种合作性竞争。

④以顾客满意度作为目标的服务化管理。

⑤供应链管理追求物流、信息流、资金流、工作流和组织流的集成。

⑥借助信息技术实现目标管理，这是信息流管理的先决条件。

⑦更加关注物流企业的参与。

9.2.3　供应链管理的意义与作用

（1）对现代流通方式的创新

流通方式在传统上一般称为批发和零售。实际上在流通方式的革命中，企业一直都希望自己的商圈相对稳定,并积极寻求这一路径。供应链管理为我们提供了这一方法,所以供应链管理是现代流通方式的创新,是新的利润源。在供应链中,上下游企业形成了战略联盟,因此它们的关系是相对稳定的。它们通过信息共享,形成双赢关系,实现社会资源的最佳配置,降低社会总的成本,避免了企业间的恶性竞争,提高了各企业和整个供应链及全社会的效益。供应链向我们展示了现代的全新的流通方式。

(2)加速现代生产方式的产生和发展

供应链管理是适应现代生产方式而产生和发展起来的现代流通方式,反过来,它的不断完善和水平的提高又加速了现代生产方式的发展。现代生产方式是依据比较优势的理论,以现代信息技术为手段,以企业的核心竞争优势为中心,实现全球化的采购、全球化的组织生产和全球化的销售。于是现代物流成为与现代生产方式相衔接的枢纽,与现代物流共生的供应链管理成为现代生产和现代物流的有力工具。

(3)改变现代社会竞争的方式

在传统的生产和流通中,竞争方式主要是企业之间的竞争,既有同业之间的竞争,也有供应链中上下游企业之间的竞争。这种竞争的结果往往破坏了生产和流通的规律和次序,使企业的效益下降,更有甚者,导致了产品的加速灭亡。这是一种低档次的竞争,往往以降价为主要手段。

现代的供应链管理使上下游企业形成战略联盟,社会竞争从企业的竞争转为供应链之间的竞争。这个竞争的核心是组织和管理手段的现代化程度,是现代信息技术更高水平的竞争。这将导致这个社会现代化程度的提高。

(4)导致企业机构和供应链的重构

供应链的管理不仅是技术和管理方法,还涉及企业组织和产业组织的重构这样深层次的问题。要真正实施供应链的管理,在企业内部要进行业务流程的重构,企业组织机构的重构。在重构中,要冲破"大而全""小而全"的传统生产和流通方式,以核心竞争力的思想为指导。在企业外部要进行供应链的重构,选择好自己的战略联盟伙伴。规范联系的程序和技术,并对风险和利益进行合理的承担。

(5)促进现代信息技术的应用

由于利益主体的不同,供应链的管理比企业的管理更为复杂。特别是供应链中的各企业的地域分布更广,因此,现代信息技术是供应链管理必不可少的技术。在供应链管理的主要方法有效顾客反应(ECR)和快速反应(QR)中,都运用了如电子数据交换(EDI)、电子收款系统(POS)、自动补货(CAO)、预先发货通知(ASN)、厂家管理库存(VMI)等信息技术。它们在供应链管理中产生,反过来又促进了供应链管理的成熟和不断发展。

9.2.4 企业供应链管理的战略定位

(1)核心企业制定供应链战略定位

企业供应链的构建必须符合核心企业战略的要求。供应链管理强调合作企业整体最优,整体最优的标准则由核心企业制定。所以,供应链应该选择核心企业的战略要求。链内企业的选择标准就是看是否符合核心企业的战略、链内的信息控制、物流规划、资金流动要在核心企业的总体战略指导下设计、进行。

当核心企业决定采用供应链管理的思想方法进行管理再造时,应根据自身的核心能力制定供应链战略。首先,分析企业的战略自由度;然后,分析企业的核心能力,并以此为基础制定供应链战略。因此,供应链战略决定于企业总体战略与核心能力分析。

一般而言,供应链的战略意图主要有这三种:降低成本、快速响应和柔性生产。企业应根据内、外部的环境分析,把握供应链的优势和劣势,选择适宜的供应链战略。然后,以此为基础制定长期和短期目标,建立供应链的绩效评价体系。

(2)非核心企业加入供应链的战略定位

非核心企业由于规模、管理、市场控制能力等劣势,以自身为主建设供应链的可能性很小,它们更多思考的是对于哪些供应链进行更多的投资,战略性地参与其中。在选择战略投资的供应链时,企业至少应考虑下列问题:供应链战略是否与本企业战略一致;最终产品处于产品生命周期哪个阶段,企业实施供应链战略的进入与退出成本;供应链内的信用机制是否建立,合理的支付方式与货物运输方式能否确立;信息如何沟通,采用怎样的电子订货系统,可否获得最终产品的销售等信息;物流与配送,特别是柔性化生产的产品配送能否满足要求,是否有效和经济;供应链的稳定性。稳定的供应链能激励非核心企业进行专用资产的投资。

(3)无核心供应链的战略定位

有些产业不存在核心企业,供应链管理更多地追求交易成本的下降,彼此之间并不进行大量的专有资本投资。供应链管理的内容更多地表现为建设信息流,加强沟通,降低合作成本,提高经济效益。企业与企业之间的相互依赖程度并不高,替代性的企业较多,企业之间的合作更多的是基于交易成本的高低,供应链的稳定性不高,且很难从战略高度思考整个供应链的效益。

9.2.5　供应链管理的发展趋势

虽然供应链管理非常复杂,且动态、多变,但众多企业已经在供应链管理的实践中获得了丰富的经验并取得显著的成效。当前供应链管理的发展正呈现出一些明显的趋势。

(1)供应链波动和不确定性不断增加

市场透明和更高的价格敏感度导致客户忠诚度降低。产品商品化减少了消费者和商业客户环境的差异。当前的需求波动不仅仅是由于近期的危机,因而将在复苏期间造成牛鞭效应。许多商业客户和消费者忽视对特定产品的忠诚度,缺乏健全的预测和计划工具进一步加剧了这一问题。

(2)保持增长需要真正的全球化客户和供应商网络

未来的市场增长取决于国际客户和定制产品。全球化和高度复杂的供应链需要更有效的管理。专家预测,未来的业务增长主要源于新的国际客户和为这些客户量身定制的产品。因而,超过85%的企业预测,其供应链的复杂程度将在2013年之前显著增长。国际客户的数量将增加,将需要更多不同种类的产品来满足客户期望。

(3)市场动态需要地区性、成本优化的供应链配置

客户需求和竞争对手使量身定制的供应链和产品服务势在必行,端到端供应链成本优化将成为重要利器。许多企业充满信心地认为,他们能够在未来两年中实现可观的毛利润增长。与低迷时期相同,收益并非来自提价,而是源于进一步削减端到端供应链成本。

全球化供应链运营和外包特定职能被视为控制成本的关键。外包日益盛行,它可使企业借助新兴市场中的较低成本,并提高其自身供应链的灵活性。外包需求增长最快的职能将是产品开发、战略和运营采购、供应链规划、人事/财务/信息系统等共享服务。

(4)风险管理触及端到端供应链

金融危机后,企业开始随时关注其供应商的财务状况,缓解违约风险,同时积极管理自己的运营资本。如今,风险已经成为整个供应链的管理挑战。在应对自身的成本压力时,许多客户都着重资产管理,并开始将供应链风险转移给

上游供应商。

(5)现有供应链组织将得到真正的整合和授权

供应链组织必须被视为统一的整体,为了实现有效而显著的改进,需要获得涵盖供应链所有职能的支持。供应链组织的问题妨碍了企业从经济复苏的转机中获益。产品开发和制造等供应链职能之间缺乏整合。许多企业尚未为其供应链经理提供相应的授权。领先的企业已采取措施来整合和授权其供应链组织,整合上游和下游的供应链合作伙伴。同时,更加关注寻找和培训具有端到端供应链知识的优秀人才。建立全球化的整合供应链管理已成为核心企业一项重要的优先任务。

9.3 客户关系管理

9.3.1 客户关系管理理论的产生背景

随着社会经济的发展,产品日益丰富,市场格局发生了变化,由卖方市场过渡到买方市场,市场竞争逐步升级,这就推动了营销观念和营销方式的变革。商贸企业必须对市场变化迅速作出反应,而市场的变化又源于客户行为的变化。所以,企业必须把注意力集中于客户的需求,客户作为一种宝贵的资源被纳入企业的经营发展之中。

诸如哪些商品最受欢迎、原因是什么、目前有多少回头客、都是哪些类型的客户、客户购买商品时最关心什么、商品的售后服务有哪些问题、反响如何等问题,大部分企业还只能凭经验推测,没有确切的数据来证实,这就使企业的市场营销活动缺乏针对性和准确性。

最早发展客户关系管理的国家是美国,在 1980 年初便有所谓的"接触管理"(Contact Management),即专门收集客户与公司联系的所有信息。1985 年,巴巴拉·本德·杰克逊提出了关系营销的概念,使人们对市场营销理论的研究又迈上了一个新的台阶。到 1990 年,则演变成包括电话服务中心支持资料分析的客户关怀(Customer Care)。1999 年,Gartner Group Inc 公司提出了客户关系管理概念(Customer Relationship Management,CRM)。

9.3.2 客户关系管理的概念

客户关系管理是一个不断加强与顾客交流,不断了解顾客需求,并不断对产品及服务进行改进和提高以满足顾客的需求的连续的过程。其内涵是企业利用信息技术和互联网技术实现对客户的整合营销,是以客户为核心的企业营销的技术实现和管理实现。客户关系管理注重的是与客户的交流,企业的经营是以客户为中心,而不是传统的以产品或以市场为中心。为方便与客户的沟通,客户关系管理可以为客户提供多种交流的渠道。

从字义上看,客户关系管理是指企业用 CRM 来管理与客户之间的关系。CRM 是选择和管理有价值客户及其关系的一种商业策略,CRM 要求以客户为中心的商业哲学和企业文化来支持有效的市场营销、销售与服务流程。如果企业拥有正确的领导、策略和企业文化,CRM 应用将为企业实现有效的客户关系管理。

CRM 是一个获取、保持和增加可获利客户的方法和过程。CRM 既是一种崭新的、国际领先的、以客户为中心的企业管理理论、商业理念和商业运作模式,也是一种以信息技术为手段、有效提高企业收益、客户满意度、雇员生产力的具体软件和实现方法。

CRM 的实施目标就是通过全面提升企业业务流程的管理来降低企业成本,通过提供更快速和周到的优质服务来吸引和保持更多的客户。作为一种新型管理机制,CRM 极大地改善了企业与客户之间的关系,实施于企业的市场营销、销售、服务与技术支持等与客户相关的领域。

随着 3G 移动网络的部署,CRM 已经进入了移动时代。移动 CRM 系统就是一个集 3G 移动技术、智能移动终端、VPN、身份认证、地理信息系统(GIS)、Web service、商业智能等技术于一体的移动客户关系管理产品。

综上,客户关系管理(CRM)有三层含义。

①体现为新态企业管理的指导思想和理念。

②是创新的企业管理模式和运营机制。

③是企业管理中信息技术、软硬件系统集成的管理方法和应用解决方案的总和。

CRM 其核心思想就是,客户是企业的一项重要资产,客户关怀是 CRM 的中心,客户关怀的目的是与所选客户建立长期和有效的业务关系,在与客户的每一个"接触点"上都更加接近客户、了解客户,最大限度地增加利润和利润占有率。

CRM 的核心是客户价值管理,它将客户价值分为既成价值、潜在价值和模型价值,通过一对一营销原则,满足不同价值客户的个性化需求,提高客户忠诚度和保有率,实现客户价值持续贡献,从而全面提升企业盈利能力。

尽管 CRM 最初的定义为企业商务战略,但随着 IT 技术的参与,CRM 已经成为管理软件、企业管理信息解决方案的一种类型。

9.3.3　客户关系管理的作用

CRM 与 ERP、SCM 并称为提高企业竞争力的三大法宝。而 CRM 又是 ERP、SCM、电子商务等系统与外部客户打交道的平台,它在企业系统与客户之间树立一道智能的过滤网,同时又提供一个统一、高效的平台。因此,CRM 是众多企业系统中提高核心竞争力的法宝。CRM 在企业里所起的作用主要体现在以下几个方面。

(1)改善服务

CRM 客户提供主动的客户关怀,根据销售和服务历史提供个性化的服务,在知识库的支持下向客户提供更专业化的服务、严密的客户纠纷跟踪,这些都成为企业改善服务的有力保证。

(2)提高效率

由于 CRM 建立了客户与企业打交道的统一平台,客户与企业一点接触就可以完成多项业务,因此办事效率大大提高。另一方面,Front Office 自动化程度的提高,使得很多重复性的工作(如批量发传真、邮件)都由计算机系统完成,工作的效率和质量都是人工无法比拟的。

(3)降低成本

CRM 的运用使得团队销售的效率和准确率大大提高,服务质量的提高也使得服务时间和工作量大大降低,这些都在无形中降低了企业的运作成本。

(4)扩大销售

销售成功率增加和客户满意度提高,使得销售量的扩大成为必然。

9.3.4　客户关系管理的基本功能

CRM 系统主要由营销管理(Marketing)、销售管理(Sales)、服务与技术支持管理(Service & Support)三部分组成。服务与技术支持管理包括服务管理(Service)、现场服务管理(Field Service)、呼叫中心(Call Center)等。

(1)营销管理

营销管理使营销专家彻底地分析客户和市场信息,策划营销活动和行动步骤,更加有效地拓展市场。系统功能如下。

①实现全面的营销管理自动化。

②通过预建的相关行业客户的数据，提高决策的成功率。

③通过对自己和竞争对手的数据进行分析，策划有效的营销战役。

④支持整个企业范围的通信和资料共享。

⑤评估和跟踪多种营销策略。

（2）销售管理

销售管理模块管理商业机会、账户信息及销售渠道等方面。它支持多种销售方式，确保销售队伍总能把握最新的销售信息。系统功能如下。

①机会、账户及合同管理。

②动态销售队伍及区域管理。

③绩效跟踪的"漏斗状"管理。

④可以进行产品的配置、报价、打折及销售订单的生成。

⑤支持所有的流行销售策略。

⑥完全的国际语言及货币支持。

⑦最新的信息刷新。

⑧通过百科全书实现交互式及极具竞争力的智能销售。

⑨商务分析功能。

⑩采用市场引导的"销售自动化"解决方案。

⑪现场推销、电话销售、渠道销售和基于互联网的网上销售。

⑫企业集成功能可以实现其他系统的整合。

（3）服务管理

服务管理可以使客户服务代表有效地提高服务质量，增强服务能力，从而更加容易捕捉和跟踪服务中出现的问题，迅速、准确地根据客户需求分解调研、销售扩展、销售提升各个步骤中的问题，延长产品的生命周期。服务专家通过分解客户服务的需求，并向客户建议其他的产品和服务，来增强和完善每一个专门的客户解决方案。系统功能如下。

①通过访问知识库，实现对客户问题的快速判断和解决。

②支持通用的电话、E-mail、Web、传真和 IVR（交互式语音应答，Interactive Voice Response）排队。

③广泛支持合同和资产管理。

④依据数据驱动的工作流设定、授权和加入新的资源。

⑤客户服务历史。

（4）现场服务管理

现场服务提供了一个移动的销售和服务解决方案，允许企业有效地管理他们领域内各个方面。现场服务组织依赖系统来管理可预防维护计划、中断/安排服务事件、返回物料许可(RMA)、高级区域互换,确保客户问题第一次在线访问就得到解决所需的工具、零件、技能相关的信息等。系统功能特点如下。

①全面的现场支持服务应用软件。

②支持现场服务的具体操作和后勤管理。

③现场服务工程师移动办公解决方案。

④与客户服务管理和呼叫中心完全集成。

(5)呼叫中心

呼叫中心作为 CRM 的重要应用之一,它通过将销售与服务集成为一个单独的应用,使一般的业务代表能够向客户提供实时的销售和服务支持。通常业务代表处理账户、产品、历史订单、当前机会、服务记录、服务级别许可。业务代表能够动态地推荐产品和服务,或者他们可以遵循自动化的工作流来解决服务咨询,进而向客户提供其他产品和服务。

呼叫中心提供当今最全面的计算机电话集成技术(CTI)。通过对已拨号码识别服务(DNIS)、自动号码识别(ANI)、交互式语音应答系统(IVR)的全面支持,通过采用系统预制的 CTI 技术,基于对业务代表的技能级别和可用性、客户特征及选择最有效的通道等因素的权衡,将主叫与合适的业务代表接通。随着呼叫的到来,业务代表可以获得客户的资料。在需要的情况下,业务代表还可以将客户资料随同呼叫转给专家处理。系统功能特点如下。

①集成的电话销售、行销和客户服务解决方案。

②通过智能的询问引导,动态转接到业务代表桌面。

③强大的计算机/电话综合转换。

④依据数据驱动的工作流设定、授权和加入新的资源。

(6)电子商务

每一个 CRM 软件供应商都不会忽略电子商务。此模块可帮助企业把业务扩展到互联网上,电子商务模块主要包括如下功能。

①电子商店。它使得企业能建立和维护基于互联网的店面,从而在网络上销售产品和服务。

②电子营销。与电子商店相联合,电子营销允许企业能够创建个性化的促销和产品建议,并通过 Web 向客户发出。

③电子支付。使得企业能配置自己的支付处理方法。

④电子货币与支付。利用这个模块,客户可在网上浏览和支付账单。

⑤电子支持。允许顾客提出和浏览服务请求、查询常见常问的问题

(FAQ)、检查订单状态。电子支持模块与呼叫中心联系在一起,并具有电话回拨功能。

9.3.5 客户关系管理的发展趋势

(1)分析型 CRM 将广泛应用

渠道型 CRM 的作用是将客户与运营商的各种接触渠道进行整合,实现所谓的"多渠道接入,全业务服务";而流程型 CRM(或操作型 CRM)可以帮助运营商实现营销、销售、服务等环节的流程自动化,达到利用 IT 技术来提高运作效率、降低成本的目的。这两种类型的 CRM 各有其优势,也同样都有其不足之处,因为两者都将 CRM 局限在某一个范围内,并没能就企业最重要的资产——客户,进行深入分析。

针对这两种类型的 CRM 的缺陷,分析型 CRM 将重点放在通过建立数据仓库、运用数据挖掘、商业智能等技术手段,对大量的客户信息进行分析,可以让企业更好地了解客户的消费模式。对客户进行分类,从而能针对客户的实际需求制定相应的营销战略,开发出相应的产品或服务,更好地满足客户的需求。

(2)CRM 与 CAD、ERP 等的集成是必然选择

CRM 在满足企业数字化设计制造系统需求与企业数字化管理系统需求方面优势并不太明显,但如果能够实现 CRM 与 CAD、ERP 系统的有效集成与整合,则企业的信息化将独具优势。因为这种整合实际上是将 CAD、ERP 系统与企业赖以发展的核心——客户与客户需求有机地联系起来。事实上,体验式营销、客户在线自助设计、利益相关者治理这些观点正是体现了 CRM 与 CAD、ERP 系统整合的思想。

(3)基于产业生态环境的 CRM 的发展

企业间协作需求是企业需求中相对重要的一种,尽管如此,我们有必要从企业生态环境的角度去看待企业间的协作需求。这不仅拓展了"客户"的概念,延伸了企业业务范围,同时,也为企业以更宽广的视野发现、识别并有效满足客户需求提供了重要支撑。基于生态环境的 CRM 系统使得企业被置于客户需求的包围中,而不是竭尽所能、费时费力地寻找客户需求,再去寻找满足客户需求的方法。

总之,企业 CRM 系统应用存在较多的市场机遇,同时 CRM 系统如果能与企业设计制造数字化与经营管理信息化系统有机融合,将能够全面满足企业需求,从而促进企业的可持续成长。

复习思考题

1. 企业资源计划的核心功能是什么？
2. 简述 MRP 与 ERP 之间的联系和区别。
3. 简述 SCM 和 ERP 的管理思想。
4. 简述管理信息系统的发展趋势。

参考文献

[1] 常晋义,王小英,周蓓.计算机系统导论[M].北京:清华大学出版社,2011.

[2] 刘晓强,强莎莎.管理信息系统基础[M].上海:东华大学出版社,2004.

[3] 周南岳.计算机应用基础教学参考书[M].北京:高等教育出版社,2009.

[4] 袁建清,修建新.大学计算机应用基础[M].北京:清华大学出版社,2009.

[5] 周曙东.电子商务概论[M].南京:东南大学出版社,2011.

[6] 毛奕,等.管理信息系统[M].北京:航空工业出版社,2001.

[7] 张立厚,张延林,陶雷.管理信息系统开发与管理[M].北京:清华大学出版社,2008.

[8] 穆炯,许丽佳.电子商务概论[M].北京:清华大学出版社,2011.06.

[9] 张文亮,宫平.Web 2.0 环境下数字图书馆信息资源建设问题及对策[J].中国信息导报,2007(12):35-38.

[10] 龙虹.管理信息系统[M].北京:北京理工大学出版社,2007.

[11] Ceri S, Fraternali P, Matera M, et al. Designing multi-role, collaborative Web sites with WebML: a conference management system case study[C]. 1st Workshop on Web-oriented Software Technology. 2001.

[12] 姚家弈.管理信息系统[M].北京:首都经济贸易大学出版社,2003.

[13] 曾凡涛,李北平.管理信息系统[M].武汉:武汉大学出版社,2010.

[14] 刘立刚.工程管理信息系统[M].武汉:华中科技大学出版社,2007.

[15] 刘明菲,王槐林.物流管理[M].北京:科学出版社,2008.

[16] 王平立,王玲,宋斌.计算机导论[M].2 版.北京:国防工业出版社,2006.

[17] 徐升华,沈波,舒蔚.财经管理信息系统[M].北京:高等教育出版社,2011.

[18] 周贺来.管理信息系统[M].北京:机械工业出版社,2011.

[19] 邓洪涛.管理信息系统[M].北京:清华大学出版社,2011.

[20] 陈艳春.UML 和 WebML 在电子商务信息流系统建模中的应用[J].石家庄铁道学院学报,2007,20(1):77-79.

[21] 胡南湘.基于改进 WebML 建模的网站生成系统研究[D].湖南大学,2006.

［22］范并思,许鑫.管理信息系统［M］.上海:华东师范大学出版社,2011.

［23］于明.管理信息系统用信息技术解决商务问题［M］.3版.北京:清华大学出版社,2009.

［24］袁亚忠.会企业管理［M］.广州:中山大学出版社,2010.

［25］VIPER Customer Relationship Management［EB/OL］.［2013-5-27］http://www.vipeventresources.com/sales.php.

［26］杰瑟普,瓦拉季奇.数字时代的信息系统:技术、管理、挑战及对策［M］.3版.北京:人民邮电出版社,2011.

［27］肯尼斯·C.劳顿,简·P.劳顿.管理信息系统［M］.9版.薛华成,译.北京:机械工业出版社,2007.

［28］邓蓓.管理信息系统［M］.北京:机械工业出版社,2006.

［29］贺刚.会展管理信息系统［M］.北京:中国商务出版社,2004.

［30］查良松.旅游管理信息系统［M］.北京:高等教育出版社,2010.

［31］袁红清.电子商务理论与实训［M］.北京:经济科学出版社,2009.

［32］石鉴.电子商务概论［M］.北京:机械工业出版社,2008.

［33］肯尼斯,等.管理信息系统［M］.北京:机械工业出版社,2007.